결혼이민여성과 다문화가족의 생활문화

결혼이민여성과
다문화가족의 생활문화

초판 1쇄 인쇄 2017년 2월 15일
초판 1쇄 발행 2017년 2월 20일

지은이 서울대학교 생활과학연구소 다문화생활교육센터
펴낸곳 서울대학교출판문화원
펴낸이 성낙인

출판등록 제15-3호

주소 08826 서울 관악구 관악로 1
대표전화 02-880-5252 | 팩스 02-888-4148
홍보마케팅팀(주문상담) 02-889-4424, 02-880-7995
이메일 snubook@snu.ac.kr
홈페이지 www.snupress.com

ISBN 978-89-521-1921-6 93300

서울대학교
생활과학총서 8

결혼이민여성과 다문화가족의 생활문화

서울대학교 생활과학연구소
다문화생활교육센터

서울대학교출판문화원

발간사

실천적 학문으로서의 생활과학을 세워나가야

생활과학은 인간과 환경의 상호작용에 초점을 두어 인간의 삶의 질 문제에 과학적으로 접근함으로써 개인과 가족의 삶의 질 향상에 기여하는 것을 목적으로 하고 있습니다. 생활과학은 소비생활, 아동발달 및 가족생활, 의생활, 식생활 등, 인간의 다양한 생활영역에 대한 체계적이고 과학적인 연구 활동을 수행할 수 있는 근간이 되는 학문으로서, 그 성과를 교육, 정책, 산업 등에 실천적으로 적용하고 있습니다.

사회변화에 따라 변화하는 생활환경에 대응하기 위해 다양한 생활영역을 아우르는 학제적인 연구주제를 발굴하고, 연구를 수행하고, 그 결과를 공유하는 것은 실천적 학문으로서의 생활과학을 세워나가는 데에 매우 중요합니다. 따라서 다학제적인 생활과학의 연구를 총서로 발간해 내는 것은 각 분야의 다양한 전문성을 결합하여 생활과학만의 창의적이고 융합적인 지식체계를 형성하고 발전시키는 데 중요한 도구가 될 것입니다.

이러한 취지로 1996년 서울대학교 생활과학연구소에서 지원하는 생활과학총서 1권이 발간된 이후, 오랜만에 여덟 번째로 발간되는 생활과학총서가 반갑습니다. 특히 생활과학연구소 다문화생활교육센터의 소중한 연구 성과물들을 하나의 책으로 엮어, 다문화가족의 생활문화에 대한 심층적인 이해를 돕는다는 점에서 본서의 발간은 의의가 깊다고 생각합니다. 총서 발간에 참여하신 모든 교수님들의 노고에 감사드리며, 생활과학대학 교수님들의 다양한 학제적인 연구들이 앞으로도 총서의 형태로 지속되기를 바랍니다.

2017년 2월
손 상 희
서울대학교 생활과학연구소 소장

머리말

생활문화란 표층적인 인간행동과 사고에서 나타나는 구체적인 삶의 모습이다

생활과학의 연구대상은 생활인, 생활문화, 생활환경, 생활산업이다(서울대학교 생활과학대학 교재개발위원회, 2005: 6). 생활의 주체로서의 생활인, 일상생활과 관련된 사고체계와 행동방식으로서의 문화, 생활인을 둘러싼 물리적·사회적 환경, 그리고 일상생활의 영위를 가능하게 하는 생활산업에 대한 연구를 통해 생활과학은 개인과 가족의 삶의 가치와 질을 높이는 데 기여해 왔다. 서울대학교 생활과학연구소는 이러한 생활과학 연구의 중심기관으로 1986년 설립된 이래 활발한 연구를 수행해 왔다.

이 책은 서울대학교 생활과학연구소 다문화생활교육센터에서 2009년부터 시리즈로 진행한 다문화가족의 생활문화 프로젝트의 결과물을 엮은 것이다. 다문화생활교육센터는 생활과학 내의 융합적, 학제적 연구를 촉진하기 위한 목적으로 2007년 생활과학대학의 연구비 지원으로 설립되었다. 아동가족학과 이순형 교수(2007~2008), 아동가족학과 옥선화 교수(2008~2009), 식품영양학과 황인경 교수(2009~2010), 아동가족학과 이순형 교수(2010~2012), 의류학과 남윤자 교수(2013), 아동가족학과 진미정 교수(2014~2015)가 센터장을 역임하였고, 생활과학대학의 여러 교수들이 참여하였다.

다문화생활교육센터에서는 몽골국제대학교와 협력하여 몽골의 생활문화연구, 인도네시아 무슬림가족 연구 등을 수행하였는데, 특히 총 네 차례에 걸쳐 연속성을 가지고 한국사회의 다문화가족에 대한 연구를 수행하였다.

2009년 한국가족의 생활문화연구 프로젝트에는 아동가족학과 옥선화 교수가 연구책임자를 맡고, 의류학과 남윤자, 식품영양학과 한성림, 아동가족학과의 이강이, 진미정, 박혜준 교수가 참여하였다. 2010년에 이루어진 한국-베트남 다문화가족 프로젝트는 아동가족학과 옥선화 교수가 연구책임자를 맡고, 의류학과 남윤자 교수, 손진아, 권준희 연구원, 식품영양학과 한성림, 아동가족학과의 이강이, 박혜준 교수가 참여하였다. 2012년 한국-중국 다문화가족 프로젝트는 아동가족학과의 그레이스 정(Grace Chung) 교수가 연구책임자를 맡고, 의류학과 남윤자, 추호정 교수, 손진아, 김순영 연구원, 식품영양학과 윤지현 교수, 아사노가나 연구원, 아동가족학과의 진미정 교수가 참여하였다. 마지막으로 2014년 연구 프로젝트에는 그레이스 정 교수가 연구책임자를 맡고, 의류학과 남윤자, 추호정 교수, 김순영 연구원, 식품영양학과 윤지현 교수, 아사노가나 연구원, 아동가족학과의 진미정, 박혜준 교수가 참여하였다.

생활과학에서는 구체적인 삶의 모습에 관심을 갖고 표층적인 인간 행동과 사고에서 나타나는 생활들을 문화로 규정하는 맥락론적 입장에서 생활문화를 정의한다. 가족생활문화란 가정생활을 중심으로 전개되는 사고방식과 생활양식으로서 사회구성원들에 의해 습득, 공유, 전달되며, 생활을 수행함에 행동의 지침이 된다(서울대학교 생활과학대학 교재개발위원회, 2005: 58). 한국사회가 다문화사회로 변모해 가면서 가족생활문화도 세대 간 변화로만은 설명하기 어려운 변화의 맥락에 놓이게 되었다. 그동안 여러 학문 분야에서 이주(민), 가족, 한국사회 적응, 정신건강 등의 측면에서 국제이주와 다문화가족에 대해 활발하게 연구해 왔다. 생활과학 분야에서도 다양한 주제의 연구들이 이루어져 왔으나 생활문화의 관점에서 결혼이민여성과 다문화가족을 살펴본 연구는 거의 없었다.

이 책에서는 그동안의 프로젝트 내용을 바탕으로 생활문화의 영역별로 한국-베트남, 한국-중국, 한국-일본 다문화가족에 대한 연구결과를 정리하였다. 제1장에서는 생활문화의 개념을 설명하고, 결혼이민여성과 다문화가족 동향을 소개하였다. 일련의 연구 프로젝트의 연구방법에 대해서도 간략하게 소개하였다. 제2장에서는 가족생활문화와 자녀양육문화, 제3장에서는 의생활문화, 제4장에서는 식생활문화를 국제결혼 여성의 출신국별로 각각 비교한 연구결과들을 소개하였다. 마지막에는 연구결과들을 다시 한 번 요약하고 생활문화에 시사하는 바를 정리하였다.

주생활 영역은 생활문화의 매우 중요한 측면임에도 내부적으로 전공자가 없어서 다루지 못하고 전반적인 한국생활문화적응 척도에만 포함시켰다. 여러 전공의 연구자들이 모여서 틈틈이 따로 또 같이 연구를 하다 보니 연구의 속도가 느렸고, 영역별 내용의 수위를 일관성 있게 정리하기가 쉽지 않았다. 전공분야별로 좀 더 깊이 있는 분석은 논문을 통해 발표하기로 하였고, 이 책에서는 책의 형식을 빌려 담고 싶은 내용, 즉 현상을 있는 그대로 파악하고 이해하는 데 일차적인 목적을 두고 정리하기로 하였다. 전공별로 결과물을 다루고 서술하는 방식이 달라서 어색할 수 있는 구성이지만 함께 모여 작업을 하고 결과물을 낸다는 데 소박한 의의를 찾고자 한다.

생활과학의 학제적 연구를 위해 여러 차례 연구비를 지원해 주고, 총서로 발간할 수 있도록 지원해 준 생활과학연구소와 서울대학교출판문화원에 감사를 드린다. 또한 그동안 생활과학연구소 다문화생활교육센터의 연구보조원들로 다양한 연구에 참여한 대학원생들에게도 감사의 마음을 전한다. 이 책이 생활과학을 연구하는 연구자들과 학생들에게 흥미 있는 연구거리와 생각거리를 제공할 수 있는 책이 되었으면 한다.

2017년 2월
이 순 형
생활과학연구소 다문화생활교육센터장

차례

표 차례

그림 차례

제1장

생활문화와 다문화가족

제1장은 아동가족학과의 진미정 교수가 집필하였다. 여기서는 생활문화의 개념, 국제결혼과 다문화가족의 현황, 프로젝트의 조사 방법과 내용에 대해 간략하게 소개하고, 이 책의 구성에 대해 안내한다.

1. 연구의 배경 및 목적

1) 생활문화와 다문화가족

생활문화란 일상생활에서 나타나는 구성원들의 사고방식과 행동양식이며, 한 사회가 공유하는 상징과 가치 체계를 통해 세대를 통해 계승되는 생활양식이다. 일상생활의 수준과 문화에 관심을 기울이는 것은 가족의 삶에 투영된 사회 변화의 내용과 속도, 그리고 그에 대한 가족의 적응 방식을 이해하는 것이 생활과학의 중요한 학문적 · 실천적 과제가 되기 때문이다. 개인이 영위하는 일상생활의 수준은 개인과 가족의 사회적 지위에 따라 달라진다. 일상생활이란 개인과 가족이 동원할 수 있는 자원들의 수준과 밀접하게 관련되어 있기 때문이다. 사회 변화가 두드러지는 시기에, 관습적인 성격이 강한 가족이라는 미시적 영역에 나타나는 생활문화의 실태를 파악하는 것은 사회적 변화가 개인과 가족의 삶에 미치는 영향을 이해하는 하나의 방법이 되며, 이러한 영향이 사회적 지위에 따라 어떻게 다른지, 개인과 가족은 이러한 변화에 어떻게 적응하고 있는지를 파악할 수 있는 방법이 된다.

2000년대 들어 한국사회에 국제결혼에 의한 다문화가족이 증가하면서 학문적, 정책적 관심이 높아졌다. 일상적인 가족생활의 장에 새로운 문화를 유입시킨다는 점에서 다문화가족의 증가는 한국의 생활문화에 변동을 초래하는 요인이다. 다문화가족은 그 이름에서 드러나듯이 한국의 생활문화와 다른 생활문화가 공존하는 가족이다. 다문화가족을 통해 다른 문화권의 생활문화가 한국의 생활문화와 어떻게 조화, 혹은 부조화되는지를 살펴볼 수 있으며, 이를 통해 한국의 생활문화가 어떻게 변화하는지를 조망하는 데 중요한 정보를 얻을 수 있다. 다문화가족의 생활문화를 이해하기 위해서는 결혼이민여성의 경험을 이해하는 것이 특히 중요하다. 전통적으로 가족의 생활문화는 주로 여성에 의해 주도되어 왔기 때문이다. 가족의 일상생활을 주도하는 아내와 어머니로서의 결혼이민여성이 출신문화와 다른 한국의 일상생활문화를 어떻게 영위하고 있는지를 파악하는 것이 본 연구의 주된 관심사이다. 즉, 이 책은 생활문화 관점에서 결혼이민여성과 다문화가족의 생활, 특히 가족생활과 자녀양육, 의생활, 식생활을 살펴보고자 하는 목적을 가진다.

생활문화를 살펴보기 전에 먼저 다문화가족에 대한 정의를 살펴볼 필요가 있다. 한국사회에서 다문화가족은 국제결혼가족을 의미한다. 국제결혼이라는 용어가 주로 한국여성과 주한 미군 간의 결혼을 지칭하면서 내포했던 부정적 이미지를 상쇄하기 위해 정부와 시민사회는 다문화가족이라는 용어를 사용하기 시작하였고, 다문화가족은 국제결혼가족이라는 용어가 가지는 기술적 명확성이 사라진 대신 포괄적 개념만 남은 용어가 되었다(한건수, 2015). 이렇게 다문화가족은 '정치적으로 올바른' 용어로 활용되었고 「다문화가족지원법」(2008)이 제정되면서 법률적 용어로의 위상도 획득하게 되었다. 그러나 많은 학자들이 지적하듯이, 국제결혼가족만을 다문화가족이라고 지칭하게 되면서 이주노동자, 유학생 등 다양한 지위의 이주민이 동반하는 가족은 다문화가족의 범주에서 벗어나게 되었고 학문적 · 정책적 관심에서도 벗어나게 되었다. 이 책에서 우리 연구자들은 국제결혼에 의한 다문화가족이 넓은 의미의 다문화가족의 한 유형일 뿐이며 생활문화의 다양한 외부적 변동 요인 중

하나라는 점에 동의한다.

그러나 국제결혼에 의한 다문화가족은 한국의 생활문화를 살펴보고자 할 때 중요한 의미를 가진다. 일반적으로 이주노동자 가족이나 유학생 가족은 정해진 기간 동안만 체류하는 단기체류자이고, 가족구성이 동일문화권인 경우가 많다. 이에 비해 국제결혼 다문화가족은 단기간이 아니라 전 생애기간 한국에서 생활하는 것이 전제되는 가족이고, 서로 다른 문화권의 배우자가 결합하는 가족이다. 따라서 한국가족의 생활문화라는 측면에서는 이주노동자 가족이나 유학생 가족보다 국제결혼으로 이루어진 다문화가족이 우선적인 관심의 대상이 된다. 따라서 본 연구자들은 다양한 배경을 가진 결혼이민여성과 그 다문화가족을 대상으로 생활문화 연구를 수행하였다.

생활문화에 대한 선행연구들은 주로 결혼이민여성의 문화적응(acculturation)이라는 측면에서 이 주제에 접근한다. 식습관이나 언어, 자녀양육과 관련된 생활양식이나 부계중심주의나 성역할태도와 같은 가치관의 측면에서 결혼이민여성들이 체감하는 문화적 차이가 어떤 것인지, 그 영향은 어떤 것인지를 살펴보는 연구가 많다. 이런 연구들은 대체로 소수의 결혼이민여성들을 심층적으로 면접 조사하여 문화적응의 단계를 살피면서 그들이 경험하는 갈등과 동화의 과정을 탐구하였다. 문화적응은 외국 이주민들이 새로운 사회와 문화에 어떻게 적응하고 있는지를 보여주기 때문에 다문화가족의 생활문화를 이해하기 위해 결혼이민여성들의 문화적응 양상을 함께 살펴보는 것이 중요하다.

문화적응은 새로운 문화권으로 이주한 개인이 모국문화와는 상이한 배경의 문화적 집단과 직접적이고 지속적인 접촉을 통해서 경험하게 되는 상호변화의 과정을 일컫는다(Berry, 1997). 이러한 과정을 지나면서 이주민들은 자신들이 새로운 문화에 적응하는 방식, 즉 문화적응 유형을 선택할 수 있다(Berry, 1997). Berry는 모국문화 유지와 이주국 문화 수용 정도를 모두 고려하여 통합(integration), 동화(assimilation), 분리(separation), 그리고 주변화(marginalization) 유형을 제안하였다. 통합 유형은 개인이 문화적응을 경험할 때, 자신의 모국문화를 유지하는 것뿐 아니라 새로운 문화집단과의 상호작용에도 적극적인 경우에 해당한다. Berry의 문화적응모델에서 통합 유형은 가장 긍정적이고 균형 잡힌 유형으로 평가받는다. 한편, 동화 유형은 모국문화를 유지하는 것에 대해 소극적이고, 새로운 문화집단의 가치와 생활양식을 습득하는 것에 대해서는 적극적인 태도를 취하는 경우에 해당하는 문화적응 유형이다. 이주민이 새로운 사회에서 편견과 차별을 경험할 때 주류사회로부터 배척당하지 않기 위해 동화 유형을 전략적으로 선택하기도 한다. 분리 유형은 이주민이 자신의 모국문화를 지키는 것에만 가치를 두는 반면 새로운 문화에 대해서 배우려는 시도는 최소화하고 의미 있는 접촉이나 상호작용을 피하는 문화적응 유형이다. 주변화 유형은 모국문화의 유지에도 관심이 없고, 새로운 문화집단과 상호작용하고 관계를 맺는 것에도 관심이 없는 문화적응 유형이다. 주류문화가 이주민에게 모국문화를 포기할 것을 강요하는 동시에, 배제와 차별을 행하는 맥락에서 이주민들은 종종 이 유형을 전략적으로 선택하기도 한다(Berry, 2001). 그동안 선행연구에서 결혼이민여성의 문화적응 그 자체에 관심을 기울였던 것에 비해 이 책에서는 결혼이민여성들이 보이는 문화적응 관점에서 생활문화를 알아보고자 하였다.

2) 베트남, 중국, 일본 결혼이민여성의 현황

이 책에서 관심을 기울이는 결혼이민여성과 다문화가족의 현황을 간단하게 살펴보자. 행정자치부의 외국인주민현황조사에 따르면 2015년 기준 국내 전체 결혼이민여성은 12만 5,073명이다. 2014년 4월부터 정부가 국제결혼 건전화를 목적으로 결혼이민자에 대한 비자발급 심사 기준을 강화하면서 매년 새로 입국하는 결혼이민여성의 수가 감소하고 누적 인구수도 약 12만 명 정도로 유지되고 있다. 출신 국적별로 보면, 중국 조선족, 베트남, 캄보디아 등 아시아 국적 결혼이민여성의 감소가 두드러진 반면 미국, 일본 등 OECD 국가나 영어권 출신 결혼이민여성은 늘어나는 추세이다.

이 책에서는 다양한 출신국 중에서 베트남, 중국, 일본 출신의 결혼이민여성을 연구 대상으로 하였다. 베트남 결혼이민여성의 경우, 국내 이민의 역사가 가장 짧으면서도 조선족 교포와 중국 한족 다음으로 수가 많으며 특히 2003년 이후 급속히 증가하였다. 문화적 유사성과 차이점의 측면에서 보면 베트남은 전통적으로 중국의 유교와 도교의 영향을 많이 받았으며 양국의 역사, 문화, 사회면에 비슷한 점이 많아서 한국과 베트남 양국 간에 가족생활과 관련된 문화에 유사성이 발견된다. 그렇지만 이와 동시에 상이한 자연환경과 체제 등의 요인에 따른 이문화의 갈등 요인 또한 적지 않아서 양국인 간에 의사소통, 생활방식, 기업경영방식 등에서 겪는 갈등이 적지 않은 것으로 나타난다(송정남 · Nguyen Phuong Lam, 2010). 또한 베트남은 동남아시아 특유의 양변제 전통, 즉 친족관계에서 부계와 모계가 동등하게 유지되는 가족 전통이 남아있는 국가로서 부부 간의 가사노동 분담이 한국보다 훨씬 평등한 것으로 알려져 있다(윤황 · 이영호, 2010).

국내 다문화가족 인구의 절반 이상을 차지하는 중국인들은 동아시아 문화권에 속한 이웃 나라이므로 생활 적응에 크게 어려움이 없을 것으로 여겨질 수도 있다. 한국과 중국은 같은 유교 문화권, 한자 문화권에 속하기에 한국으로 이주해 온 중국인들은 다른 이주민보다 빠르게 적응하는 편이다(한종완, 2011). 그러나 중국인들 역시 적지 않은 갈등요소를 안고 있는 문화적응 양상을 보이고 있으며 중화인민공화국 성립 이후 서로 다른 정치 체제에서 오랫동안 단절되었던 상황은 세세한 부분에서 많은 문화적 차이와 오해를 발생시키고 있다. 중국인들의 내면에는 자국의 문화에 대한 우월감이라고 할 수 있는 '중화사상'이 강하게 자리 잡고 있다(한종완, 2011). 대국기질, 중화사상과 같이 자문화 우월의식은 한국으로 이주해 온 중국인 이민자들의 문화적응 과정에서도 어느 정도 영향을 미칠 것으로 판단된다. 전통문화에 대한 관심이나 모국에 대한 애착은 본국에 거주할 때보다 타국으로 이주했을 때 심리적으로 더욱 부각되는 경향이 있다. 시대적 정황이나 심리적 상황으로 볼 때 최근 한국으로 이주한 중국인들의 자국 전통문화에 대한 관심과 자부심은 특히 높을 것으로 예상된다.

중국 조선족은 1860년대부터 동북 3성(길림성, 흑룡강성, 요녕성) 지역에 거주하기 시작하였다. 조선족 마을은 중국에 속해 있지만, 한어(漢語)와 경계를 설정하고 조선어를 사용하면서 차별화된 민속 문화를 유지해 왔다(김면, 2015). 조선족의 정체성은 전통적인 생활문화의 보존에서도 찾아볼 수 있다. 한복, 설날과 추석 같은 명절, 김치와 찌개 같은 전통음식 등이 생활문화 속에 남아 있다. 1992년 한국과 중국과의 수교 이후 조선족은 노동과 삶의 기회를 찾아 한국으로 대거 이주해 왔다. 한국뿐 아니라 영국, 일본, 미국 등 세계 88개국으로 이주하여 200만 명에 달하던 조선족 인구가 거의 절반으로 줄어든 것으로 파악된다(박광성, 2006). 2015년 외국인주민현황조사에 따르면 한국에 거주하는 조선족은 외국인근로여성이 11만 7,119명, 결혼이민여성이 1만 6,769명에 달한다(행정자치부, 2015).

일본 국적의 결혼이민여성은 2015년 기준 1만 1,338명이다(행정자치부, 2015). 우리나라에서 한국 남성과 외국인 여성의 국제결혼은 1990년대 중반부터 주로 결혼중개업체를 통해 증가하였다. 그러나 선진국 출신인 일본 여성의 국내로의 결혼이주는 이보다 앞서 1980년부터 통일교 주선으로 시작된 것이 특징적이라 할 수 있는데, 1990년대 초반

통일교 차원에서 치러진 수차례의 국제합동결혼식을 통해 급증한 후 현재까지 꾸준히 이어지고 있다. 축복결혼식에 참여하는 일본 여성은 대부분 고학력자로서 현재 한국에 거주하는 일본인 결혼이민여성 중 90% 가량이 통일교와 관련이 있는 것으로 추정되고 있다(김계정, 2011).

2. 연구방법

1) 프로젝트 개요

그동안 이루어진 다문화가족에 대한 선행연구들을 보면 국적이 서로 다른 결혼이민여성들을 하나의 집단으로 다루고 있다는 점에서, 그리고 적정한 비교 집단을 가지고 있지 않다는 점에서 방법론상의 제한점들이 있었다. 이러한 제한점을 극복하고자 본 연구자들은 단계적으로 생활문화 연구 프로젝트를 수행하였다. 가장 먼저 한국가족의 생활문화의 현주소를 파악할 필요가 있어 한국 기혼남녀를 대상으로 생활문화 연구를 수행하고, 다음 단계에서 결혼이민여성의 출신국 중 가장 많은 비중을 차지하는 베트남, 중국, 일본을 선택하여 연구 프로젝트를 차례로 수행하였다.

첫 번째 연구 프로젝트(이하 프로젝트 1)는 2009~2010년에 진행되었다. 2009년에는 서울시에 거주하는 20대에서 60대의 기혼 남성 및 여성을 대상으로 하였으며, 연령대별로 각 100명씩, 남녀 250명 총 500명을 조사하였다. 또한 2010년에는 서울, 경기, 인천 지역에 거주하는 한국남성-베트남여성의 국제결혼 다문화가족을 대상으로 부부 104쌍(남편 104명, 부인 104명)을 조사하였다. 두 번째 연구 프로젝트(이하 프로젝트 2)는 2013년에 시작하였으며 서울, 경기 지역에 거주하는 중국 출신 결혼이민여성 중 미취학자녀가 한 명 이상 있는 조선족 157명과 한국-한족 다

〈표 1-1〉 프로젝트 조사기간 및 대상 비교

	프로젝트 1		프로젝트 2	프로젝트 3
조사 기간	2009년 6~7월	2010년 6~8월	2013년 7~8월	2014년 7~8월
유효 조사 대상	서울 거주 20~60대 기혼 남성 및 여성 500명	서울, 경기, 인천 거주, 한국남성-베트남 여성 부부 104쌍 (208명)	서울, 경기 거주, 미취학자녀 1인 이상의 조선족 결혼이민 여성 157명 및 한국 남성-한족여성 부부 151쌍 (302명)	서울, 경기 거주, 자녀 1인 이상의 일본인 결혼이민여성 239명
조사 방법	설문조사/ 조사전문기관 의뢰	설문조사/ 조사전문기관 의뢰	설문조사(방문조사)/ 조사전문기관 의뢰	설문조사/ 다문화가족지원센터 등을 통한 편의표본 조사

문화부부 151쌍을 조사하였다. 세 번째 연구 프로젝트(이하 프로젝트 3)는 2014년에 수행하였으며, 서울·경기 지역에 거주하고 한국인과 결혼하고 자녀가 한 명 이상 있는 일본여성 239명을 조사하였다(〈표 1-1〉).

주지하다시피 각 연구 프로젝트는 세부 연구주제에 따라 결혼이민여성의 출신국 외에도 조사대상의 범위나 특성이 조금씩 달랐다. 프로젝트 1에서는 한국인으로 구성된 가족을 먼저 조사하고, 이어서 한국-베트남 다문화가족을 조사하였다. 한국-베트남 다문화가족 조사에서는 부부 간 비교가 주된 연구문제 중 하나였기 때문에 한국-베트남 다문화가족을 부부단위로 조사하였다. 프로젝트 2에서는 자녀양육에 대한 연구를 위해 미취학자녀가 한 명 이상 있는 여성을 조사하되, 한족과 조선족 중국여성을 비교할 목적으로 두 집단을 모두 조사하였다. 프로젝트 3에서는 자녀에 대한 민족사회화가 주된 연구문제 중 하나여서 학령기 자녀가 한 명 이상 있는 가족을 대상으로 하였다. 이렇게 조금씩 연구의 초점이 다르지만 이 모든 연구 프로젝트의 연결된 고리는 생활문화이다. 우리 연구자들은 각각 가족생활과 자녀양육, 의생활, 식생활이라는 영역에서 다문화가족 또는 결혼이민여성의 사고방식과 생활양식을 살펴보았다.[1] 전체적으로 볼 때 프로젝트 1을 수행한 시점은 2009~2010년이고 프로젝트 3을 수행한 시점은 2014년이다. 5년에 걸쳐 프로젝트가 수행되었고, 따라서 각 프로젝트의 결과를 비교할 때는 5년이라는 시차를 염두에 두어야 한다. 이러한 시차가 연구결과 해석의 제한점이 되기는 하지만 공통의 주제하에 다양한 집단을 대상으로 한 연구라는 점에서 제한점을 뛰어넘는 의의를 찾고자 한다.

2) 프로젝트 1: 한국 기혼남녀 및 한국-베트남 다문화가족의 생활문화

프로젝트 1은 두 단계로 나누어 수행되었다. 먼저 다문화가족에 대한 연구에 앞서 대도시에 거주하는 일반적인 한국가족의 생활문화 실태를 알아보고 세대 간 비교를 통해 생활문화의 변화 양상을 파악해 보고자 수행되었다. 연구를 위해 서울시에 거주하는 20대에서 60대의 기혼 남성 및 여성을 대상으로 서울시 25개구를 4개 권역으로 나눈 후 연령, 성별을 균등할당하여 연령대별로 각 100명씩, 남녀 250명 총 500명을 조사하였다. 2009년 5월 6일부터 13일까지 예비조사를 실시하여 문항 양호도를 검토한 후, 지시문 일부를 수정하여 본조사 설문지를 완성하였다. 본조사는 조사전문기관에 의뢰하여 2009년 6월 17일부터 7월 7일 3주간 실시하였다.

응답자의 연령대별로 사회·인구학적 특성을 살펴본 결과는 〈표 1-2〉와 같다. 각 연령대별로 남녀 각각 50명씩 조사하였으므로 빈도수의 두 배가 퍼센트 수치와 같다. 연령대별로 평균 교육수준과 종교, 16세 때 성장지역에 차이가 있었다. 대학 이상의 교육을 받은 비율이 20

1 이 책의 관심사는 다양한 다문화가족의 생활문화이기 때문에 다문화가족과 관련된 다른 연구주제들, 예를 들어 한국사회 적응 등의 문제는 비중 있게 다루지 않기로 한다.

〈표 1-2〉 한국인 응답자의 연령대별 사회 · 인구학적 특성

	20대		30대		40대		50대		60대	
	남성 (n=50)	여성 (n=50)	남성 (n=50)	여성 (n=50)	남성 (n=50)	여성 (n=50)	남성 (n=50)	여성 (n=50)	남성 (n=50)	여성 (n=50)
					n					
교육										
초졸								1	3	11
중졸 이하					1		1	11	8	18
고졸	10	12	16	25	26	38	30	35	33	21
대졸 이상	40	38	34	25	23	12	19	3	6	0
종교										
무교	32	23	29	26	24	16	20	16	24	13
개신교	14	23	13	19	15	18	21	21	11	18
불교	3	4	6	5	9	9	8	10	14	14
천주교	1	0	2	0	2	6	1	3	1	5
성장지역										
서울	36	30	29	23	14	20	14	9	13	9
도시	7	14	14	18	19	13	13	20	17	13
읍면지역	7	6	7	9	17	17	23	21	20	28

대 남성 80%, 여성 76%, 30대 남성 68%, 여성 50%, 40대 남성 46%, 여성 24%, 50대 남성 38%, 여성 6%, 60대 남성 12%, 여성 0%로 큰 차이가 있었다. 종교유무는 연령대와 성별에 따라 차이가 있었는데 20대 남성 64%, 여성 46%가 종교가 없는 반면, 60대는 남성 48%, 여성 26%가 종교가 없다고 하여 남성보다는 여성이 종교를 가진 비율이 높고, 연령대가 높을수록 종교를 가진 비율이 높았다. 16세 때의 성장지역을 보면, 농촌(읍면)지역에서 성장한 응답자가 20대는 13%인 데 비해 60대는 48%로 연령대가 높을수록 농촌지역 출신이 많았다.

가족의 생활문화를 알아보기 위한 조사내용은 가족생활과 양육, 의생활, 식생활, 주거생활 영역에 대한 것으로 일상의례(부모 생신과 배우자 생일)와 특별의례(결혼식, 제사, 명절), 가족관련 가치관(가족주의 및 유산상속

〈표 1-3〉 한국가족의 생활문화 조사 내용

영역	세부 영역	생활문화 내용
가족생활과 자녀양육	일상의례	부모님 생신 보내는 방법 배우자 생일 보내는 방법
	특별의례	결혼식 및 초청 범위 제사 여부 및 제사의 범위 설이나 추석을 보내는 방법
	가족가치관	성역할 분담, 가족우선주의, 가장 및 부권 강조 등 유산상속에 대한 의견
	가족관계	가정사 의사결정 주체 가사 분담 가족관계 만족도
	출산 문화	태교, 산후조리, 백일잔치, 돌잔치 실행 여부 모국과의 출산 문화 차이점 산후조리 장소 및 도와준 사람 자녀이름 작명인
	양육 및 교육	자녀양육의 훈육방식 양육에 대한 태도
의생활		의류 가치관 구매처 및 의류구매행동 의복선택기준 한복에 대한 태도(전통한복, 생활한복) 한복 소유 및 착용 횟수
식생활	건강	수면 및 운동 보조식품 복용 흡연 및 음주 건강상태 및 가족력 의료서비스 활용 및 비용
	식생활	일상 식사 횟수 및 한국음식 비중 가족단위 외식 횟수 및 외식 장소 한국의 전통 음식 장만 방법 음식 선택기준 및 식비 식생활 정보 식품 섭취 빈도 및 선호 음식
주거생활		주거유형 주생활 양식 주거지 선택 요인

에 대한 생각), 가사 분담과 의사결정 방식, 가족관계 만족도, 출산 문화, 양육 방식, 의류 가치관, 구매행동과 선택기준, 한복에 대한 태도와 착용 방식, 수면, 운동, 건강 및 의료서비스 활용, 흡연 및 음주 실태, 일상식사, 외식, 전통음식 장만 방법, 식품 소비와 선호, 주거유형과 주생활 양식, 주거지 선택 요인 등의 내용을 질문하였다(〈표 1-3〉).

한국-베트남 다문화가족에 대한 연구는 서울, 인천 및 경기지역에 거주하는 한국-베트남 부부를 대상으로 하였으며, 예비조사를 거쳐 조사전문기관에 의뢰하여 2010년 7월 6일부터 8월 27일까지 104쌍, 총 208명에 대해 본조사를 실시하였다. 본조사는 한국어와 베트남어 설문지를 구성하여 남편은 한국어로, 베트남 결혼이민여성은 선호하는 언어로 진행하였다. 〈표 1-4〉와 같이, 한국인 남편의 연령은 대체로 30대 후반에서 40대 후반 사이에 분포되어 있으며, 평균 연령은 43.92세이다. 이에 비해 베트남인 부인의 연령은 주로 20대 초반과 후반에 분포되어 있으며 평균 연령은 27.38세이다. 부부의 평균 연령 차이는 16.54세로 큰 편이다. 남편의 교육수준은 고졸(58.7%)과 대졸 이상(28.9%)의 순으로 많았고, 부인의 교육수준은 고졸(54.8%)과 중졸(24.0%)의 순으로 많았다. 종교를 보면, 남편은 무교(61.5%), 불교(20.2%), 개신교(12.5%)의 순으로 많고, 부인은 불교(48.1%), 무교(41.4%)의 순으로 많아서 부부의 종교가 일치하지 않은 경우도 적지 않았다. 남편은 농촌지역 출신이 약 33%, 베트남 부인은 49%였다. 부부의 교육수준, 종교, 성장지역의 차이는 모두 통계적으로 유의한 수준이었다. 현재 가구소득에 대한 응답에는 남편과 부인 간 약간의 차이가 있었으나 200만 원 이상 400만 원 미만이 가장 많았고, 200만 원 미만이 그다음으로 많았다.

조사내용은 한국인 대상 설문조사와 거의 유사하게 가족생활과 양육, 의생활, 식생활, 주거생활 영역에 대한 것으로 일상의례와 특별의례, 가족관련 가치관, 가사 분담과 의사결정 방식, 가족관계 만족도, 출

〈표 1-4〉 한국-베트남 다문화가족 부부의 사회 · 인구학적 특성

항목	한국인 남편 (n = 104)	베트남 결혼이민여성 (n = 104)
	n (%)	
교육수준		
초졸 이하	3 (2.9)	16 (15.4)
중졸	10 (9.6)	25 (24.0)
고졸	61 (58.7)	57 (54.8)
대학 이상	30 (28.9)	6 (5.8)
종교		
무교	64 (61.5)	43 (41.4)
불교	21 (20.2)	50 (48.1)
개신교	13 (12.5)	5 (4.8)
천주교	5 (4.8)	4 (3.9)
기타	1 (1.0)	2 (1.9)
성장지역		
읍면부	34 (32.7)	51 (49.0)
도시	70 (67.3)	53 (51.0)
가구소득		
200만 원 미만	37 (35.6)	40 (38.5)
200만 원 이상 ~400만 원 미만	59 (56.7)	48 (46.2)
400만 원 이상	7 (6.7)	7 (6.7)
모름	1 (1.0)	9 (8.7)
직업 유무		
있음	100 (96.2)	23 (22.1)
없음	4 (3.9)	81 (77.9)
연령		
20대	-	73 (70.19)
30대	19 (18.27)	30 (28.85)
40대	73 (70.19)	1 (0.96)
50대	9 (8.65)	-
60대	3 (2.88)	-
	m (range)	
평균연령(연령 범위)	43.92 (34~62)	27.38 (19~40)
	m (s.d.)	
부부 연령차	16.54 (4.64)	

산 문화, 양육 방식, 의류 가치관, 구매행동과 선택기준, 한복에 대한 태도와 착용 방식, 수면, 운동, 건강 및 의료서비스 활용, 일상 식사, 외식, 전통 음식 장만 방법, 식품 소비와 선호, 주거유형과 주생활 양식 등의 내용을 질문하였다. 베트남 결혼이민여성에게는 보육방식, 자녀교육 시 어려운 점, 베트남 전통의복에 대한 태도, 전통의복 소유 및 착용 빈도, 모국 음식 식재료 구입 장소와 빈도 등에 대해 추가적인 질문을 하였다(부록의 프로젝트 1 설문지 참조).

3) 프로젝트 2: 한국-중국 다문화가족의 생활문화

이 연구는 서울과 경기 지역에 거주하는 미취학아동(1~6세) 자녀가 한 명 이상 있는 조선족 결혼이민여성 157명, 한족 결혼이민여성과 한국인 남편 151쌍을 조사하였다. 이중언어자 3명이 한국어 설문지를 중국어로 번역하였고, 영역별로 6명의 이중언어자 대학원생들이 중국어 설문 문항들을 일차적으로 검토한 후, 이중언어자 교수 1명이 번역본을 최종 검토 및 수정하여 완성하였다. 예비조사를 2013년 5월 20일에 실시한 후 설문지의 표현을 다소 수정하였으며 2013년 7월과 8월에 본조사를 시행하였다. 조사는 조사업체를 통해 일대일 방문조사를 하였다.

중국 결혼이민여성의 사회·인구학적 특성을 보면, 미취학자녀를 둔 여성을 대상으로 하였기 때문에 연령대는 30대가 가장 많았고(조선족 65%, 한족 64%), 다음으로는 20대(조선족 22%, 한족 24%), 40대(조선족 12%, 한족 12%)의 순으로 많았다[월 평균 가구소득은 200만 원 이상 400만 원 미만이 약 70%로 가장 많았고, 그다음으로는 400만 원 이상 600만 원 미만이 약 20%, 200만 원 미만이 약 10% 정도 되었다]. 조선족과 한족 여성 모두 종교가 없는 경우가 약 65% 정도로 가장 많았고, 그다음으로는 불교 신자가 약 25%, 개신교 신자가 조선족 6%, 한족 11% 정도 되었다. 교육수준은 조선족인 경우, 고등학교 졸업이 약 57%, 대학교 이상이 18%, 전문대학

〈표 1-5〉 중국 결혼이민여성의 사회 · 인구학적 특성

항목		조선족 결혼이민여성 (n = 157)	한족 결혼이민여성 (n = 151)
		n (%)	
현재 국적	한국	96 (61.1)	86 (57.0)
	중국	61 (38.9)	57 (37.7)
	그 외	0 (0.0)	8 (5.3)
연령	20대	35 (22.3)	36 (23.8)
	30대	102 (65.0)	97 (64.2)
	40대	19 (12.1)	18 (11.9)
	50대	1 (0.6)	0 (0.0)
월평균 가구소득	200만 원 미만	11 (7.0)	16 (10.6)
	200만 원 이상~ 400만 원 미만	116 (73.9)	103 (68.2)
	400만 원 이상~ 600만 원 미만	29 (18.5)	32 (21.2)
	600만 원 이상	1 (0.6)	0 (0.0)
종교	무교	101 (64.3)	95 (62.9)
	개신교	10 (6.4)	17 (11.3)
	불교	40 (25.5)	35 (23.2)
	천주교	4 (2.5)	4 (2.6)
	기타	2 (1.3)	0 (0.0)
교육수준	초등학교 이하	3 (1.9)	3 (2.0)
	중학교	17 (10.8)	22 (14.6)
	고등학교/기술학교	90 (57.3)	92 (60.9)
	전문대학교	19 (12.1)	14 (9.3)
	대학교 이상	28 (17.8)	20 (13.3)
직업유무	있음	85 (54.1)	74 (49.0)
	없음	72 (45.9)	77 (51.0)
직업유형	전일제	46 (54.1)	28 (37.8)
	시간제	39 (45.9)	46 (62.2)
혼인상태	초혼	150 (95.5)	145 (96.0)
	재혼	7 (4.5)	6 (4.0)
		m (s.d.)	
평균 연령		33.83 (.41)	33.41 (.44)
평균 거주기간(년)		6.96 (2.86)	7.32 (3.36)

교 졸업이 12%, 중학교 졸업 이하가 12%였고, 한족인 경우에는 고등학교 졸업이 약 61%, 대학교 이상이 13%, 전문대학교 졸업이 9%, 중학교

〈표 1-6〉 한국-중국 다문화가족의 생활문화 조사 내용

영역	세부 영역	생활문화 내용
공통	개인	삶에 대한 만족도 민족소속감 한국문화 적응도 및 중국문화 적응도 다문화가족 서비스 이용 경험
	환경	날씨 차이
가족생활과 자녀양육	가족생활	가족가치관 가정사 의사결정 주체 가사 분담 및 배우자 만족도
	양육 및 교육	보육방식 부모역할 수행 및 자녀양육 역량 자녀양육 참여 본인 및 남편의 양육태도 자녀양육 관련 남편 및 시댁식구와의 갈등
의생활		한국여성의 아름다움 및 패션에 대한 태도 중국여성의 아름다움 및 패션에 대한 태도 의류 가치관 의류구매행동와 의복선택기준 한복에 대한 태도 한복 소유 및 착용 횟수 중국 전통의복에 대한 태도 중국 전통의복 소유 및 착용 횟수
식생활	건강	보조식품 복용 흡연 및 음주 건강상태 및 가족력 의료서비스 활용 및 비용
	식생활	일상 식사 횟수 및 한국음식 비중 가족단위 외식 횟수 및 외식 장소 모국 음식 식재료 구입 장소 및 먹는 빈도 한국의 전통 음식 장만 방법 음식 선택기준 및 식비 식생활 정보 식품 섭취 빈도 및 선호 음식

졸업 이하가 17%로 조선족 결혼이민여성의 교육 수준이 상대적으로 더 높았다. 현재 취업한 비율은 조선족 결혼이민여성(54%)이 한족 결혼이민여성(49%)보다 약간 더 높았고, 전일제로 일하는 비율도 조선족 여성

이 더 높았다. 한국에서의 거주기간은 약 7년으로 두 집단이 비슷하였다(〈표 1-5〉).

조사내용은 대체로 프로젝트 1의 구성을 따르되, 영역별로 문항을 보완하여 새롭게 추가하였다. 먼저 생활문화 전반에 대한 적응 척도를 새롭게 개발하여 적용하였으며, 민족정체성과 삶의 만족도에 대한 내용을 보충하였다. 자녀양육과 관련해서는 보육방식, 부모역할 수행, 자녀양육 역량, 양육태도, 양육관련 갈등 등의 질문을 추가하였다. 의생활 영역에서는 한국여성 및 중국여성의 아름다움과 패션에 대한 태도를 추가로 질문하였다. 식생활 영역은 건강과 식생활에 대한 전반적인 내용으로 프로젝트 1의 질문을 포함하되 모국 음식 식재료 구입과 식행동에 대한 내용을 추가하였다(〈표 1-6〉)(부록의 프로젝트 2 설문지 참조).

4) 프로젝트 3: 한국-일본 다문화가족의 생활문화

한국-일본 다문화가족 연구는 심층면접과 설문조사의 방식으로 이루어졌다. 심층면접은 2014년 6~8월 중 한국인과 결혼한 일본여성 6명에 대해 이루어졌다. 심층면접 대상자는 일본어 강사로 활동하는 취업주부 3명과 전업주부 3명이었으며, 연령대는 30대와 40대였다. 이들은 모두 1990년대 후반에 한국에 와서 거주한 지 15년 이상 된 사람들이었다. 그러나 이 책에서는 심층면접 자료는 거의 활용하지 않았기 때문에 자세한 내용은 생략하였다.

설문조사는 서울과 경기 지역에 거주하는 한국남성과 결혼하여 학령기(만7~18세) 자녀가 한 명 이상 있는 일본 결혼이민여성 239명에 대하여 실시하였다. 이중언어자가 한국어 설문지를 일본어로 번역하였고, 영역별로 이중언어자 대학원생들이 일본어 설문 문항들을 일차적으로 검토하였다. 예비조사를 2014년 6월에 실시한 후 설문지의 표현을 다소 수정하였으며 2014년 7월과 8월 중에 서울지역 내 다문화가족지원센터 등을 통해 편의표집방식으로 본조사를 시행하였다. 총 수집한 설문지는 최종 239부였는데, 자녀양육에 관한 분석에서는 학령기 자녀가 없는 12부를 제외하고 227명의 자료를 활용하였다.

일본 결혼이민여성의 사회·인구학적 특징은 〈표 1-7〉과 같다. 조사대상자 대부분(94.6%)이 일본 국적이었다. 연령대로는 40대가 과반수로 가장 많았으며, 교육수준을 보면 전문대졸 이상이 62%로 나타났는데, 선행연구(김혜련 등, 2011)에서 보고된 베트남(43.2%)이나 중국(51.2%) 출신 결혼이민여성의 학력에 비해 상대적으로 높은 수치였다. 직업을 가진 경우(65.6%)가 그렇지 않은 경우(34.4%)보다 약 2배 정도 많았으며, 2012년 전국 다문화가족 실태조사 연구(전기택 등, 2013)에서 보고된 결혼이민여성의 취업률(53.0%)에 비해 높았다.

종교별로 보면 통일교가 86%로 가장 많았는데, 경기도에 거주하는 일본인 결혼이민여성 대상 연구(정기선, 2008)에서도 응답자의 약 87%가 통일교를 통해 한국 남성과 국제결혼을 한 것으로 보고되었다. 동남아시아 여성이 주로 결혼중개업체를 통해 한국 남성과 국제결혼을 하는 것과 달리 일본 여성에게는 통일교라는 종교가 결정적인 역할을 하고 있음을 확인할 수 있었다. 월평균 가구소득은 200만 원 이상~300만 원 미만(36.3%)인 경우가 가장 많았는데, 2012년 전국 다문화가족 실태조사 연구(전기택 등, 2013)에서도 월평균 가구소득이 200만 원 이상~300만 원 미만(30.5%)인 경우가 가장 많아 유사한 경향을 보였다.

조사내용 중 의생활 영역은 선행한 프로젝트의 질문과 유사하였고, 나머지 영역에서는 내용이 수정 보완되었다. 식생활에서는 한국으로의 이주 후 식생활 변화를 부가적으로 질문하였고, 가족생활과 자녀양육 부분에서는 한국문화 적응도와 차별 경험에 대해 더 상세히 질문하였다. 민족정체성, 차별 경험, 자녀의 민족사회화, 자녀에 대한 태도를 질문하여 일본 출신 다문화가족만의 독특한 경험을 찾아보고자 하였

〈표 1-7〉 일본 결혼이민여성의 사회 · 인구학적 특성 (N=227)

항목	세부 항목	n (%)
국적	일본	193 (94.6)
	한국	11 (5.4)
연령	30대	33 (16.2)
	40대	115 (56.4)
	50대 이상	56 (27.5)
교육수준	고졸 이하	85 (37.4)
	전문대 대졸	56 (24.7)
	대졸 이상	85 (37.4)
취업상태	취업	149 (65.6)
	비취업	78 (34.4)
종교	통일교	175 (85.8)
	무교	18 (8.8)
	기타	11 (5.4)
월평균 가구소득	200만 원 미만	53 (26.0)
	200만 원 이상~300만 원 미만	74 (36.3)
	300만 원 이상~400만 원 미만	51 (25.0)
	400만 원 이상	26 (12.7)
한국거주기간	10년 미만	16 (7.8)
	10년 이상~15년 미만	62 (30.4)
	15년 이상~20년 미만	91 (44.6)
	20년 이상	35 (17.2)

Note. 결측치로 인해 항목별 사례 수가 같지 않음.

다〈표 1-8〉)(부록의 프로젝트 3 설문지 참조).

3. 책의 구성

이 책에서는 세 번의 프로젝트 자료의 분석 결과를 다음과 같은 방식으로 구성하였다. 먼저 생활문화 영역을 크게 가족생활과 자녀양육, 의생활, 식생활의 장으로 구분하고, 그 안에서 서로 다른 출신국의 여성들의

〈표 1-8〉 한국-일본 다문화가족의 생활문화 조사 내용

영역	세부 영역	생활문화 내용
공통	개인	삶에 대한 만족도 민족정체성 한국문화 적응도 차별경험
가족생활과 자녀양육	가족생활	가족가치관 배우자 만족도
	양육 및 교육	자녀에 대한 태도 자녀의 민족사회화
의생활		한국여성의 아름다움 및 패션에 대한 태도 외모관리 의류 가치관 구매처 의류구매행동 의복선택기준 한복에 대한 태도 한복 소유 및 착용 횟수 일본 전통의복에 대한 태도 일본 전통의복 소유 및 착용 횟수
식생활	건강	키, 몸무게, 건강상태, 운동 흡연 및 음주 건강상태 및 가족력 의료서비스 활용 및 비용
	식생활	일상 식사 횟수 및 한국음식 비중 모국 음식 식재료 구입 장소 한국으로 온 이후 식생활 변화 한국의 전통 음식 장만 방법 음식 선택기준 및 식비 식생활 정보 식품 섭취 빈도 및 선호 음식

분석 결과를 차례로 소개하였다. 이렇게 구분한 이유는 연구자들의 전공 영역을 반영한 편의적인 이유도 있지만, 영역별로 서로 다른 문화권을 비교하여 읽는 것이 용이할 것으로 판단하였기 때문이다. 각 장에서 첫 번째 절에서는 한국가족과 한국-베트남 다문화가족이 비교되었고, 두 번째 절에서는 한국-중국 다문화가족과 결혼이민여성에 대해서 소

개되었으며, 세 번째 절에서는 한국-일본 다문화가족과 결혼이민여성에 대해 소개되었다. 한국의 기혼남녀와 한국-베트남 다문화가족은 거의 유사한 설문내용으로 조사되었기 때문에 이들의 경험은 서로 나란히 비교되었다. 다만 두 집단의 연령대가 다르기 때문에 연령대를 통제하여 비교하는 방식을 취하였다. 예를 들어, 가족생활 영역에서는 같은 연령대를 비교집단으로 선정하였고, 자녀양육 영역에서는 비슷한 연령대의 자녀를 가진 20~30대만을 비교하였다. 프로젝트 2와 프로젝트 3은 서로 다른 설문내용을 담고 있어서 같은 방식으로 분석하지 못하고 각각의 설문내용을 중심으로 통계분석 결과를 제시하였다.

이 책에서는 프로젝트에서 조사한 내용을 모두 싣기보다는 베트남, 중국, 일본 다문화가족과 결혼이민여성의 경험을 나란히 살펴볼 수 있는 내용을 주로 실었다. 예를 들어 프로젝트 1에서는 가족 내 의사결정과 역할분담에 대해서도 조사하였으나 후속한 프로젝트에서는 다뤄지지 않았기 때문에 결과를 포함하지 않았다. 주거생활은 일상생활에서 매우 중요한 비중을 차지하지만 연구진 내부적으로 전공자가 없기 때문에 다루지 못하였다. 다만 프로젝트 2와 프로젝트 3에서 전반적인 한국생활문화 적응 척도를 개발할 때는 하나의 영역으로 간단하게 포함하였다.

이 책에서 다루고자 한 내용은 다문화가족으로서의 경험에 대한 것이지만 실제 응답은 주로 결혼이민여성들이 한 것이므로 가족과 개인단위의 경험이 혼재되어 있을 수 있다. 예를 들어, 가족의례나 식생활에 대한 것은 가족으로서의 경험인 반면, 가족가치관이나 의생활에 대한 것은 개인으로서의 경험이 더 많이 내재되어 있다. 이를 구분하고자 책 전반에 걸쳐 다문화가족으로서의 경험과 개인으로서의 경험을 구분하여 기술하고자 노력하였다.

마지막으로 언급할 점은 각 생활문화 영역에 대한 분석과 기술이 서로 다른 학문 분야에서 이루어졌기 때문에 가족학, 아동학, 의류학, 식품영양학적 관점에서 이루어졌다는 점이다. 각 장마다 분석 방법이나 결과를 제시하는 방법에서 차이가 있는데 이를 굳이 하나의 방식으로 통일하지 않고 고유의 특수성을 그대로 제시하고자 하였다. 이러한 차이가 곧 생활과학 내 세부영역의 차이를 반영하는 것인 동시에 강점이 될 수도 있을 것이다.

제2장

가족생활문화와 자녀양육

제2장은 아동가족학과의 진미정, 그레이스 정(Grace Chung), 이순형, 이강이, 박혜준 교수가 집필하였다. 여기서는 가족가치관, 문화적응, 자녀양육과 부모역할의 측면에서 한국-베트남, 한국-중국, 한국-일본 다문화가족 및 결혼이민여성의 다양성을 살펴본다.

1. 한국-베트남 다문화가족의 가족생활문화와 자녀양육

1) 가족가치관

가족생활문화의 첫 번째 측면으로 다문화가족 남편과 결혼이민여성의 가족가치관을 살펴보았다. 가족가치관은 여러 측면에서 살펴볼 수 있지만 여기서는 개인적 차원에서 내면화하고 있는 가족주의적 성향과 전통적 성역할태도, 상속에 대한 태도를 살펴보았다. 한국사회의 가족주의는 부계적 가족중심성과 남녀 역할을 구분하는 전통적 성역할 규범을 특징으로 한다. 상속에 대한 태도는 아들과 딸, 장자와 장자 이외의 자식에 대한 생각을 반영한다는 점에서 가족가치관을 잘 보여준다.

가족주의 가치관과 성역할태도에 대한 조사 결과는 〈표 2-1〉과 같다. 5점 척도의 총 8개 문항 중에 동의정도가 가장 높은 문항은 부부 모두 '개인적인 관심보다 가족의 관심을 더욱 중요시해야 한다'는 내용이었다. 한국인 남편의 평균 점수는 3.94점, 베트남 부인의 평균 점수는 4.15점으로 여성의 점수가 유의하게 높았다. 다음으로 동의 정도가 높은 문항은 '사회보다 내 가족의 안녕이 우선되어야 한다'는 문항으로 남편은 3.92점, 부인은 3.93점이었다. 남편과 부인 모두 개인이나 사회보다 가족을 우선시해야 한다는 가족중심성에 동의 수준이 높은 편임을 알 수 있다. 그 외 부부 간에 통계적으로 유의한 차이가 있는 문항은 '부부관계보다는 부모자녀관계가 우선시되어야 한다'는 문항이었는데, 남편에 비해 부인의 동의정도가 더 높았다(남편 m=3.22, 부인 m=3.65, 대응표본 t=-3.38, p<.01). 또한 '결혼한 여자는 친정보다 시집을 먼저 도와야 한다'는 문항에 대해서도 남편보다 부인의 점수가 더 높았다(남편 m=2.99, 부인 m=3.23, 대응표본 t=-2.13, p<.01). 8개 문항의 평균인 가족주의 가치관 점수 역시 남편보다 부인이 더 높아서 베트남 결혼이민여성의 부계 가족주의 성향이 더 강한 것으로 나타났다(남편 m=3.47, 부인 m=3.61, 대응표본 t=-2.25, p<.01).

성역할태도는 2개 문항으로 조사되었는데, 〈표 2-1〉에 나타난 바와 같이 전체 평균은 부부 간 차이가 없었지만 '여성도 남성과 똑같이

〈표 2-1〉 한국-베트남 부부의 가족가치관

	한국인 남편 (n = 104)	베트남 아내 (n = 104)	대응표본 t
	m (s.d.)	m (s.d.)	
가족주의 가치관 전체	3.47 (.45)	3.61 (.49)	-2.25*
개인적인 관심보다 가족의 관심을 더욱 중요시해야 한다	3.94 (.81)	4.15 (.76)	-2.22*
어려운 일에는 이웃이나 친구보다 친척이 더 큰 힘이 된다	3.45 (.86)	3.61 (1.01)	-1.38
부부관계보다는 부모자녀관계가 우선되어야 한다	3.22 (1.06)	3.65 (1.08)	-3.38**
사회보다 내 가족의 안녕이 우선되어야 한다	3.92 (.88)	3.93 (1.03)	-.08
집안의 큰일은 남자가 결정하는 것이 당연하다	3.62 (.87)	3.60 (.94)	.18
가정에서 아버지의 권위는 어떤 상황에서도 존중되어야 한다	3.78 (.76)	3.63 (.93)	1.49
장남은 재산을 더 많이 상속받아야 한다	2.88 (.97)	3.05 (.99)	-1.39
결혼한 여자는 친정보다 시집을 먼저 도와야 한다	2.99 (.81)	3.23 (.95)	-2.13*
전통적 성역할태도 전체	2.89 (.74)	2.74 (.73)	1.65
오늘날에는 여성도 남성과 똑같이 가족부양의 책임이 있다(역코딩)	2.46 (.91)	2.09 (.95)	3.30**
남자가 할 일은 돈을 버는 것이고, 여자가 할 일은 가정을 돌보는 것이다	3.32 (.94)	3.39 (1.07)	-.63

*p<.05 **p<.01

〈표 2-2〉 한국인 기혼남녀와 한국-베트남 부부의 가족가치관 비교

	40대 한국인 기혼남성 (n = 50)	한국-베트남 다문화가족 남편 (n = 104)	t
	m (s.d.)	m (s.d.)	
가족주의 가치관	3.51 (.42)	3.47 (.45)	.50
전통적 성역할태도	2.85 (.57)	2.89 (.74)	-.33
	20대 한국인 기혼여성 (n = 50)	베트남 결혼이민여성 (n = 104)	
	m (s.d.)	m (s.d.)	
가족주의 가치관	3.32 (.49)	3.61 (.49)	-3.36**
전통적 성역할태도	2.72 (.68)	2.74 (.73)	-.17

** $p < .01$

가족부양의 책임이 있다'에 대한 동의 정도는 남편보다 부인이 더 높았다(남편 m=2.46, 부인 m=2.09, 대응표본 t=3.30, p<.01).

이러한 가치관을 한국 기혼남녀와 비교해 보면, 〈표 2-2〉와 같이 40대 한국인 기혼남성과 한국-베트남 다문화가족 남편들 간에는 가족주의 가치관과 성역할태도 모두 차이가 없는 반면, 여성들의 경우에는 차이가 있었다. 베트남 결혼이민여성은 같은 세대에 속하는 한국인 기혼여성보다 가족주의 성향이 더 높은 반면, 성역할태도 점수는 비슷하였다. 남녀 역할에 대한 기대는 비슷한 반면, 부계가족 중심으로 생각하는 가족주의 경향성은 베트남 부인이 더 높다는 것을 알 수 있다.

〈표 2-3〉에 나타난 바와 같이 유산상속에 대한 생각은 한국인 남편과 베트남 결혼이민여성 간에 다소 차이가 있었다. 한국인 남편의 경우 부양자녀에게 우선적으로 상속을 해야 한다고 응답한 비율(43.3%)이 가장 높았으나, 베트남 결혼이민여성의 경우 법대로 동등하게 상속해야 한다고 응답한 비율(47.1%)이 가장 높았다. 그러나 두 집단 모두 장남에게 우선적으로 상속해야 한다고 응답한 비율이 가장 낮게 나타났다는 점에서는 공통점이 있었다(남편 13.5%, 부인 11.5%).

한국 기혼남녀와 비교할 때, 연령대를 고려하여 남편은 40대의 한

〈표 2-3〉 한국인 기혼남녀와 한국-베트남 부부의 상속에 대한 인식 비교 (단위: %)

	40대 한국인 기혼남성 (n = 49)	한국-베트남 다문화가족 남편 (n = 104)	χ^2
장남 우선	12.2	13.5	.72
부양자녀 우선	46.9	43.3	
법대로 동등	22.5	29.8	
기타	18.4	13.5	
	20대 한국인 기혼여성 (n = 50)	베트남 결혼이민여성 (n = 104)	
장남 우선	6.0	11.5	.06
부양자녀 우선	48.0	26.9	
법대로 동등	32.0	47.1	
기타	14.0	14.4	

국인 남성과, 부인은 20대의 한국인 여성과 각각 비교하였다. 남성들의 응답은 두 집단이 거의 유사하게 나타난 반면, 여성들의 응답은 다소 차이가 있었다. 한국인 기혼여성은 부모를 부양한 자녀에게 상속해야 한다는 의견이 가장 많은 반면, 베트남 결혼이민여성은 균등하게 상속하는 것이 좋다는 의견이 가장 많았다.

2) 가족의례

가족의례란 '지속적이고 공동으로 행해지며 가족에게 상징적인 의미를 부여하는 활동'을 의미한다(Burr, Day, & Bahr, 1993). 가족 내에서 반복적으로 행해지는 활동이면서 감정적 측면이나 상징적 의미를 담고 있기 때문에 그 자체로서 기념비적 행사가 된다. 여기서는 가족의례 수행을 알아보기 위해 전통의례인 제사, 명절, 혼례를 치르는 방식, 일상적 의례인 부모 생신, 배우자 부모 생신 축하 방식에 대해 조사하였다. 한국-베트남 다문화가족 프로젝트에서는 가족의례에 대해 남편과 부인에게 각각 질문하였는데 응답 비율이 유사하였으므로 여기서는 부인의 응답 비율만 제시하였다.

〈표 2-4〉와 같이 제사와 명절에 대해 질문했을 때 베트남 부인의 74%는 가정에서 제사를 지낸다고 응답하였다. 이 비율은 40대 한국인 기혼남성(78%)과 비슷하고 20대 한국인 기혼여성(56%)보다는 높은 수준이다. 설이나 추석과 같은 명절을 보내는 방식에 대해서 베트남 출신 부인 51.9%가 '남편의 부모님 댁에서 보낸다'고 응답하였고, 26.9%가 '친척들이 큰집에서' 보낸다고 하였으며, 17.3%가 '우리 식구들끼리만', 그리고 자신의 '부모님 댁에서 보낸다'고 응답한 비율은 1.0%에 그쳤다. 대부분은 큰댁이나 남편 부모님 댁 등 부계 중심의 명절 모임을 갖는 것을 알 수 있다. 한편 40대 한국인 기혼남성은 '친척들이 큰집에 모인다'는 응답이 48%로 가장 많았고, 그다음이 '남편 부모님댁에서 보낸다'는 응답이 34%로 나타났다. 반면, 20대 한국인 기혼여성 응답 중에는 '남편 부모님댁에서 모인다'(68%)는 비율이 '큰댁에서 모인다'(26%)보다 더 많았다. 한국가족과 비교해 보면, 한국-베트남 다문화가족이 명절을 보내는 방식은 40대 기혼남성보다는 20대 기혼여성의 응답과 더 유사하였다.

본인 부모 생신을 축하하는 방식에 대해 한국-베트남 다문화가족의 남편과 한국인 기혼남성을 비교해 보면, 용돈을 드리고 외식을 하거나 생신상을 차린다는 응답이 가장 많았다는 점에서는 유사하였다. 다만 한국인 기혼남성들이 용돈을 드리고 외식을 하는 비율이 더 높았다. 베트남 결혼이민여성과 한국인 기혼여성을 비교해 보면, 용돈을 드린다는 비율이 가장 높았으나 베트남 부인에 비해 한국인 기혼여성의 비율이 더 높았다(베트남 결혼이민여성 42.3%, 한국인 기혼여성 61.0%). 한국인 기혼남성과 여성이 본인 부모 생신을 축하하는 방식에서는 큰 차이가 없었으나, 다문화가족의 특성상 한국인 남편과 베트남 부인이 부모 생신을 축하하는 방식에는 차이가 있었다.

배우자 부모 생신을 축하하는 방식에서도 한국인 기혼남성과 여성

〈표 2-4〉 한국-베트남 부부와 한국인 기혼남녀의 가족의례 수행 (단위: n, %)

	한국-베트남 부부		한국인 기혼남녀	
	한국인 남편 (n = 104)	베트남 아내 (n = 104)	남성 40대 (n = 50)	여성 20대 (n = 50)
제사				
제사 지냄		77 (74.0)	39 (78.0)	28 (56.0)
명절				
친척들이 큰집에		28 (26.9)	24 (48.0)	13 (26.0)
남편 부모님 댁에		54 (51.9)	17 (34.0)	34 (68.0)
아내 부모님 댁에		1 (1.0)	2 (4.0)	1 (2.0)
우리 식구들끼리만		18 (17.3)	6 (12.0)	1 (2.0)
본인 부모 생신(중복응답)				
생신상을 차려드린다	44 (42.3)	32 (30.8)	58 (47.2)	37 (30.1)
외식을 한다	43 (41.4)	15 (14.4)	65 (52.9)	50 (40.7)
선물을 드린다	42 (40.4)	37 (35.6)	47 (38.2)	58 (47.2)
용돈을 드린다	59 (56.7)	44 (42.3)	81 (65.9)	75 (61.0)
전화를 드린다	26 (25.0)	38 (36.5)	20 (40.0)	26 (52.0)
여행을 보내 드린다	4 (3.9)	6 (5.8)	2 (4.0)	3 (6.0)
특별하게 보내지 않는다	6 (5.8)	8 (7.7)	-	-
배우자 부모 생신(중복응답)				
생신상을 차려드린다	8 (7.7)	46 (44.2)	18 (14.63)	52 (42.3)
외식을 한다	5 (4.8)	30 (28.9)	31 (25.20)	54 (43.9)
선물을 드린다	22 (21.2)	38 (36.5)	48 (39.02)	62 (50.4)
용돈을 드린다	49 (47.1)	39 (37.5)	73 (59.35)	73 (59.4)
전화를 드린다	52 (50.0)	25 (24.0)	25 (50.00)	23 (46.0)
여행을 보내 드린다	-	5 (4.8)	2 (4.00)	2 (4.0)
특별하게 보내지 않는다	24 (23.1)	3 (2.9)	-	1 (2.0)
결혼식 방식				
서양식	46 (44.2)	46 (44.2)	49 (98.0)	50 (100.0)
한국 전통혼례	7 (6.7)	7 (6.7)	1 (2.0)	-
베트남 전통혼례	21 (20.2)	21 (20.2)	-	-
혼합	28 (26.9)	28 (26.9)	-	-

간에는 '생신상을 차려드린다(남성 15%, 여성 42%)'는 점 외에는 큰 차이가 없었으나, 다문화가족의 부부 간에는 차이가 있었다. 한국인 남편들의 약 50%는 장인장모님의 생신날에 전화를 드리거나 용돈을 드리고,

약 23%는 아무것도 하지 않는다고 하였다. 반면 앞서 살펴본 한국인 기혼남성의 경우 '특별하게 보내지 않는다'고 응답한 사람이 한 명도 없다. 이러한 결과는 다문화가족의 남편과 베트남에 있는 장인장모 사이에 존재하는 물리적 거리와 심리적 거리를 반영하는 것으로 해석할 수 있다.

한국가족의 약 60%는 본인 부모나 배우자 부모 생신에 용돈을 드린다. 한국-베트남 다문화가족에서는 남편 부모께 용돈을 드리는 비율이 약 40~50%이고 외식을 하는 비율보다는 생신상을 직접 차리는 비율이 약간 더 높았다. 부인 부모께는 용돈을 드리는 비율도 약 40~50%로 비슷하였다. 흥미로운 것은 남편 부모 생신을 축하하는 방식에 대해 한국인 남편과 베트남인 부인의 응답 비율이 다소 차이가 난다는 점인데, 용돈을 드린다는 비율(남편 56.7%, 부인 37.5%)과 외식을 한다는 비율(남편 41.4% 부인 28.9%)이 남편에게서 더 높게 나타났다. 제사나 명절에 대한 질문에서는 남편 부인 간 응답 비율의 차이가 발견되지 않았다. 이러한 차이는 아마도 남편 부모 생신을 보내는 방식이 정해져 있지 않고 해마다 다르기 때문이거나 남편이 부모께 드리는 용돈을 부인은 알지 못하기 때문일 수 있다.

한국인 남성과 베트남 여성 간 혼례의식은 다양한 방식으로 수행되고 있었다. 조사참여자의 44.2%가 서양식 결혼식을 치렀다고 응답한 반면, 혼합식(26.9%) 및 베트남 전통혼례(20.2%)라고 응답한 참여자도 상당수를 차지했다. 한국인 기혼남녀는 약 100%가 서양식으로 결혼식을 하고, 약 2%가 전통혼례를 하였다고 하였다. 국제결혼을 하는 경우, 남편과 부인의 거주지에서 각각 결혼식을 하는 등 예식 방식에 대해서 더 많은 선택지가 있음을 알 수 있다.

3) 자녀양육 의례

자녀양육은 임신과 출산으로 시작되어 자녀의 발달단계에 따라 구체적인 양육행동으로 나타난다. 한국가족과 한국-베트남 다문화가족의 자녀양육 문화를 비교하여 살펴보기 위해 자녀가 있는 20~30대 기혼여성만을 선택하여 분석하였다. 특히 임신, 출산 및 자녀양육에 관한 생활문화를 물어보는 문항의 구성은 선행연구(민하영 · 유안진, 2003; 유안진, 1994; 유안진 · 민하영, 2000; 이완정 · 현온강, 1999)와 한국 아동청소년 종합실태조사(보건복지가족부, 서울대학교 산학협력단, 2009)의 0~8세용 질문지를 참고하여 폐쇄형 질문으로 구성하였다.

〈표 2-5〉와 같이 20~30대 한국인 기혼여성의 경우, 태교(95.8%)와 산후 미역국 섭취(95.8%)는 거의 대부분 실천하고 있는 것으로 나타났으며 돌잔치(90.1%), 백일잔치(83.1%), 삼칠일간 외부인 출입제한(62.0%)의 실천 수준도 비교적 높게 나타났다. 반면 사주보기의 경우에는 조사대상 중 8명(11.3%)만이 응답을 해서 실천 수준이 상당히 낮게 나타났다. 자녀 이름 짓기의 경우에는 조부모가 지어주었다는 응답(47.9%)이 부모가 작명했다는 응답(28.3%)보다 높았다.

20~30대 베트남 결혼이민여성의 경우, 산후 미역국 섭취(83.3%)를 했다는 응답이 가장 높았으며, 돌잔치(72.5%), 삼칠일간 외부인 출입제한(58.8%), 백일잔치(55.9%)의 순서로 높은 실행수준을 보였다. 사주보기(10.8%)의 경우는 한국인 기혼여성의 응답과 비슷한 양상을 보인 반면, 대부분의 한국인 기혼여성이 실천하는 것으로 나타난 태교의 경우 베트남 결혼이민여성은 절반 미만(42.2%)이 실천한 것으로 나타났다. 자녀 이름 짓기의 경우에는 부모가 작명했다는 응답(54.9%)이 조부모가 지어주었다는 응답(17.6%)보다 높게 나타났다.

임신, 출산 및 초기 양육과 관련한 생활문화의 수행이 20~30대의 한국인 기혼여성과 베트남 결혼이민여성 간에 유의한 차이가 있는지 살

〈표 2-5〉 20~30대 한국인 기혼여성과 베트남 결혼이민여성의 자녀양육 의례의 실천 (단위: n, %)

영역	구분	20~30대 한국인 기혼여성 (n = 71)	20~30대 베트남 결혼이민여성 (n = 102)	χ^2
태교	예	68 (95.8)	43 (42.2)	52.34***
	아니오	3 (4.2)	59 (57.8)	
산후 미역국 섭취	예	68 (95.8)	85 (83.3)	6.34*
	아니오	3 (4.2)	17 (16.7)	
삼칠일간 외부인 출입제한	예	44 (62.0)	60 (58.8)	.17
	아니오	27 (38.0)	42 (41.2)	
사주보기	예	8 (11.3)	11 (10.8)	.01
	아니오	63 (88.7)	91 (89.2)	
백일잔치	예	59 (83.1)	57 (55.9)	14.04***
	아니오	12 (16.9)	45 (44.1)	
돌잔치	예	64 (90.1)	74 (72.5)	8.03*
	아니오	7 (9.9)	28 (27.5)	
작명하기	부모	20 (28.3)	56 (54.9)	23.28***
	조부모	34 (47.9)	18 (17.6)	
	작명소	16 (22.5)	20 (19.6)	
	지인	1 (1.4)	1 (1.0)	
	기타	0 (0.0)	1 (1.0)	

* p 〈 .05, *** p 〈 .001

펴본 결과, 태교(χ^2=52.34, p〈.001), 산후 미역국 섭취(χ^2=6.34, p〈.05), 백일잔치(χ^2=14.04, p〈.001), 돌잔치(χ^2=8.03, p〈.05)에서 두 집단 간에 유의한 차이를 보여서 한국인 기혼여성이 베트남 결혼이민여성에 비해 태교, 산후 미역국 섭취, 백일잔치, 돌잔치를 많이 수행하는 것으로 나타났다. 작명하기(χ^2=23.28, p〈.001)에서도 두 집단 간 유의한 차이를 보인 반면, 삼칠일간 외부인 출입제한과 사주보기의 경우에는 차이가 없는 것으로 나타났다.

4) 자녀훈육방법과 양육방식

자녀훈육방법에 대한 생각은 〈표 2-6〉에 제시되어 있다. 자녀를 훈육

〈표 2-6〉 한국인 기혼여성과 베트남 결혼이민여성의 자녀훈육 방법 (단위: n, %)

영역	구분	20~30대 한국인 기혼여성 (n = 71)	베트남 결혼이민여성 (n = 102)	χ^2
벌세우기	예	61 (85.9)	44 (43.1)	32.11***
	아니오	10 (14.1)	58 (56.9)	
손으로 때리기	예	43 (60.6)	34 (33.3)	12.57***
	아니오	28 (39.4)	68 (66.7)	
말로 타이르기	예	70 (98.6)	96 (94.1)	2.16
	아니오	1 (1.4)	6 (5.9)	
개인물품 압수	예	31 (43.7)	11 (10.8)	24.61***
	아니오	40 (56.3)	91 (89.2)	
외출/귀가시간 제한	예	52 (73.2)	30 (29.4)	32.25***
	아니오	19 (26.8)	72 (70.6)	

*** $p < .001$

하기 위해서는 사용해도 된다고 생각하는 훈육방법에 모두 표시하도록 한 결과, 20~30대 한국인 기혼여성은 말로 타이르기(98.6%), 벌세우기(85.9%), 외출/귀가시간 제한(73.2%), 손으로 때리기(60.6%), 개인물품 압수(43.7%)의 순서로 응답하였다. 베트남 결혼이민여성의 경우에는 말로 타이르기(94.1%)에 대한 응답이 가장 높게 나타난 반면, 벌세우기(43.1%), 손으로 때리기(33.3%), 외출/귀가시간 제한(29.4%), 개인물품 압수(10.8%)에 대한 응답 비율은 비교적 낮았다. 두 집단 간의 응답이 유의한 차이를 보이는지 살펴본 결과, 말로 타이르기를 제외한 벌세우기(χ^2=32.11, $p<.001$), 손으로 때리기(χ^2=12.57, $p<.001$), 개인물품 압수(χ^2=24.61, $p<.001$), 외출/귀가시간 제한(χ^2=32.25, $p<.001$)에서 모두 유의한 차이를 보여서 한국인 기혼여성이 베트남 결혼이민여성에 비해 더 엄격하고 다양한 자녀훈육방법을 사용하는 양상을 보였다.

배변훈련은 적어도 언제까지 완료하는 것이 좋다고 생각하는지, 또는 자녀의 성별에 따른 방 구분은 최소한 언제부터 적용해야 한다고 생각하는지 등 발달과업의 수행시기에 대한 인식을 물어본 결과는 〈표 2-7〉에 나타난 바와 같다. 배변훈련의 경우 20~30대 한국인 기혼여성은 만 1~2세(62.9%)에 하는 것이 좋다는 응답 비율이 다른 시기에 비해 뚜렷하게 높은 반면, 베트남 결혼이민여성은 만 1~2세(40.7%)뿐만 아니라 만 3~5세(39.6%)가 가능하다는 응답 비율도 비교적 높게 나타났다. 이러한 응답 양상은 두 집단 간에 유의한 차이(χ^2=27.49, $p<.001$)를 보였다.

자녀의 성별에 따른 방 구분하기의 경우, 한국인 기혼여성(62.9%)과 베트남 결혼이민여성(56.6%) 모두 초등학교 저학년에 가장 높은 응답률을 보이긴 했으나 이 외의 구분 시기에 대한 응답에서는 분포 양상에 유의한 차이를 보였다(χ^2=12.04, $p<.05$). 만 3~5세경에 자녀의 성별에 따라 방을 구분해 주어야 한다는 응답은 한국인 기혼여성(14.3%)에 비해 베트남 결혼이민여성(29.3%)의 응답 비율이 높게 나타난 반면, 초등학교 고학년 때 성별에 따라 방을 구분해 주면 된다고 응답한 경우는 한국인 기혼여성(15.7%)이 베트남 결혼이민여성(5.1%)에 비해 많았다.

부모가 언제까지 자녀를 함께 데리고 자야 한다고 생각하는지에 대한 응답을 살펴보면, 한국인 기혼여성이 베트남 결혼이민여성에 비해 비교적 늦은 시기까지 자녀를 데리고 자도 된다고 응답한 것으로 나타났으며 그 차이는 유의미했다(χ^2=10.55, $p<.05$). 한국인 엄마의 경우 만 3~5세(52.9%)와 초등학교 이상(26.5%)이 비교적 높은 비율을 차지한 반면, 베트남 결혼이민여성의 경우에는 생후 1년(17.6%) 또는 만 1~2세(27.1%)까지만 데리고 잔다는 응답이 한국인 엄마의 2배 이상에 달했다.

자녀에게 집안일 시키기의 경우(χ^2=27.20, $p<.001$)에는 특히 만 5세 미만의 자녀에게 집안일을 시켜도 된다고 응답한 비율에서 한국인 기혼여성과 베트남 결혼이민여성의 응답이 뚜렷한 차이를 보였다. 한국인 엄마는 만 5세 미만의 자녀에게 집안일을 시키는 데 동의한다는 응답이

〈표 2-7〉 한국인 기혼여성과 베트남 결혼이민여성의 발달과업 수행시기에 대한 인식 (단위: n, %)

영역	구분	20~30대 한국인 기혼여성 (n = 71)	베트남 결혼이민여성 (n = 102)	χ^2
배변훈련	생후 1년	15 (21.4)	6 (6.6)	27.49^{***}
	만 1~2세	44 (62.9)	37 (40.7)	
	만 3~5세	11 (15.7)	36 (39.6)	
	초등학교 이상	0 (0.0)	12 (13.2)	
자녀의 성별에 따라 방 구분하기	만 2세 미만	1 (1.4)	6 (6.1)	12.04^{*}
	만 3~5세	10 (14.3)	29 (29.3)	
	초등학교 저학년	44 (62.9)	56 (56.6)	
	초등학교 고학년	11 (15.7)	5 (5.1)	
	중학교 이상	4 (5.7)	3 (3.0)	
부모가 자녀 데리고 자기	생후 1년	7 (10.3)	15 (17.6)	10.55^{*}
	만 1~2세	7 (10.3)	23 (27.1)	
	만 3~5세	36 (52.9)	34 (40.0)	
	초등학교 이상	18 (26.5)	13 (15.3)	
자녀에게 집안일 시키기	만 5세 미만	2 (3.3)	27 (31.4)	27.20^{***}
	초등학교 저학년	22 (36.1)	34 (39.5)	
	초등학교 고학년	20 (32.8)	20 (23.3)	
	중학교 이상	17 (27.9)	5 (5.8)	
성인 없이 아이들끼리 30분 이상 집에 놔두기	만 5세 미만	0 (0.0)	16 (23.9)	17.83^{***}
	초등학교 저학년	33 (52.4)	26 (38.8)	
	초등학교 고학년	20 (31.7)	14 (20.9)	
	중학교 이상	10 (15.9)	11 (16.4)	
성인 없이 아이들끼리 30분 이상 바깥에 내보내기	만 5세 미만	0 (0.0)	22 (29.7)	27.52^{***}
	초등학교 저학년	21 (32.3)	27 (36.5)	
	초등학교 고학년	30 (46.2)	17 (23.0)	
	중학교 이상	14 (21.5)	8 (10.8)	

$^{*}p < .05$, $^{***}p < .001$

단 2명(3.3%)에 불과한 반면, 베트남 결혼이민여성 중 27명(31.4%)이 동의하는 양상을 보였다.

성인 없이 아이들끼리 30분 이상 집에 놔두거나(χ^2=17.83, p<.001) 바깥에 내보내는 것(χ^2=27.52, p<.001)에 동의하는 기대 연령에 대한 응답 양상 또한 20~30대 한국인 기혼여성과 베트남 결혼이민여성 간에 유의한

차이를 보였다. 전반적으로 한국인 엄마에 비해 베트남 결혼이민여성이 어린 자녀들끼리 있도록 하는 것에 허용적인 태도를 보였다. 한국인 엄마는 단 한 명도 만 5세 미만의 자녀가 아이들끼리 있거나 바깥에 나가는 것에 동의하지 않은 반면, 베트남 결혼이민여성은 만 5세 미만의 자녀가 아이들끼리 집에 있거나(23.9%) 바깥에 나가도 된다(29.7%)고 동의하였다.

2. 한국–중국 다문화가족의 가족생활문화와 자녀양육

1) 가족가치관

중국 결혼이민여성의 가족가치관 조사 결과는 〈표 2-8〉에 정리된 바와 같다. 먼저 가족주의 가치관 8개 문항 중 한국인 남편의 동의 정도가 가장 높은 문항은 '사회보다 내 가족의 안녕이 우선되어야 한다(m=3.96)'와 '개인적인 관심보다 가족의 관심을 더욱 중요시해야 한다(m=3.92)'였다. 이 문항들은 가족중심성을 전형적으로 반영하는 문항으로 앞서 한국-베트남 다문화가족의 남편들의 동의 수준도 높았던 문항이다. 한족 결혼이민여성을 살펴보면, '사회보다 가족을 우선시한다'는 데 대한 동의수준은 남편들과 마찬가지로 높았지만(m=4.08), '개인보다 가족을 우선시한다'는 데 대한 동의수준은 남편보다 낮았다(m=3.78, 대응표본 $t=2.90$, $p<.01$). 동의 수준이 가장 낮았던 문항은 '장남은 재산을 더 많이 상속받아야 한다'는 문항, '결혼한 여성은 친정보다 시댁을 먼저 도와야 한다'는 문항, 그리고 '부부관계보다는 부모자녀관계가 더 우선시되어야 한다'는 문항이었다. 8개 문항의 평균은 한국인 남편이 3.58점, 한족 출신 부인이 3.55점으로 비슷한 수준이었다. 조선족 결혼이민여성의 경우에는 가족주의 가치관 문항마다 다소의 차이는 있었지만 한족 결혼이

〈표 2-8〉 조선족, 한족 결혼이민여성, 한국인 남편의 가족가치관

	조선족 결혼 이민여성 (n = 158)	한족 결혼 이민여성 (n = 151)	한국인 남편 (n = 151)	대응표본 t
	m (s.d.)	m (s.d.)	m (s.d.)	
가족주의 가치관 평균	3.52 (.28)	3.55 (.28)	3.58 (.32)	1.00
개인적인 관심보다 가족의 관심을 더욱 중요시해야 한다	3.84 (.57)	3.78 (.59)	3.92 (.61)	2.90**
어려운 일에는 이웃이나 친구보다 친척이 더 큰 힘이 된다	3.63 (.74)	3.58 (.59)	3.56 (.75)	-.31
부부관계보다는 부모자녀관계가 우선되어야 한다	3.23 (.75)	3.23 (.78)	3.27 (.82)	.63
사회보다 내 가족의 안녕이 우선되어야 한다	3.77 (.65)	4.08 (.58)	3.96 (.74)	-1.94
집안의 큰일은 남자가 결정하는 것이 당연하다	3.58 (.67)	3.59 (.62)	3.66 (.73)	.97
가정에서 아버지의 권위는 어떤 상황에서도 존중되어야 한다	3.70 (.60)	3.68 (.57)	3.77 (.62)	1.42
장남은 재산을 더 많이 상속받아야 한다	3.20 (.64)	3.25 (.71)	3.23 (.73)	-.26
결혼한 여자는 친정보다 시집을 먼저 도와야 한다	3.22 (.60)	3.25 (.70)	3.29 (.66)	.58
전통적 성역할태도 평균	2.86 (.43)	2.79 (.37)	2.97 (.48)	4.02***
오늘날에는 여성도 남성과 똑같이 가족부양의 책임이 있다(역)	2.54 (.61)	2.34 (.59)	2.66 (.71)	4.68***
남자가 할 일은 돈을 버는 것이고, 여자가 할 일은 가정을 돌보는 것이다	3.18 (.70)	3.24 (.61)	3.29 (.70)	.76

Note. 대응표본 t 검정은 한족 결혼이민여성과 한국인 남편의 비교임.
** $p < .01$, *** $p < .001$

민여성과 대체로 유사한 경향을 나타냈다.

성역할태도를 비교해 본 결과, 남편과 부인 모두 가족부양의 책임과 성역할 분리에 대한 전통적 성향이 높지 않은 것으로 나타났다. 그러나 부부 간을 비교하면 한국-베트남 다문화가족과 마찬가지로 남편들이 부인들보다 다소 전통적인 성향을 가지고 있었다(남편 m=2.97, 한족 결혼이민여성 m=2.79, 대응표본 t=4.02, $p<.001$). 조선족 결혼이민여성과 한

족 결혼이민여성을 비교해 보면, 조선족 결혼이민여성의 전통적 성역할 태도 점수가 다소 높게 나타났다. 따라서 세 집단 중 전통적 성역할태도 점수가 가장 높은 집단은 한국인 남성이었다.

2) 한국생활문화 적응

한국생활문화 적응은 가족생활, 의생활, 식생활, 주생활 등 일상의 생활문화 전반에 대한 적응을 의미한다. 한국생활문화적응 척도는 본 연구자들에 의해 개발된 것으로 가족관계와 자녀양육 5문항, 의생활 7문항, 식생활 5문항, 그리고 주생활 5문항 등 총 22문항으로 구성되었다. 또한 Barry(2001)가 개발한 동아시아 문화적응 척도(The East Asian Acculturation Measure) 총 18문항을 활용하여 문화적응의 네 가지 유형인 동화, 통합, 분리, 주변화 정도를 각각 살펴보았다.

중국 결혼이민여성의 한국생활문화 적응의 22개 문항을 살펴본 결과는 〈표 2-9〉에 정리되어 있다. 전반적으로 5점 척도에서 3.5점 이상의 점수가 나온 문항이 많아 중국 결혼이민여성들의 한국생활문화에 대한 적응 수준은 높은 편이었다.

조선족 결혼이민여성의 경우, 점수가 가장 높은 문항은 '나는 대부분 한국에서 산 옷을 입는다(m=3.84)', '중국의 집에 비해 한국의 집은 부엌사용하기에 더 편리하다(m=3.75)'였고, 점수가 가장 낮은 문항은 '나는 한국의 제사문화에 익숙하다(m=3.14)' '나는 한국의 명절 음식 종류를 안다(m=3.18)'와 '나는 한국의 자녀양육/교육문화에 익숙하다(m=3.28)'였다. 한족 출신 여성의 경우에도 점수가 가장 높은 문항은 '나는 대부분 한국에서 산 옷을 입는다(m=4.00)', '중국의 집에 비해 한국의 집은 부엌 사용하기에 더 편리하다(m=3.87)'였고, 점수가 가장 낮은 문항은 '나는 한국의 제사문화에 익숙하다(m=3.28)'와 '나는 한국의 명절 음식 종류를 안다(m=3.23)'였다. 한족이나 조선족 결혼이민여성 모두 한

〈표 2-9〉 조선족, 한족 결혼이민여성의 한국생활문화 적응

	조선족 결혼이민여성 (n = 158)	한족 결혼이민여성 (n = 151)	t
	m (s.d.)	m (s.d.)	
가족생활 전체	3.49 (.47)	3.61 (.41)	-2.35*
나는 우리 부부관계가 다른 한국 부부와 비슷하다고 생각한다	3.63 (.70)	3.78 (.66)	-2.00*
나는 한국식으로 시부모나 집안어른들을 공경한다	3.70 (.69)	3.80 (.63)	-1.31
나는 명절에 시댁식구들과 함께 모여서 시간을 보낸다	3.69 (.69)	3.66 (.62)	.37
나는 한국의 자녀양육/교육문화에 익숙하다	3.28 (.72)	3.50 (.72)	-2.66**
나는 한국의 제사문화에 익숙하다	3.14 (.79)	3.28 (.78)	-1.64
의생활 전체	3.57 (.43)	3.66 (.34)	-1.95
내가 다른 사람들과 함께 있으면 외국인처럼 보이지 않는다	3.58 (.80)	3.48 (.89)	.96
한국 사람들 사이에서 나의 옷차림은 튀지 않는다	3.64 (.68)	3.63 (.68)	.13
나는 대부분 한국에서 산 옷을 입는다	3.84 (.80)	4.00 (.68)	-1.87
나는 한국 패션 브랜드에 익숙하다	3.44 (.72)	3.68 (.70)	-2.97**
중국보다 한국에서 패션 쇼핑하는 것이 편하다	3.70 (.60)	3.81 (.56)	-1.59
한국 사람들이 중국 사람들보다 나의 외모를 더 긍정적으로 평가한다	3.41 (.57)	3.50 (.61)	-1.37
한국 사람들이 중국 사람들보다 나의 스타일을 더 잘 이해한다	3.40 (.74)	3.50 (.62)	-1.34
식생활 전체	3.47 (.47)	3.54 (.42)	-1.50
나는 한국음식 만들기에 익숙하다	3.37 (.73)	3.42 (.74)	-.60
나는 한국음식 먹는 것을 좋아한다	3.59 (.76)	3.67 (.63)	-1.01
나는 한국식 밥상을 차리는 것에 익숙하다	3.52 (.78)	3.62 (.68)	-1.16
나는 한국의 명절 음식 종류를 안다	3.18 (.80)	3.23 (.74)	-.55
나는 식사를 한국 사람처럼 한다	3.66 (.63)	3.77 (.51)	-1.59
주생활 전체	3.69 (.50)	3.80 (.39)	-2.19*
중국의 집에 비해 한국의 집(아파트) 구조가 생활하기 더 편리하다	3.65 (.67)	3.84 (.62)	-2.58*
나는 한국에 와서 잠자는 방식(침대 혹은 좌식)이 더 편해졌다	3.70 (.72)	3.85 (.63)	-1.89
중국의 집에 비해 한국의 집(아파트)은 부엌 사용하기에 더 편리하다	3.75 (.70)	3.87 (.58)	-1.65
한국의 집(아파트)은 실내에서 신발을 벗고 생활해서 더 편리하다	3.72 (.69)	3.75 (.71)	-.42
중국의 집에 비해 한국의 집(아파트)은 손님이나 이웃을 초대하기에 더 편리하다	3.61 (.69)	3.68 (.66)	-.89
한국생활문화적응 척도 전체	3.56 (.33)	3.65 (.29)	-2.73**

* p 〈 .05, ** p 〈 .01

국의 전통음식이나 제사 문화에 익숙지 않은 반면, 한국에서의 의류 쇼핑이나 한국의 주거양식 특히 부엌사용에 대해서는 익숙해하고 편리해한다는 것을 알 수 있다.

두 집단 간에 통계적으로 차이가 있는 내용은 '한국 패션브랜드에 익숙하다(조선족 결혼이민여성 m=3.44, 한족 결혼이민여성 m=3.68, t=-2.97, p<.01)' '중국의 집에 비해 한국의 집 구조가 생활하기 더 편리하다(조선족 결혼이민여성 m=3.65, 한족 결혼이민여성 m=3.84, t=-2.58, p<.05)' '나는 우리 부부관계가 다른 한국 부부와 비슷하다고 생각한다(조선족 결혼이민여성 m=3.63, 한족 결혼이민여성 m=3.78, t=-2.00, p<.05)' '나는 한국의 자녀양육/교육문화에 익숙하다(조선족 결혼이민여성 m=3.28, 한족 결혼이민여성 m=3.50, t=-2.66, p<.01)' 등 5개 문항이다.

전체 척도인 22개 문항 평균의 경우, 조선족 결혼이민여성은 3.56점인 데 비해 한족 결혼이민여성은 3.65점으로 한국의 가족생활문화 전반에 대한 스스로의 주관적인 평가가 조선족 출신이 더 낮은 것으로 나타났다. 이는 예상과는 다른 결과인데, 한국의 전통문화에 더 많은 이해와 공통점을 가지고 있을 것으로 생각되는 조선족 결혼이민여성이 상대적으로 더 큰 차이를 느끼고 있는 것이다. 이는 아마도 조선족 결혼이민여성들이 기존에 가지고 있던 한국 전통문화에 대한 이해와 현재 한국 생활문화 간의 간극에서 비롯된 것일 수 있다. 영역별로 보면 주생활 영역에서의 적응 수준이 가장 높았고, 식생활 영역에서의 적응 수준이 가장 낮았다. 두 집단 간 차이가 유의한 영역은 주생활과 가족생활 영역으로 한족 결혼이민여성의 적응 수준이 조선족 결혼이민여성보다 높았다.

이번에는 Barry의 문화적응 척도를 가지고 각 유형별 평균 점수를 알아보았다. 앞에서 소개한 바와 같이 Barry의 문화적응 척도는 이민자들이 새로운 사회문화 환경에 적응하는 방식을 파악하는 데 널리 활용되는 척도이다. 이 척도에는 언어적 · 관계적 · 문화적 차원에서 동화 수준을 파악할 수 있는 문항 8개, 통합 수준을 파악할 수 있는 문항 5개, 분리 수준을 파악할 수 있는 문항 6개, 주변화 수준을 파악할 수 있는 문항 9개 등 총 28문항이 있다. 이 연구에서는 동화, 통합, 분리, 주변화 경향을 알아볼 수 있는 문항을 구분하여 각각의 평균값을 알아보았다.

유형별로 정리한 내용은 〈표 2-10〉부터 〈표 2-13〉에 제시된 바와 같다. 먼저 조선족 결혼이민여성의 문화적응 유형은 통합 수준이 가장 높았고(m=3.37, s.d.=.39), 다음으로 분리(m=3.27, s.d.=.38), 동화(m=3.20, s.d.=.40), 그리고 주변화(m=2.99, s.d.=.49) 순으로 나타났다. 한족 결혼이민여성은 동화 점수가 3.19점(s.d.=.47), 통합 점수가 3.48점(s.d.=.34), 분리 점수가 3.34점(s.d.=.39), 주변화 점수가 2.96점(s.d.=.58)으로 한국과 중국의 문화를 모두 수용하려고 하는 통합 수준이 가장 높고, 다음으로 중국문화에 대해 더 수용적인 태도를 보이는 분리 수준, 한국 문화에 대해 더 수용적인 동화 수준, 그리고 마지막으로 양쪽 문화 모두에 대해 배타적인 태도를 취하는 유형인 주변화 수준의 순으로 나타났다. 두 집단 간 점수 차이는 통합 점수에서만 유의하여 한족 결혼이민여성의 점수가 조선족 결혼이민여성보다 더 높았다.

생활문화에 대한 적응이나 일반적인 문화적응은 개인적 정체성과 관련될 수 있다. 여기서는 중국 결혼이민여성의 민족소속감을 알아보고, 이러한 소속감이 가치관, 한국생활문화 및 문화적응과 어떤 상관관계가 있는지 알아보았다. 민족소속감을 알아보기 위해서는 "다음의 보기 중 귀하는 어디 사람이라고 생각하십니까?"를 질문하고, 한국사람, 중국사람, 조선족, 한국사람이면서 중국사람, 한국사람이면서 조선족 등 다양한 보기를 제시하였다.

〈표 2-14〉에 나타난 바와 같이 조선족 결혼이민여성들은 자신을 한국사람이면서 조선족(50.6%)이라고 생각하거나 조선족(25.3%)으로 생각하였다. 조선족 결혼이민여성은 중국사람으로서의 소속감보다

〈표 2-10〉 조선족, 한족 결혼이민여성의 Barry 문화적응: 동화

	조선족 결혼이민여성 (n = 158)	한족 결혼이민여성 (n = 151)	t
	m (s.d.)	m (s.d.)	
나는 중국어보다 한국어로 글쓰기를 더 잘한다	2.90 (.85)	2.84 (.88)	.59
나는 집에 있을 때 대개 한국말을 사용한다	3.67 (.51)	3.77 (.57)	-1.58
만약 내게 시를 쓰라고 한다면, 나는 한국어로 쓰는 것을 더 좋아할 것이다	2.97 (.82)	2.83 (.89)	1.51
나는 중국 사람들보다 한국 사람들과 더 잘 지낸다	3.25 (.68)	3.23 (.57)	.21
나는 한국 사람들이 중국 사람들보다 나를 더 잘 이해한다고 느낀다	3.18 (.71)	3.30 (.76)	-1.36
나는 중국 사람들보다 한국 사람들에게 나의 감정을 이야기하는 것이 더 쉽다	3.07 (.72)	3.09 (.83)	-.26
나는 중국 사람들보다 한국 사람들과 사귀는 것이 더 편안하다	3.30 (.75)	3.25 (.73)	.70
학교나 직장에 있는 대부분의 나의 친구들은 한국인이다	3.28 (.75)	3.21 (.83)	.82
동화 척도 전체	3.20 (.40)	3.19 (.47)	.30

〈표 2-11〉 조선족, 한족 결혼이민여성의 Barry 문화적응: 통합

	조선족 결혼이민여성 (n = 158)	한족 결혼이민여성 (n = 151)	t
	m (s.d.)	m (s.d.)	
나는 농담할 때 한국어와 중국어를 둘 다 사용한다	3.35 (.79)	3.39 (.88)	-.50
나는 중국어로 생각하는 만큼 한국어로도 잘 생각한다	3.32 (.60)	3.50 (.68)	-2.47*
나는 한국인 친구와 중국인 친구가 모두 있다	3.56 (.63)	3.71 (.57)	-2.12*
나는 한국 사람들과 중국 사람들 모두 나를 귀하게 여긴다고 느낀다	3.27 (.67)	3.27 (.61)	.01
나는 한국 사람이든 중국 사람이든 누구와 함께 있어도 매우 편안하다	3.37 (.70)	3.54 (.63)	-2.32*
통합 척도 전체	3.37 (.39)	3.48 (.34)	-2.59*

* $p < .05$

〈표 2-12〉 조선족, 한족 결혼이민여성의 Barry 문화적응: 분리

	조선족 결혼이민여성 (n = 158)	한족 결혼이민여성 (n = 151)	t
	m (s.d.)	m (s.d.)	
내가 듣는 대부분의 음악은 중국음악이다	2.89 (.75)	2.96 (.91)	-.72
나의 가장 친한 친구들은 중국 사람이다	3.37 (.68)	3.29 (.68)	1.06
나는 모이는 대부분의 사람들이 중국 사람인 모임에 가는 것을 더 좋아한다	3.32 (.64)	3.52 (.67)	-2.68**
나는 한국 사람들보다 중국 사람들이 나를 더 동등하게 대해준다고 느낀다	3.39 (.72)	3.47 (.68)	-.97
나는 한국 사람들보다 중국 사람들과 함께 있을 때 더 편하다	3.47 (.57)	3.52 (.75)	-.55
나는 연애는 같은 나라 사람들끼리 해야 한다고 생각한다	3.18 (.83)	3.25 (.76)	-.82
분리 척도 전체	3.27 (.38)	3.34 (.39)	-1.44

** $p < .01$

〈표 2-13〉 조선족, 한족 결혼이민여성의 Barry 문화적응: 주변화

	조선족 결혼이민여성 (n = 158)	한족 결혼이민여성 (n = 151)	t
	m (s.d.)	m (s.d.)	
일반적으로 나는 한국 사람이든 중국 사람이든 누구와도 사귀기 어렵다	2.82 (.88)	2.76 (.88)	.61
나는 때때로 한국 사람과 중국 사람 모두 나를 좋아하지 않는다고 느낀다	2.94 (.82)	2.94 (.83)	.03
나는 가끔 그 누구도 나를 이해하지 못한다고 생각할 때가 있다	3.09 (.76)	3.03 (.80)	.69
나는 때때로 사람들과 의사소통하는 것이 어렵다고 느낀다	3.03 (.74)	2.99 (.85)	.43
나는 때때로 친구 사귀는 것이 어렵다고 느낀다	3.07 (.75)	3.08 (.95)	-.10
나는 때때로 한국 사람들과 중국 사람 모두 나를 받아들이지 않는다고 느낀다	2.96 (.77)	3.01 (.81)	-.57
나는 때때로 한국 사람과 중국 사람들 모두 신뢰하기 어렵다고 느낀다	2.99 (.79)	2.97 (.78)	.30
나는 종종 한국 사람들과 중국 사람들 모두 나를 이해하는 데 어려움을 느낀다고 생각한다	3.09 (.78)	2.97 (.66)	1.56
나는 다른 사람들과 함께 있을 때 편안하지 않다	2.92 (.77)	2.86 (.76)	.66
주변화 척도 전체	2.99 (.49)	2.96 (.58)	.57

〈표 2-14〉 조선족, 한족 결혼이민여성의 민족소속감 (단위: n, %)

	조선족 결혼이민여성 (n = 158)	한족 결혼이민여성 (n = 151)
한국사람	29 (18.4)	22 (14.6)
중국사람	1 (0.6)	61 (40.4)
한국사람이면서 중국사람	8 (5.1)	59 (39.1)
조선족	40 (25.3)	-
한국사람이면서 조선족	80 (50.6)	-

는 조선족으로서의 소속감을 더 분명하게 가지고 있는 것으로 해석할 수 있다. 한족 결혼이민여성들은 대체로 자신을 중국사람이라고 생각하거나(40.4%), 한국사람이면서 중국사람(39.1%)이라고 생각하고 있었다. 한국사람이라고 생각하는 비율은 약 15%였다. 두 집단 모두 출신국과 한국에서의 정체성을 모두 발달시키는 이중정체성을 가지는 경우가 가장 많았다.

조선족 결혼이민여성들의 가족중심적 가치관과 전통적 성역할태도는 민족소속감에 따라 차이가 나지 않았다(〈표 2-15〉). 가족중심적 가치관이 높고(r=.37, p〈.01) 전통적인 성역할을 지향할수록(r=.23, p〈.01) 한국생활문화에 더 잘 적응하고 있었다. 즉, 보수적인 성향의 여성들이 더 높은 한국생활문화 적응 수준을 보이고, 개방적인 가족가치관에 동조하는 여성들일수록 한국생활문화 적응 수준이 낮아지는 경향을 보인 것이다. 통합 유형 점수가 높을수록 한국생활문화 적응 점수가 높았고(r=.50, p〈.01), 주변화 유형 점수가 높을수록 한국생활문화 적응 점수는 낮았다(r=-.31, p〈.01). 또한 전통적인 성역할태도를 지지할수록 문화적응 유형 중 통합에 해당하는 점수가 높았다(r=.24, p〈.01). 이러한 결과들은 중국 결혼이민여성들에 대한 한국 사회와 가족들이 갖는 기대가 전통적이라는 진미정(2013)의 지적과 맥락을 같이한다(〈표 2-16〉).

한족 결혼이민여성의 경우 스스로 한국 사람인 동시에 중국 사람이

〈표 2-15〉 조선족 결혼이민여성의 민족소속감과 가족가치관 (n=158)

	한국사람	조선족	한국사람이면서 조선족	F
	m (s.d.)	m (s.d.)	m (s.d.)	
가족주의 가치관	3.54 (.30)	3.63 (.37)	3.63 (.41)	.20
전통적 성역할태도	3.25 (.31)	3.14 (.25)	3.28 (.26)	.43

〈표 2-16〉 조선족 결혼이민여성의 한국생활문화적응, 문화적응, 가족가치관의 상관관계

	생활문화적응	동화	통합	분리	주변화
한국생활문화적응					
문화적응:동화	.072				
문화적응:통합	.495**	.196*			
문화적응:분리	-.008	-.083	.113		
문화적응:주변화	-.313**	.353**	-.165*	.225**	
가족주의 가치관	.371**	.090	.141	.027	.043
전통적 성역할태도	.227**	.087	.240**	.140	.102

* $p < .05$, ** $p < .01$

라고 응답한 집단의 가족중심적 가치관이 가장 높았다(m=3.77). 다음으로 자신이 한국사람이라고 응답한 집단의 가족중심적 가치관이 높았다(m=3.67). 자신이 중국 한족이라고 응답한 집단은 세 집단 중 가장 낮은 가족중심적 가치관 평균을 보였으며(m=3.56) 집단 간 차이는 통계적으로 유의미했다(F=1.36, $p<.01$). 전통적 성역할태도는 민족소속감에 따라 통계적으로 유의미한 차이가 나타나지 않았다(〈표 2-17〉).

Barry 척도의 통합 유형 점수가 높을수록 한국생활문화 적응 수준이 높았고, 분리나 주변화 점수가 높을수록 한국생활문화 적응 수준이 낮았다. 가족중심적 가치관 점수가 높을수록 한국생활문화 적응 수준이 높았는데(r=.44, $p<.01$), 가족중심가치관은 네 가지 유형의 문화적응 점수와 관련성이 없는 반면, 분리에 해당하는 점수가 높을수록 더욱 보수적

〈표 2-17〉 한족 결혼이민여성의 민족소속감과 가족가치관 (n=151)

	한국사람	한족	한국사람이면서 한족	F
	m (s.d.)	m (s.d.)	m (s.d.)	
가족주의 가치관	3.67 (.37)[ab]	3.56 (.32)[a]	3.77 (.37)[b]	1.36**
전통적 성역할태도	3.27 (.27)	3.18 (.25)	3.24 (.32)	.17

Note. Scheffe 사후검증결과, 집단 간 유의한 차이가 있는 것을 다른 알파벳으로 표시함.
** p 〈 .01

〈표 2-18〉 한족 결혼이민여성의 한국생활문화적응, 문화적응, 가족가치관의 상관관계

	생활문화적응	동화	통합	분리	주변화
한국생활문화적응					
문화적응: 동화	.094				
문화적응: 통합	.234**	.315**			
문화적응: 분리	-.245**	-.177**	.023		
문화적응: 주변화	-.411**	.281**	-.132	.335**	
가족주의 가치관	.438**	.090	.124	-.079	-.028
전통적 성역할태도	-.079	.078	.098	.193*	.146

* p 〈 .05, ** p 〈 .01

인 성역할태도를 지향하였다(r=.19, p〈.05)(〈표 2-18〉). 상관관계 분석 결과를 통해 변수들 간 관계의 방향성을 단정 지을 수는 없으나 가족중심적인 가치관을 가진 한족 결혼이민여성이 한국의 생활문화에 더 잘 적응하고 있음을 나타낸다고 볼 수 있다. 이는 한국의 생활문화가 부계중심 성향을 가진 보수적인 한족 결혼이민여성들에게 더 우호적이며, 따라서 이들의 적응이 더 용이하게 이루어지고 있음을 시사한다.

3) 자녀양육 경험

만 1~6세 미취학자녀를 주로 누가 돌보는지의 질문에 조선족 결혼이민여성(84.2%)보다 한족 결혼이민여성(91.4%)의 경우 본인이 주로 아이를 돌본다고 응답한 비율이 높았다. 반면 조선족 결혼이민여성의 경우 시

부모가 아이를 보살펴 준다는 응답(15.2%)이 한족 결혼이민여성의 응답(6.6%)에 비해 높게 나타났다. 미취학자녀가 어린이집이나 유치원 혹은 학원에 다니는지에 관한 질문에 조선족 91.1%와 한족 88.7%의 가정에서 아이들을 보육·교육시설에 보내고 있다고 응답하였다. 반면 조선족 8.9%와 한족 11.3%의 가정에서는 보육·교육시설을 이용하지 않는 것으로 나타났다. 제1장에서 살펴본 바와 같이 조선족 결혼이민여성의 취업률은 54.1%로 한족 결혼이민여성의 취업률 49%보다 높은 편이었다. 이러한 차이에서 어머니가 주 양육자인 비율과 보육 및 교육시설 이용률의 차이가 비롯되는 것으로 보인다(〈표 2-19〉).

조선족과 한족 결혼이민여성의 자녀양육 역량 점수를 보면 대부분 5점 만점에 3.5점 이상으로 나타나 스스로의 역량을 긍정적으로 평가하고 있는 것으로 보인다(〈표 2-20〉). 문항별로 살펴보면, 결혼이민여성들이 스스로 역량을 높게 평가하는 것은 자녀 보호인 반면, 가장 낮게 평가하는 영역은 학습 지원이었다. 대상이 미취학 연령대의 자녀임에도 결혼이민여성들은 '아이 공부를 도와줄 수 있다'라는 문항에 가장 낮은 점수를 보였다.

두 집단을 비교해 보면, 전반적으로 한족 결혼이민여성의 자녀양육 역량(m=23.53, s.d.=2.55)이 조선족 결혼이민여성(m=22.63, s.d.=2.64)보다 높

〈표 2-19〉 한국-중국 다문화가족의 주 양육자 및 보육 · 교육시설 이용 (단위: n, %)

		조선족 결혼이민여성 (n = 158)	한족 결혼이민여성 (n = 151)
주 양육자	본인	133 (84.2)	138 (91.4)
	시부모	24 (15.2)	10 (6.6)
	친정부모	1 (0.6)	2 (1.3)
	남편	0 (0.0)	1 (0.7)
보육 및 교육 시설이용	이용	144 (91.1)	134 (88.7)
	이용하지 않음	14 (8.9)	17 (11.3)

았다($t=-3.08, p<.01$). 하위 문항을 살펴보면 '아이 공부를 도와줄 수 있다'와 '아이가 아플 때 적절하게 대처할 수 있다' 문항에서는 차이가 없었으나, 나머지 문항들에서 한족 결혼이민여성은 조선족의 결혼이민여성의 자녀양육 역량보다 높은 점수를 보였다. 즉, 전반적으로 한족 결혼이민여성은 조선족 결혼이민여성에 비해 자신의 자녀양육 역량을 높게 평가하고 있음을 알 수 있다.

부부의 자녀양육 참여는 '자녀 돌보기(밥 먹이기, 옷 입히기, 목욕시키기 등)', '자녀교육(책 읽어주기, 숙제, 일기, 학습지도, 등하교 지도 등)', '자녀와 놀이'의 총 3문항으로 살펴보았다. 각 문항은 자녀양육 참여 빈도를 묻는 5점 척도로 1점 '거의 안함', 2점 '한 달에 1~2회', 3점 '1주일에 1~2회', 4점 '1주일에 3~4회', 5점 '거의 매일' 양육에 참여하는 정도를 응답하였다. 자녀양육 참여 총점수의 범위는 3~15점이며, 점수가 높을수록 자녀양육에 더 자주 참여하는 것을 의미한다.

전체적으로 볼 때 〈표 2-21〉과 같이, 결혼이민여성의 자녀양육 참

〈표 2-20〉 조선족, 한족 결혼이민여성의 자녀양육 역량

	조선족 결혼이민여성 (n = 158)	한족 결혼이민여성 (n = 151)	t
	m (s.d.)	m (s.d.)	
아이를 안전하게 보호할 수 있다	3.98 (.58)	4.10 (.44)	-2.00^{*}
아이를 건강하게 기를 수 있다	3.96 (.63)	4.14 (.61)	-2.59^{*}
아이가 아플 때 적절하게 대처할 수 있다	3.88 (.66)	3.98 (.63)	-1.36
아이 공부를 도와줄 수 있다	3.42 (.73)	3.52 (.80)	-1.13
아이가 올바르게 성장하도록 돌봐줄 수 있다	3.69 (.65)	3.94 (.60)	-3.52^{***}
아이가 힘들어할 때 도움을 줄 수 있다	3.70 (.63)	3.86 (.63)	-2.20^{*}
자녀양육 역량 총점	22.63 (2.64)	23.53 (2.55)	-3.08^{**}

$^{*}p<.05$, $^{**}p<.01$, $^{***}p<.001$

〈표 2-21〉 한국-중국 다문화가족의 자녀양육 참여

	조선족 결혼이민여성 (n = 158)	한족 결혼이민여성 (n = 151)	t
	m (s.d.)	m (s.d.)	
어머니 자녀양육 참여	12.68 (2.04)	12.77 (1.98)	-.40
아버지(남편) 자녀양육 참여	8.27 (2.21)	8.94 (2.32)	-2.62**

** $p < .01$

여점수가 남편들의 자녀양육 참여점수보다 높아 어머니들이 주된 양육자임을 다시 한 번 보여주었다. 두 집단을 비교해 보면, 조선족 결혼이민여성(m=23.53, s.d.=2.55)과 한족 결혼이민여성(m=23.53, s.d.=2.55)의 자녀양육 참여는 유의미한 차이가 없었다. 반면 조선족 결혼이민여성이 인식한 남편의 자녀양육 참여(m=8.27, s.d.=2.21)는 한족 결혼이민여성이 보고한 남편의 자녀양육 참여(m=8.94, s.d.=2.32)보다 더 낮게 나타났다(t=-2.62, p<.01). 두 집단 모두 한국 남성과 결혼하였음에도 조선족 결혼이민여성들의 남편의 자녀양육 참여에 대한 평가가 더 낮은 것은 조선족 결혼이민여성의 기대수준에 의한 것일 수도 있고, 남편의 실제 자녀양육 참여의 수준이 더 낮은 것일 수도 있다.

아버지의 자녀양육 참여는 아동의 어머니가 인식한 남편의 자녀양육 참여의 정도로 조사하였다. 〈표 2-22〉와 같이 아버지들의 참여는 '자녀와 놀이', '자녀의 교육 지원', '자녀돌보기'의 순으로 나타나 신체적 돌봄을 제공하는 경우보다는 자녀와 놀아주거나 공부를 도와주는 등의 활동을 더 많이 하고 있는 것으로 나타났다.

각 하위항목별로 살펴보면, 3가지 모든 항목에서 조선족 결혼이민여성이 인식한 남편의 자녀양육 참여의 점수가 한족 결혼이민여성이 인식한 남편의 자녀양육 참여 점수보다 낮게 나타났다. 그중 조선족 결혼이민여성이 인식한 남편의 자녀돌보기(m=2.54, s.d.=.96)는 한족 결혼이민

〈표 2-22〉 결혼이민여성이 인식하는 한국-중국 다문화가족 아버지의 자녀양육 참여

하위항목	조선족 결혼이민여성 (n = 158)	한족 결혼이민여성 (n = 151)	t
	m (s.d.)	m (s.d.)	
자녀돌보기	2.54 (.96)	2.86 (.94)	-2.93**
자녀교육 지원	2.72 (.98)	2.91 (1.02)	-1.63
자녀와 놀이	3.00 (.88)	3.18 (.90)	-1.70

** $p < .01$

여성이 인식한 남편의 자녀돌보기(m=2.86, s.d.=.94)와 통계적으로 유의한 차이가 있었다(t=-2.93, p<.01). 조선족, 한족 두 집단 모두 아버지는 자녀에게 밥을 먹이거나, 옷을 입히고, 목욕시키는 자녀돌보기 양육에 한 달에 1~2번보다 많지만 일주일에 1~2번보다 적은 빈도로 양육에 참여하는 것으로 나타났다. 조선족 결혼이민여성이 인식하는 남편의 자녀 돌봄이 한족 결혼이민여성이 인식하는 남편의 자녀 돌봄에 비해 더 적게 이루어지고 있다고 해석할 수 있다.

양육을 둘러싼 가족 갈등을 물어보았을 때, 〈표 2-23〉과 같이 두 집단 모두 상당한 갈등 경험이 있음을 알 수 있었다. 조선족이나 한족 결혼이민여성들의 약 45~50%는 자녀양육 때문에 남편과 갈등이 있거나 시댁과 갈등을 경험하였다. 남편과의 양육갈등 경험의 차이를 분석한 결과, 조선족 결혼이민여성 52.5%, 한족 결혼이민여성 43.7%가 남편과 양육갈등을 경험하였다고 응답하였다. 남편과 양육갈등을 경험하였다고 응답한 조선족 결혼이민여성 66.3%와 한족 결혼이민여성 66.7%가 남편의 양육방식에 따르는 것으로 나타났다.

시댁식구와 양육갈등 경험에서 조선족 결혼이민여성 44.9%, 한족 결혼이민여성 37.7%가 갈등을 겪은 적이 있는 것으로 나타났다. 시댁식구와 양육갈등이 있는 경우 조선족 결혼이민여성은 남편 47.9%, 시부모

〈표 2-23〉 조선족, 한족 결혼이민여성의 가족 내 양육갈등 (단위: n, %)

	조선족 결혼이민여성 (n = 158)	한족 결혼이민여성 (n = 151)	χ^2
남편과 양육갈등 경험 있음	83 (52.5)	66 (43.7)	2.41
누구의 의견에 따르는 편?			
본인	28 (33.7)	22 (33.3)	NS
남편	55 (66.3)	44 (66.7)	NS
시댁식구와 양육갈등 경험 있음	71 (44.9)	57 (37.7)	1.64
누구의 의견에 따르는 편?			
본인	14 (19.7)	17 (29.8)	3.53
남편	34 (47.9)	29 (50.9)	
시부모	20 (28.2)	10 (17.5)	
남편의 형제자매	3 (4.2)	1 (1.8)	

28.2%, 본인 19.7%의 순으로 의견에 따른다고 응답하였고, 한족 결혼이민여성은 남편 50.9%, 본인 29.8%, 시부모 17.5% 순으로 양육갈등 시 의견을 따르는 편이라고 하였다.

남편이나 시댁식구와의 갈등이든 자녀 양육과 관련된 갈등이든 간에 남편의 의견대로 문제를 해결하는 비율이 가장 높았으며, 이는 결혼이민여성이 주 양육자로서의 역할을 수행하면서도 문제 해결의 주체로서는 권위를 존중받지 못하고 있음을 시사한다.

3. 한국-일본 다문화가족의 가족생활문화와 자녀양육

1) 가족가치관

〈표 2-24〉에서는 일본 결혼이민여성의 가족가치관을 정리하여 제시하였다. 일본 결혼이민여성의 가족가치관은 앞서 살펴본 한국(m=3.32), 베트남(m=3.61), 그리고 중국 조선족 결혼이민여성(m=3.52), 한족 결혼이민

〈표 2-24〉 일본 결혼이민여성의 가족가치관 (n = 239)

	m (s.d.)
가족주의 가치관 전체	3.16 (.47)
개인적인 관심보다 가족의 관심을 더욱 중요시해야 한다	3.91 (.69)
어려운 일에는 이웃이나 친구보다 친척이 더 큰 힘이 된다	3.02 (.92)
부부관계보다는 부모자녀관계가 우선되어야 한다	2.78 (.78)
사회보다 내 가족의 안녕이 우선되어야 한다	3.39 (.75)
집안의 큰일은 남자가 결정하는 것이 당연하다	3.03 (.95)
가정에서 아버지의 권위는 어떤 상황에서도 존중되어야 한다	3.54 (.91)
장남은 재산을 더 많이 상속받아야 한다	2.54 (.93)
결혼한 여자는 친정보다 시집을 먼저 도와야 한다	3.10 (.90)
전통적 성역할태도 전체	2.58 (.68)
오늘날에는 여성도 남성과 똑같이 가족부양의 책임이 있다(역코딩)	2.40 (.76)
남자가 할 일은 돈을 버는 것이고, 여자가 할 일은 가정을 돌보는 것이다	2.76 (1.03)

Note. 결측치로 인해 항목별 사례 수가 같지 않음.

여성(m=3.55)이 응답한 수준에 비해 낮은 편인 3.16점(s.d.=.47)으로 나타났다. 문항별로 보면 '개인적인 관심보다 가족의 관심을 더욱 중요시해야 한다'는 내용에 대해서는 다른 국가 출신 여성들처럼 동의하는 정도가 높았다(m=3.91). 그러나 '사회보다 내 가족의 안녕이 우선되어야 한다'는 내용에 대해서는 동의 정도가 높지 않아(m=3.39) 다른 국가 출신의 결혼이민여성들보다 가족중심성이 낮다는 중요한 차이점이 있었다. 문항 내용 중 동의 정도가 특히 낮은 것은 '장남은 재산을 더 많이 상속받아야 한다(m=2.54)'는 문항, '부부관계보다는 부모자녀관계가 우선되어야 한다(m=2.78)'는 문항이었다.

성역할에 대한 태도 중에서 여성의 가족부양에 대한 책임에 대한 동의 정도와 남녀역할 분리에 대한 동의 정도가 모두 낮아서 전체적인 점수 역시 한국(m=2.72), 베트남(m=2.74), 조선족(m=2.86), 한족(m=2.79) 중에서 가장 낮은 2.58(s.d.=.68)로 나타났다. 일본 결혼이민여성들이 가족중심적 성향이나 전통적 성역할 태도가 낮다는 점은 다문화가족 내의 다양성을 이해하는 데 중요한 의미를 갖는다. 일반적으로 동일한 유교권의 영향하에 있을 것으로 생각하지만 일본 결혼이민여성들의 가족가치관은 좀 더 근대적이라는 점에서 차별화된다.

2) 한국생활문화 적응

연구자들이 개발한 한국생활문화적응 척도는 한국-중국 다문화가족 연구 이후 다소 수정되었다. 가족생활, 의생활, 식생활, 주거생활 영역으로 구분된 것은 동일하나 구체적인 표현방식이나 문항 내용 및 수가 달라져 중국 결혼이민여성 결과와 직접적으로 비교하기는 어렵다. 다만 대체적인 경향을 볼 때 〈표 2-25〉와 같이, 일본 결혼이민여성들의 한국생활문화적응 수준 평균은 3.51점(s.d.=.53)으로 보통 이상의 수준을 보였으며 한족(m=3.65)과 조선족(m=3.56) 결혼이민여성들에 비해서는 다소 낮게 나타났다.

20개 문항 내용 중에서 가장 점수가 높은 것은 '나는 한국음식을 좋아한다(m=4.04)' '나는 한국식 좌식생활(온돌방 사용, 걸레질하기 등)에 익숙하다(m=3.90)'에 대한 것이었으며, 점수가 가장 낮은 것은 '나는 특별한 날에 한복 입는 것을 좋아한다(m=2.84)', '나는 한국의 자녀양육/교육문화에 익숙하다(m=2.92)'에 대한 것이었다. 영역별로 보면, 의생활 영역에 대한 적응 점수가 가장 낮았고(m=3.24), 주거생활에 대한 적응 점수가 가장 높았다(m=3.70).

중국 결혼이민여성들과 비교해 보았을 때, 주거생활에 대한 적응 점수가 높다는 점은 공통적이고 의생활에 대한 점수가 낮다는 점은 차이점이다. 중국 결혼이민여성들은 식생활 영역에 대한 점수가 가장 낮았고, 의생활 영역에 대한 점수는 높은 편이었는데, 일본 결혼이민여성들은 의생활에 대한 점수가 낮은 편이었다. 이러한 차이에 대한 좀 더 상세한 내용은 제3장과 제4장에서 살펴보기로 한다.

〈표 2-25〉 일본 결혼이민여성의 한국생활문화 적응 (n = 239)

	m (s.d).
가족생활	
우리 부부관계는 다른 한국부부와 비슷하다	3.12 (.91)
나는 명절에 시댁식구들과 함께 모여서 시간을 보낸다	4.21 (.98)
나는 한국의 자녀양육/교육문화에 익숙하다	2.92 (.93)
나는 한국의 제사문화에 익숙하다	3.50 (1.11)
나는 한국의 결혼(식)문화에 익숙하다	3.24 (.98)
가족생활 전체	3.40 (.73)
의생활	
나의 외모는 보통 한국 사람처럼 보인다	3.38 (.97)
한국 사람들 사이에서 나의 옷차림은 튀지 않는다	3.64 (.79)
나는 한국 사람들처럼 옷을 입는다	3.04 (.98)
나는 한국에서 패션 쇼핑하는 것이 편하다	3.32 (.97)
나는 특별한 날에 한복 입는 것을 좋아한다	2.84 (1.18)
의생활 전체	3.24 (.58)
식생활	
나는 한국음식 만들기에 익숙하다	3.32 (.97)
나는 한국음식을 좋아한다	4.04 (.81)
나는 한국식으로 밥상을 차리는 것에 익숙하다	3.60 (.96)
나는 한국의 명절 음식 종류를 안다	3.73 (.92)
나는 숟가락을 사용하여 밥을 먹는다	3.67 (1.07)
식생활 전체	3.68 (.68)
주생활	
나는 한국의 아파트 환경(동네환경)에 익숙하다	3.93 (.81)
나는 한국식 집(아파트) 실내 구조를 좋아한다	3.30 (1.03)
나는 한국식 좌식생활(온돌방 사용, 걸레질하기 등)에 익숙하다	3.90 (.85)
나는 한국식 부엌 및 욕실 사용에 익숙하다	3.72 (.96)
나는 한국식 전세, 월세 제도에 익숙하다	3.64 (1.01)
주생활 전체	3.70 (.70)
한국생활문화적응 척도 전체	3.51 (.53)

Note. 결측치로 인해 항목별 사례 수가 같지 않음.

일본 결혼이민여성의 민족소속감을 알아보고, 정체성과 한국생활문화적응과의 상관관계를 알아보았다. 앞서 중국 결혼이민여성들을 조사할 때는 민족소속감을 범주형으로 질문하였다. 본인을 중국인으로 생

〈표 2-26〉 일본 결혼이민여성의 민족소속감 (n = 225)

	n (%)
1 (한국인에 가깝다.)	4 (1.8)
2	8 (3.6)
3	25 (11.1)
4	34 (15.1)
5 (한국인이기도 하고 일본인이기도 하다.)	94 (41.8)
6	26 (11.6)
7	21 (9.3)
8	9 (4.0)
9 (일본인에 가깝다.)	4 (1.8)

〈표 2-27〉 일본 결혼이민여성의 민족소속감과 가족가치관의 상관관계 (n=225)

	한국사람	일본인	한국사람이면서 일본인	F
	m (s.d.)	m (s.d.)	m (s.d.)	
가족주의 가치관	3.28 (.49)	3.22 (.54)	3.29 (.46)	.11
전통적 성역할태도	2.87 (.60)	2.87 (.52)	2.94 (.55)	.40

각하는지, 한국인으로 생각하는지, 또는 둘 다라고 생각하는지를 선택하도록 했다. 그런데 일본 결혼이민여성을 조사할 때는 범주형으로 질문하는 대신 1점부터 9점까지의 척도를 주고 자신이 어디에 가깝다고 생각하는지를 표시하게 하였다. 1점에 가까울수록 한국인에 가깝다고 생각하는 것이고 9점에 가까울수록 일본인에 가깝다고 생각하는 것이며 5점에 가까울수록 한국인이면서 일본인이기도 하다고 생각하는 것이다.

조사 결과 〈표 2-26〉과 같이, 일본 결혼이민여성들은 5점에 표시한 비율(41.8%)이 가장 많았고, 5점을 중심으로 점수가 서로 대칭되는 것으로 나타났다. 즉 1점에서 4점 사이에 표시한 사람이 71명, 6~9점 사이에 표시한 사람이 60명으로 한국인에 가깝다고 생각하는 사람들이 약간 더 많았다. 중국 결혼이민여성들과 마찬가지로 이중정체성을 가지고 있는 경우가 가장 많은 것이다.

〈표 2-28〉 일본 결혼이민여성의 한국생활문화적응과 가족가치관의 상관관계

	한국생활문화적응	가족주의 가치관
가족주의 가치관	.212**	
전통적 성역할태도	.103	.347**

** p 〈 .01

일본 결혼이민여성들의 가족주의 가치관과 전통적 성역할태도는 민족소속감에 따라 차이가 나지 않았다(〈표 2-27〉). 중국 결혼이민여성 중 한족 출신 여성들은 한족과 한국인으로서의 정체성을 동시에 가지고 있는 사람들이 가족주의 가치관 점수가 더 높았으나, 일본 결혼이민여성들은 그런 차이가 보이지 않았다.

한국생활문화적응과의 관련성을 살펴보았을 때, 가족주의 점수가 높을수록 그들의 한국생활문화적응 수준이 높게 나타났다(r=.21, p〈.01). 중국 결혼이민여성들과 마찬가지로 부계중심적 가족주의 가치관을 더 많이 내재할수록 한국에서의 의·식·주·가족생활에 대한 적응수준이 높아지는 것을 알 수 있다. 그러나 상관관계가 .212 수준으로 중국 결혼이민여성들(조선족 .371, 한족 .438)보다 약한 편이었다. 전통적 성역할태도는 한국생활문화적응 수준과는 유의한 상관관계가 보이지 않았다(〈표 2-28〉).

3) 민족정체성과 자녀 민족사회화

여기서는 학령기 자녀(만7세~18세)를 둔 일본 결혼이민여성들을 대상으로 어머니들의 민족정체성을 살펴보고, 자녀에 대한 태도와 문화사회화에 초점을 맞추어 분석하였다.

일본 결혼이민여성의 민족정체성은 12개의 문항으로 구성되어 있으며 각 문항은 5점 척도로 점수가 높을수록 자신의 민족정체성에 대해 긍정적인 태도를 가지고 있음을 의미한다. 〈표 2-29〉에 나타난 바와 같이 일본 결혼이민여성의 민족정체성 평균은 3.21점(s.d.=.51)으로 보통

이상으로 일본인임에 대해 긍정적인 정체성을 갖고 있는 것으로 나타났다. 12개의 문항 중에서 점수가 높았던 문항은 '나는 일본에 대해 좋은 감정을 가지고 있다(m=3.60, s.d.=.80)', '나는 내가 일본 사람인 것이 행복하다(m=3.51, s.d.=.76)'이었고, 점수가 가장 낮은 문항은 '나는 일본의 역사, 전통, 관습 등 일본에 대하여 더 잘 알기 위해 시간을 보낸다(m=2.66, s.d.=.87)'였다.

일본 결혼이민여성들에게 자녀가 일본 혹은 한국 중에서 어떤 문화에 더 가깝게 자라기를 원하는지 질문하고, 남편은 자녀가 어떤 민족소속감을 가지기를 원한다고 생각하는지에 대해 9점 척도로 응답하게 하였다. 1점에 가까울수록 자녀가 한국인으로서 민족소속감을 가지고 자라기를 원하고, 9점에 가까울수록 일본인으로서 민족소속감을 가지고 자라기를 원하며, 중간 점수인 5점에 가까운 것은 한국과 일본 문화에 모두 가깝게 키우고 싶다는 것을 의미한다. 〈표 2-30〉을 보면, 일본 결

〈표 2-29〉 일본 결혼이민여성의 민족정체성 (n = 225)

문항	m (s.d.)
민족정체성 전체	3.21 (.51)
나는 일본의 역사, 전통, 관습 등 일본에 대하여 더 잘 알기 위해 시간을 보낸다	2.66 (.87)
나는 대부분 일본 사람들로 구성된 단체나 모임에 적극적으로 참여한다	3.06 (.87)
나는 내가 일본 사람이라는 것과 그것이 나에게 갖는 의미를 잘 안다	3.42 (.72)
나는 내가 일본인이라는 사실이 내 인생에 어떤 영향을 미칠 것인가에 대해 생각해 보곤 한다	3.40 (.86)
나는 내가 일본 사람인 것이 행복하다	3.51 (.76)
나는 일본인으로서의 강한 소속감을 가지고 있다	3.10 (.84)
나는 내가 일본인이라는 사실이 나에게 어떤 의미인지 잘 이해하고 있다	3.35 (.77)
나는 일본을 잊지 않도록 사람들과 일본에 대해 자주 대화를 나눈다	3.26 (.94)
나는 일본과 일본이 이룬 것들에 대해 강한 자부심을 가지고 있다	2.89 (.89)
나는 일본의 음식, 음악, 관심과 같은 문화적 활동에 참여한다	2.89 (.90)
나는 일본에 대해 강한 애착을 느낀다	3.37 (.87)
나는 일본에 대해 좋은 감정을 가지고 있다	3.60 (.80)

Note. 결측치로 인해 항목별 사례 수가 같지 않음.

혼이민여성은 자녀가 한국과 일본 문화에 모두 가깝게 자라기를 원하고 있었다(m=4.50, s.d.=1.05). 반면 일본 결혼이민여성들은 남편의 경우에는 자녀들이 일본인보다는 한국인에 좀 더 가깝게 자라기를 바란다(m=3.73, s.d.=1.53)고 인식하는 경향이 있었다. 즉, 일본 결혼이민여성은 자녀들이 양쪽 모두의 민족소속감을 가지기를 바라고 있었으나 남편은 자녀들이 한국 문화에 더 가깝게 자라기를 바란다고 생각하고 있었다.

자녀에 대한 민족사회화에 관한 16개 문항을 살펴본 결과는 〈표 2-31〉과 같다. 결혼이민여성이 자녀의 민족사회화를 위해 독려하고 있는 부분 중에서 점수가 높게 나타난 문항은 '한국 책이나 한국에 대한 책을 읽도록 자녀를 격려한다(m=3.93, s.d.=.82)'와 '자녀에게 일본어를 가르쳐 준다(m=3.88, s.d.=.92)', '자녀의 이중문화적 배경이 강점이라는 것을 이야기해 준다(m=3.88, s.d.=.87)'였다. 반면 점수가 낮았던 문항은 '일본 명절을 기념하기 위해 자녀와 무언가를 한다(m=2.40, s.d.=.99)'와 '자녀가 (한-일) 다문화가정 아동이기 때문에 받을 수 있는 불공평한 대우에 대해 자녀에게 이야기해 준다(m=2.71, s.d.=1.03)', '자녀가 (한-일) 다문화가정 아동이기 때문에 다른 사람과 같은 대우를 받기 위해서는 더 잘해야 한다고 이야기해 준다(m=2.98, s.d.=1.02)'의 순으로 나타났다. 자녀의 민족사회화를 위해 양국의 문화를 자녀에게 알려주고자 하는 노력이 돋보였는데 그에 비해 앞으로 경험할 수도 있는 편견에 대한 준비 점수가 낮게 나타난 것을 알 수 있다.

〈표 2-30〉 일본 결혼이민여성이 인식한 자녀의 민족소속감에 대한 기대 (n = 225)

	일본 결혼이민여성	한국인 남편	t
	m (s.d.)	m (s.d.)	
자녀가 한국인과 일본인 중 어디에 더 가깝게 자라길 원하십니까?(1~9)	4.50 (1.05)	3.73 (1.53)	8.17***

Note. 1점에 가까울수록 한국인, 9점에 가까울수록 일본인에 가깝게 키우고 싶다는 것을 의미함.
*** p < .001

〈표 2-31〉 일본 결혼이민여성의 자녀 민족사회화 (n = 225)

문항	m (s.d.)
민족사회화	3.36 (.60)
한국의 문화나 중요한 역사에 대해 자녀에게 이야기해 준다	3.41 (.88)
한국 책이나 한국에 대한 책을 읽도록 자녀를 격려한다	3.93 (.82)
일본의 문화나 중요한 역사에 대해 자녀에게 이야기해 준다	3.45 (.87)
일본에 대해 알려주기 위해 식당, 행사, 강연, 전시, 공연 등에 자녀와 함께 간다	3.12 (.92)
일본 책이나 일본에 관한 책을 자녀에게 읽어주거나, 읽도록 자녀를 격려한다	3.33 (.94)
일본 명절을 기념하기 위해 자녀와 무언가를 한다	2.40 (.99)
자녀에게 일본어를 가르쳐 준다	3.88 (.92)
자녀의 이중문화적 배경이 강점이라는 것을 이야기해 준다	3.88 (.87)
한국에 사는 일본인(혹은 외국인/다문화가족)이 받을 수 있는 차별이나 불편함에 대해 자녀에게 이야기해 준다	2.94 (.99)
자녀에게 한일 다문화가정의 자녀라서 사회생활에서 제한을 경험할 수도 있다고 설명해 준다	2.99 (1.01)
TV에서 일본인(혹은 외국인/다문화) 차별을 다루는 내용이 나올 때 자녀에게 설명해 준다	3.50 (.84)
자녀가 (한-일) 다문화가정 아동이기 때문에 다른 사람과 같은 대우를 받기 위해서는 더 잘해야 한다고 이야기해 준다	2.98 (1.02)
자녀가 듣고 있을 때 다른 사람과 일본인(혹은 외국인/다문화가족) 차별에 대해 이야기한 적이 있다	2.80 (1.02)
자녀가 (한-일) 다문화가정 아동이기 때문에 받을 수 있는 불공평한 대우에 대해 자녀에게 이야기해 준다	2.71 (1.03)
일본에 대해 자녀가 학교에서 배운 것 중 틀린 것이 있으면 이야기해 준다	3.51 (.84)
자녀에게 외모나 피부색과 같은 신체적 차이나 문화적 차이에 대해 이야기해 준다	3.46 (.93)

Note. 결측치로 인해 항목별 사례 수가 같지 않음.

한국에서의 자녀양육에 대해 어머니들이 어떻게 생각하는지를 5점 척도로 조사하였다. 〈표 3-32〉에 제시된 것과 같이, 결혼이민여성들은 '한국에서 자녀를 키우려면 지금까지와는 다른 새로운 부모전략이 필요하다(m=3.53)'고 생각하는 경향이 있지만 '내 아이가 일본 문화를 몰라야 한국에서 성공할 수 있다(m=2.06)'고 생각하지는 않았다. 앞에서 언급한 바와 같이 일본 결혼이민여성들은 자녀들이 한국 문화와 일본 문화를 모두 잘 아는 사람으로 크기를 원하고 있으며, 한국에서의 양육이

〈표 2-32〉 한국에서 자녀양육에 대한 일본 결혼이민여성의 인식 (n = 225)

문 항	m (s.d.)
한국보다 일본에서 자녀를 키우는 것이 더 쉽다.	3.37 (.97)
내 아이가 일본 문화를 몰라야 한국에서 성공할 수 있다.	2.06 (.82)
한국에서 자녀를 키우려면 지금까지와는 다른 새로운 부모전략이 필요하다.	3.53 (.88)
한국에서는 경찰, 정부, 학교 등 너무 많은 사람들이 자녀에 대한 부모의 권위를 방해한다.	2.69 (.73)
한국에 온 후, 무엇이 부모와 자녀에게 가장 좋은 길인지에 대한 내 생각이 변했다.	3.10 (.88)

〈표 2-33〉 일본 결혼이민여성의 민족정체성과 자녀 민족사회화의 상관관계 (n = 225)

	민족정체성
민족사회화	.404***

*** $p < .001$

특별히 더 어렵다고 생각하지는 않는 것으로 보인다.

일본 결혼이민여성들의 민족정체성과 자녀의 민족사회화 간의 연관성을 살펴보기 위해 상관분석을 하였다. 〈표 2-33〉에 나타난 바와 같이 일본 결혼이민여성의 민족정체성의 점수가 높을수록 자녀의 민족사회화의 점수가 더 높았다($r=.404$, $p<.001$). 이 결과는 어머니가 본인의 민족정체성을 긍정적으로 인식할수록 자녀에게 양국에 대한 문화를 적극적으로 알려주고 문화적 차이에 따른 다양한 상황에 대처할 수 있는 준비를 많이 시키는 것으로 해석된다.

4. 다문화가족의 가족생활문화와 자녀양육

가족생활문화에 대해 연구할 때 관심을 기울이게 되는 점은 한국가족의 고유한 특성이 무엇인가 하는 점이다. 학자들은 다양한 시각에서 한국가족이 가진 내적인 특성이나 제도적 특성을 규명해 왔는데, 공통적으로 꼽는 특성 중 하나는 바로 가족주의이다. 가족주의(familism)란 "모든 가치가 가족의 유지 존속과 관련되며, 가족의 단결과 영속화와 가족의 공동 이익을 추구하려는 집단적인 노력"을 의미한다(최재석, 1976). 가족주의 이념도 스펙트럼이 넓은데, 우리나라의 가족주의는 "개인보다 가족이 우선되는 가족의 우선성, 부모봉양과 효의 강조, 가장이 중심이 되는 부계가문의 영속화, 형제자매 및 친족 간의 사회경제적 유대의식 등을 특징으로 하는 가부장적 가족과 관련된 규범"을 의미한다(옥선화, 1986). 이러한 유교적 가족주의 규범 때문에 장자 중심의 제사와 유산 상속이 이루어져 왔고, 부계 중심의 명절 문화와 가족의례가 지속되어 왔다. 유교적 가족주의 규범은 우리나라뿐 아니라 중국문화권에 속하는 동아시아 국가들의 공통된 특성이기도 하다.

통상적으로 베트남, 중국(조선족과 한족), 일본 여성들은 동일한 문화권에서 왔다고 생각하지만 실제 이들이 내면화하고 있는 가족주의 가치관은 동일하지 않다. 부계적 가족중심성을 질문한 가족주의 가치관과 전통적 성역할태도로 살펴봤을 때, 베트남 결혼이민여성들은 가족주의 가치관 성향이 한국인 남편보다 높은 반면, 조선족이나 한족 결혼이민여성들은 남편과 비슷한 수준이었고, 일본 결혼이민여성은 나머지 집단들에 비해 훨씬 낮은 수준이었다. 가족부양과 남녀역할 분리에 대한 전통적 성역할태도의 성향은 모두 낮아 비슷한 연령대의 한국여성들과 다르지 않은 수준이었다. 이러한 결과는 결혼이민여성에 대한 통상적인 관념이 현실과 다를 수 있음을 보여주는 결과이고, 이러한 관념이 이들의 적응에 장애가 될 수 있음을 보여주는 결과이기도 하다.

가족의례나 자녀양육 의례 측면에서 보면, 대체로 다문화가족들은 명절이나 제사 등에서 부계중심의 가족의례를 따르고, 돌잔치 등의 자녀양육 의례를 따르고 있는 것으로 보인다. 그러나 좀 더 자세히 들여다 보면 명절에 큰집 중심으로 모이는 비율이나 특별한 기념일에 외식하는 비율, 태교하는 비율, 백일잔치와 같은 의례를 수행하는 비율 등이 더 낮은 편이다. 또한 제사문화나 명절음식에 대해서도 다소 낯설어하는 경향도 있다. 전통적 가족의례 중 자녀 관련 의례가 강화되고 소비주의적 의례 성향이 커진다는 측면에서 다문화가족이 따르기 어려운 측면이 있는 것으로 보인다.

한국생활문화적응 척도상으로 본 중국과 일본 결혼이민여성들의 적응은 주생활 부분에서 가장 용이하게 이루어지고 있었다. 이들은 한국의 주택이나 아파트환경, 좌식생활, 부엌과 욕실의 구조와 사용에 익숙하고 편하다고 생각하고 있었다. 그러나 다른 영역에서는 다소 차이가 있었는데 중국 결혼이민여성들은 의생활에 대한 적응 수준이 높은 반면 일본 결혼이민여성들은 적응 수준이 낮았다. 외모가 한국사람처럼 보이는지, 옷차림이 튀지 않는지, 한국에서의 의류 쇼핑이 익숙하고 편한지 등에 대해서 두 집단의 점수가 차이가 많이 나서 이런 차이가 어디서 비롯되는지를 좀 더 살펴봐야 할 것이다. 이 외에도 가족생활이나 식생활에 대한 적응 점수도 5점 척도의 3.5점 수준에 불과해 한국에 온 지 오래된 결혼이민여성들도 여전히 생활문화적응에 불편이나 어려움을 겪고 있는 것을 알 수 있다.

흥미로운 점은 가족주의 가치관 점수가 높거나 전통적인 성역할태도 점수가 높을수록 한국생활문화적응 수준이 높다는 점이다. 이는 여전히 한국사회의 일상생활문화가 부계적 가족중심 문화이며, 따라서 부계적 가족주의 성향이 높은 사람들이 적응하기 쉬운 문화라는 점을 보여준다. 중국 결혼이민여성들을 대상으로 한 조사 결과를 보면, 언어적 · 관계적 · 문화적 차원에서 측정한 문화적응 척도 중 통합 유형 점수가 높은 여성들이 한국의 생활문화에 대한 적응도 높다. 한국사회의 가족주의 규범이 생활문화 속에 스며들어 있고, 이러한 규범을 수용적으로 내재화하는 사람들이 한국사회에 더욱 쉽게 적응할 수 있다는 점은 결혼이민여성들에게는 하나의 도전이다. 앞에서 살펴본 바와 같이 베트남 결혼이민여성들은 가족주의 성향이 높지만 중국이나 일본 결혼이민여성들의 가족주의 성향은 높지 않고, 세 집단 모두 전통적 성역할태도 성향이 높지 않기 때문이다. 결혼이민여성들이 실제 가족생활을 하면서 겪게 될 어려움과 당혹스러움이 예상되는 결과이기도 하다. 중국 결혼이민여성들을 대상으로 한 프로젝트 2에서 우리는 한국생활문화적응 척도 외에도 Barry의 문화적응 척도를 이용하여 이들의 문화적응 유형을 살펴보았는데, 통합 유형 점수가 가장 높았지만 다음으로 높은 것은 분리 유형 점수였다. 또한 모든 유형에서 표준편차가 크게 나타나 중국 결혼이민여성 내부적으로 편차가 크다는 점을 알 수 있었다. 이러한 결과들은 결혼이민여성들의 생활문화 적응을 이해하고자 할 때 고려해야 하는 점이 될 것이다.

가정에서 자녀를 출산하고 양육하는 과정에서 발생하는 각종 관습과 행사, 그리고 자녀양육과 관련된 방식들은 개별 가정이 추구하는 생활문화를 반영하는 한편, 사회적인 측면에서는 그 사회의 생활문화를 전달하는 기능을 가진다. 임신, 출산, 양육으로 이어지는 부모됨은 개인적이고 사적인 경험이라 할 수 있지만, 세대로 전승되어서 개인에게 내면화된 양육 관련의 풍속, 제도, 신념, 관습, 행위, 사고, 그리고 정서 등과 같은 문화적 특성을 반영하기 때문에 문화적이고 제도적(유안진 · 민하영, 2000)이라 할 수 있다.

지금까지 자녀양육이라는 주제와 관련해서 생활문화 자료를 수집한 선행연구들은 양적으로 많지 않을뿐더러, 임신과 출산(민하영 · 유안진, 2003; 유안진 · 민하영, 2000)이라든가 자녀양육신념(이완정 · 현온강, 1999)과 같이 일부 영역에만 한정된 경향이 있다. 또한 대체로 1960년대에 부모됨을 경험한 조부모 세대와 1990년대에 부모됨을 경험한 부모 세대를 대상으로 세대 간 비교를 하고 있어서 최근의 양상을 반영하는 데에는 한계가 있다. 특히 자녀양육에 관한 부모의 신념이나 가치관, 그리고 이에 근거한 양육행동의 수행이 문화적 관습이나 가치체계를 토대로 발전한다(이영환, 2002; Super & Harkness, 1997)는 점을 고려할 때, 임신, 출산 및 자녀양육을 둘러싼 사회 환경의 변화가 이와 관련된 생활문화에도 변화를 야기할 가능성이 있다.

베트남 결혼이민여성들을 통해서 보면, 훈육과 양육방식에 대한 생각이 한국의 어머니들과 다소 다름을 알 수 있다. 비슷한 연령대의 한국 어머니들과 비교해 보면 베트남 결혼이민여성들은 자녀에 대해 엄격한 훈육방식을 사용하지 않는 경향이 있고, 자녀들이 유아기부터 집안일을 하도록 시키거나 어른 없이 혼자 집에 두거나 어른 없이 외출하게 하는 등 자녀들의 독립성을 좀 더 일찍 인정하는 것으로 보인다. 이러한 경향은 한국 어머니 생각보다 더 어린 나이에 자녀를 따로 자게 하거나 성별에 따라 방을 구분해 줘야 한다고 생각하는 점에서도 나타난다.

결혼이민여성은 결혼과 동시에 우리나라에 입국하여 미처 한국 사회의 언어와 문화에 제대로 적응하지 못한 상태에서 자녀를 낳아 키우는 경우가 대부분이어서(오성배, 2005), 결혼이민여성과 그들의 자녀가 경험하는 각종 어려움과 문제점이 관련 연구(안혜령 · 이순형, 2009; 여성가족부, 2007; 현은애 · 나종혜, 2009)를 통해 꾸준히 제시되고 있다. 문화권의 관습과 가치체계가 응집되어 나타나는 자녀양육은 일반적으로 출산한 자녀를 돌보고 양육하는 방법을 문화적으로 규제하는 것(Super & Harkness, 1997)인데, 결혼이민자여성의 경우 본인이 성장하면서 직접 또는 간접적으로 경험한 내용이나 태도와는 전혀 다른 한국의 생활문화 환경 속에서 이질감과 어려움을 느끼는 것은 어찌 보면 당연하다고도 할 수 있다. 본 연구에서도 어머니들은 자녀양육, 특히 학습지원에 대한 역량을 스스로 낮게 평가하고 있었으며 자녀양육과 관련된 가족 내 갈등이 생겼을 때 남편의 의견에 따르는 경우가 가장 많았다는 점에서도 드러난다. 결혼이민여성이 주 양육자임에도 불구하고 스스로 느끼는 문화적 차이나 역량감의 부족 때문에 혹은 부계중심적 가족질서 때문에 자신의 의견대로 하기보다는 남편의 의견대로 하는 경우가 많은 것이다.

일본 결혼이민여성들을 대상으로 한 프로젝트 3에서 우리는 이들이 스스로 일본인과 한국인으로서의 이중정체성을 가지고 있으며 자녀들도 이중정체성을 가진 사람으로 자라기를 바라고 있음을 알 수 있었다. 세계화시대의 국제적 이동은 점점 더 흔한 일이 되어가고 있고, 다중의 정체성을 가지는 일 역시 어쩌면 자연스러운 일이다. 그러나 이들은 남편, 즉 아이들의 아버지가 자녀를 한국인으로서의 정체성을 가지도록 키우고 싶어한다고 생각한다. 자녀양육을 둘러싸고 이러한 의견차이가 있을 때 어떻게 조정하고 해결하는지 질문하지 않았지만, 이들이 중국 결혼이민여성과 비슷하다면 남편의 의견대로 자녀를 키울지 모른다.

결혼이민여성들이 통합적 문화적응의 수준을 높이고, 다문화가족의 아동들이 건강한 이중정체성을 발달시키기 위해서는 결혼이민여성의 출신문화와 이중정체성을 존중하고 어머니로서의 역량을 발휘할 수 있도록 가족과 사회의 지원이 필요할 것이다.

제3장

의생활문화

제3장은 의류학과 남윤자 교수와 추호정 교수, 서울대학교 생활과학연구소 연구원이었던 전북대 의류학과 김순영 교수, 숭의여자대학교 패션디자인전공 손진아 교수, 그리고 권준희 박사가 집필하였다. 여기서는 베트남, 중국, 일본 결혼이민여성의 의복소비행동, 의복에 대한 태도, 한복과 자국의 전통복식에 대한 태도를 알아보고, 이러한 행동과 태도가 문화적응과 어떤 연관성이 있는지 살펴본다.

1. 한국-베트남 다문화가족의 의생활

1) 의복행동

다문화가족의 의생활을 알아보기 위해 먼저 의복행동을 의복 가치관과 구매행동으로 나누어 살펴보았다. 의복 가치관은 고가상표 추구, 사회적 지위 반영, 무난한 스타일 추구, 개성추구, 편의성 추구, 유행 추구, 의복 무관심의 총 7문항을 4점 척도로 측정하였으며 각 문항별 집단 간 차이를 살펴보았다. 각 문항들의 평균을 살펴본 결과 〈표 3-1〉과 같이 '나는 유행을 덜 타는 무난한 기본스타일을 선호한다'는 문항을 제외하고 대부분의 문항들에서 한국여성들이 베트남 여성들에 비해서 전반적으로 점수가 더 높은 것으로 나타났다. 특히 20대 한국여성이 20대 베트남 결혼이민여성보다 고가상표 지향, 사회적 지위 반영, 유행추구 등에 더 높은 관심을 보였으며 베트남 결혼이민여성은 전반적으로 의복에 대해 낮은 관여수준을 보였다. 30대 한국여성과 베트남 결혼이민여성을 비교한 결과 30대 한국여성이 30대 베트남 결혼이민여성에 비해 고가상표지향인 것으로 나타났다.

베트남 결혼이민여성들과 한국여성들의 의복 구매행동의 차이를 살펴보기 위해 의복 구매 장소 및 월평균 의복 구입비를 비교하였다.

첫째, 의복 구매 장소를 비교하기 위해 베트남 결혼이민여성과 한

〈표 3-1〉 한국여성과 베트남 결혼이민여성의 의복 가치관

의복 가치관	20대			30대		
	한국여성 (n = 50)	베트남여성 (n = 73)	t	한국여성 (n = 50)	베트남여성 (n = 30)	t
	m			m		
인지도 높은 고가 상표의 옷을 원한다	2.70	2.14	4.06***	2.54	2.13	2.53*
의복은 그 사람의 사회적 지위를 나타낸다	2.82	2.45	2.73**	2.80	2.57	1.36
유행을 덜 타는 무난한 기본 스타일을 선호한다	2.72	2.78	-0.51	2.86	2.90	-0.28
평범하지 않고 뭔가 남과는 다른 옷을 원한다	2.42	2.19	1.69	2.38	2.13	1.81
남과 상관없이 내게 편하고 자유로운 옷을 원한다	2.82	2.88	-0.51	2.82	2.70	0.71
유행에 맞지 않는 옷을 입으면 초라하게 느껴진다	2.80	2.22	4.09***	2.64	2.20	2.72
옷에 별로 신경쓰지 않는다	2.10	2.40	-2.23*	2.28	2.53	-1.78

* $p < .05$, ** $p < .01$, *** $p < .001$

국여성의 정장과 캐주얼 주 구매처를 살펴보았다. 정장(재킷) 주 구매처로 한국여성은 백화점을 주로 이용한 반면 베트남 결혼이민여성은 대형할인점과 일반시장의 비율이 높았다. 캐주얼(티셔츠) 주 구매처로는 한국여성은 백화점과 온라인 쇼핑몰의 비율이 높은 반면 베트남 다문화가족의 여성은 대형할인점과 일반시장의 비율이 높은 것으로 나타났다.

둘째, 의복 구매비용을 살펴보기 위해 각 집단의 월평균 의복 구입비를 비교하여 살펴보았으며, 그 결과는 〈표 3-2〉와 같다. 한국여성들은 20대의 경우 10만 원 이상에서 20만 원 미만이 46.0%(23명)로 가장 높은 비율을 차지하고 있었으며, 30대 여성의 경우 10만 원 미만이 30.0%(15명), 10만 원 이상에서 20만 원 미만이 34.0%(17명)로 높은 비율을 차지하는 것으로 나타났다. 베트남 결혼이민여성들은 20대와 30대 모두 10만 원 미만이 49.3%, 43.3%로 높은 비율을 보이고 있어 한국

〈표 3-2〉 한국여성과 베트남 결혼이민여성의 월평균 의복구입비 (단위: n, %)

월평균 의복 구입비	20대		30대	
	한국여성 (n = 50)	베트남여성 (n = 73)	한국여성 (n = 50)	베트남여성 (n = 30)
	n (%)			
10만 원 미만	10 (20.0)	36 (49.3)	15 (30.0)	13 (43.3)
10만 원 이상~20만 원 미만	23 (46.0)	17 (23.3)	17 (34.0)	9 (30.0)
20만 원 이상~30만 원 미만	9 (18.0)	7 (9.6)	12 (24.0)	5 (16.7)
30만 원 이상~40만 원 미만	3 (6.0)	5 (6.8)	4 (8.0)	3 (10.0)
40만 원 이상~60만 원 미만	2 (4.0)	5 (6.8)	1 (2.0)	0 (0.0)
60만 원 이상	3 (6.0)	3 (4.2)	1 (2.0)	0 (0.0)

여성에 비해 전반적으로 월평균 의복 구매비용이 낮음을 알 수 있었다.

이상의 결과는 다문화가족이 겉옷류 구매 시 저렴한 가격을 선호하는 경향을 가지고 있다는 최인려(2011)의 연구결과 및 다문화가족 여성들의 의복 구매장소는 대형마트가 가장 많고 지하상가나 시장에서 구입하는 비율이 높다는 이윤정(2010)의 연구결과와 일치한다.

2) 전통복식에 대한 태도

전통복식은 문화정체성의 핵심적 요소이며 문화적응의 수단이 될 수 있다. Nash(1989)에 의하면 민족성을 구성하는 것은 신체, 언어, 공유된 역사와 기원, 종교와 국적 등이다. Nash(1989)는 민족성을 드러내는 표시들을 '경계표시 3요소(a trinity of boundary markers)'와 '이차적·표면적 지표들(secondary, surface pointers)'로 나누어 설명하였다. 그중 '이차적, 표면적 지표들'은 집단 구성원들이 서로를 알아보게 하고 타인에 의해 하나의 집단으로 인정되게 만드는 표시들로서 복식, 언어, 문화적으로 표현되는 외적 특징들이 이에 해당한다. 이처럼 복식은 민족 집단을 구별해주는 지표이며, 민족성을 태도와 감정의 수준에서 드러내는 중요한 문화 요소이다. 따라서 전통복식에 대한 태도와 행동은 다문화사회에서의 민족정체성과 문화적응 관련 논의에 적극적으로 개입되어야 한다.

베트남의 전통복식은 아오자이(Ao Dai)로 '긴 옷'이라는 의미를 가지고 있다. 중국의 전통복을 베트남의 풍토와 민족성에 동화시켜 만든 것으로, 상의는 중국복의 영향을 받아 옆이 길게 트여 있고 깃은 차이니스 칼라(chinese collar)로 되어 있다. 원래는 상류계급의 의복이었으나 평상복과 예장복으로 일반화되었다. 여러 디자인으로 변형되어 지금도 많이 착용되고 있으며, 항공사 승무원, 고급식당 종업원, 은행직원 등 다양한 기업의 유니폼으로도 사용된다. 한국에서는 길거리에서 한복을 입은 여성을 만나는 것이 그다지 흔치 않은 일이지만 베트남에서는 아오자이를 입은 여성을 자주 볼 수 있다(하밍타잉, 2005).

한국여성과 베트남 결혼이민여성들의 한복에 대한 태도 차이를 비

〈표 3-3〉 한국여성과 베트남 결혼이민여성의 한복에 대한 태도

한복에 대한 태도	20대			30대		
	한국여성 (n = 50)	베트남여성 (n = 73)	t	한국여성 (n = 50)	베트남여성 (n = 30)	t
	m			m		
한복은 아름다운 민속의상이다	3.26	3.38	-1.29	3.32	3.33	-0.97
나는 한복에 대해 자부심을 갖고 있다	2.88	2.79	0.72	2.88	2.97	-0.52
한복은 보기에는 좋으나 활동성 때문에 입기에는 망설여진다	3.44	2.92	4.27***	3.22	3.03	1.17
한복은시대에뒤떨어져보이므로 양장을 선호한다	2.92	2.34	4.13***	3.06	2.30	4.23***
나의 다음 세대도 한복을 입었으면 좋겠다	2.64	2.82	-1.34	2.60	3.00	-2.01*
입고 싶어도 경제적인 이유로 한복을 입지 못한다	2.20	2.45	-1.56	2.30	2.50	-1.18
시대극 같은 영상물에 나오는 한복은 아름답다	3.12	3.03	0.73	3.04	3.27	-1.54
한복관련 정보물(신문, 잡지)을 관심 있게 살펴본다	1.84	2.37	-3.75***	1.90	2.47	-3.20**

* p 〈 .05, ** p 〈 .01, *** p 〈 .001

교해 보았다(〈표 3-3〉). 한복에 대한 긍정적 태도는 한국여성과 베트남 결혼이민여성들 사이에 큰 차이가 없는 것으로 나타났고, 오히려 부정적 태도인 '한복은 보기에는 좋으나 활동성 때문에 입기에는 망설여진다'와 '한복은 시대에 뒤떨어져 보이므로 양장을 선호한다'라는 문항에 대해 베트남 결혼이민여성들에 비해 한국여성의 평균이 유의하게 더 높은 것으로 나타났다. 또한 20대 베트남 결혼이민여성들과 30대 베트남 결혼이민여성들 모두 한국 20대, 30대 여성들에 비해 한복 관련 정보물을 더 관심 있게 살펴보는 것으로 나타나 한국인보다 오히려 한국 전통복식에 대한 관심이 더 높은 것을 알 수 있었다.

3) 전통복식 착용실태

베트남 다문화가족과 한국가족의 한복보유실태를 살펴보기 위하여 한복 상하 한 벌, 두루마기, 남아한복, 여아한복, 부모한복 보유 수를 조사하였으며 그 결과는 〈표 3-4〉와 〈표 3-5〉와 같다. 본 결과는 측정항목 수도 많고 각 항목별로 성별, 연령대별 차이를 살펴보는 것보다는 전체적으로 그 추이를 살펴보는 것이 한국가족과 베트남 다문화가족의 전통한복 보유실태 이해에 더 도움이 될 것으로 판단되어 한국가족과 베트남 다문화가족을 분리하여 정리하였다. 한국가족과 베트남 다문화가족의 전통한복 보유실태를 비교해 본 결과 한복을 보유하지 않은 비율은 비슷한 것으로 나타났으나 전체적인 보유 벌수를 살펴보면 베트남 다문화가족에 비해서는 한국가족의 보유 수가 더 많은 것을 알 수 있었다. 베트남 다문화가족은 한국가족에 비해 성인 남성 한복과 남자아이 한복을 보유한 사례가 더 많았다.

베트남 다문화가족과 한국가족의 한복 착용실태를 살펴보기 위하여, 연간 한복 착용 횟수를 질문하였으며, 그 결과는 〈표 3-6〉과 같았다. 20대와 30대 모두 한국여성이 베트남 결혼이민여성에 비해 일 년 동안

〈표 3-4〉 한국가족의 전통한복 보유 실태 (단위: n, %)

전통한복 보유	성인여자 한복	성인남자 한복	여자 두루마기	남자 두루마기	여자아이 한복	남자아이 한복	부모님 한복
없음	46 (18.5)	110 (44.2)	178 (71.5)	201 (80.7)	217 (87.1)	231 (92.8)	248 (99.6)
1벌	128 (51.4)	115 (46.2)	68 (27.3)	45 (18.1)	27 (10.8)	14 (5.6)	1 (0.4)
2벌	49 (19.7)	16 (6.4)	2 (0.8)	2 (0.8)	4 (1.6)	2 (0.8)	-
3벌	18 (7.2)	2 (0.8)	1 (0.4)	-	-	-	-
4벌	5 (2.0)	5 (2.0)	-	-	-	1 (0.4)	-
5벌	3 (1.2)	1 (0.4)	-	1 (0.4)	1 (0.4)	1 (0.4)	-

〈표 3-5〉 한국-베트남 다문화가족의 전통한복 보유 실태 (단위: n, %)

전통한복 보유	성인여자 한복	성인남자 한복	여자 두루마기	남자 두루마기	여자아이 한복	남자아이 한복	부모님 한복
없음	21 (20.2)	34 (32.7)	78 (75.0)	81 (77.9)	86 (82.7)	79 (76.0)	103 (99.0)
1벌	83 (79.8)	70 (67.3)	-	-	-	-	1 (1.0)
2벌	-	-	26 (25.1)	23 (22.1)	-	-	-
3벌	-	-	-	-	18 (17.3)	-	-
4벌	-	-	-	-	-	25 (24.0)	-

〈표 3-6〉 한국여성과 베트남 결혼이민여성의 연간 한복 착용 실태 (단위: n, %)

전통한복 착용	20대		30대	
	한국여성 (n = 50)	베트남여성 (n = 73)	한국여성 (n = 50)	베트남여성 (n = 30)
안 입는다	20 (40.0)	21 (28.8)	28 (56.0)	8 (26.7)
1~2번	30 (60.0)	45 (61.6)	21 (42.0)	21 (70.0)
3~4번	-	7 (9.6)	1 (2.0)	1 (3.3)

한 번도 안 입는 비율이 더 높은 것으로 나타났다. 즉 한복 착용 비율은 한국인 가족에 비해 오히려 베트남 다문화가족이 더 높은 것을 알 수 있었다.

2. 한국-중국 다문화가족의 의생활

1) 의복행동

중국 결혼이민여성의 의생활을 살펴보기 위해 의생활 적응수준, 의복선택기준, 구매행동으로 나누어 살펴보았다. 중국 여성이 한국으로 결혼 이민한 역사는 다 국가 출신 여성의 경우보다 10년 이상 먼저 시작되었으므로(Kwon, 2011) 한국문화에 대해 다양한 수준의 문화적응 양상을 보일 것으로 기대되며 의생활 분야 적응도 다양할 것으로 기대된다.

중국 결혼이민여성의 의복행동을 살펴보기 위해 의생활 적응수준을 살펴보았다. 의생활 적응수준은 본인의 외모 및 패션스타일에 대한 생각과 의복소비행동에 대하여 5점 척도로 측정하였으며 그 결과는 〈표 3-7〉과 같다. 모든 항목이 3점 이상으로 나타나 대부분의 중국 결혼이민여성들이 의생활부분에서는 보통 이상의 적응 수준을 나타내는 것으로 나타났다.

중국 결혼이민여성의 의복선택기준을 살펴보기 위해 디자인 및 스타일, 색상, 가격, 소재, 품질, 브랜드, 유행, 광고 총 8항목을 제시하고, 각 선택기준이 의복 선택에서 얼마나 중요한지 조사하였다. 분석결과 5점 척도로 측정한 8가지 의복선택기준에 대해 모두 3점 이상의 점수를 나타내어 의복 선택 시 다양한 기준을 모두 활용하여 선택하는 것을 알

〈표 3-7〉 중국 결혼이민여성의 의생활 적응

의생활 적응	m (s.d.)
다른 사람과 함께 있으면 외국인처럼 보이지 않는다	3.52 (.85)
한국 사람들 사이에서 나의 옷차림은 튀지 않는다	3.63 (.68)
한국 패션브랜드에 익숙하다	3.90 (.75)
중국보다 한국에서 패션쇼핑하는 것이 편하다	3.57 (.72)
한국 사람들이 중국 사람들보다 나의 외모를 더 긍정적으로 평가한다	3.45 (.59)
한국 사람들이 중국 사람들보다 나의 스타일을 더 잘 이해한다	3.44 (.69)

〈표 3-8〉 중국 결혼이민여성의 의복 선택 기준

의복선택기준	m (s.d.)	순위[a]
디자인 및 스타일	3.88 (.71)	2
색상	3.96 (.68)	1
가격	4.00 (.70)	1
소재	3.71 (.79)	3
품질	3.66 (.75)	3
브랜드	3.43 (.76)	5
유행	3.58 (.69)	4
광고	3.42 (.66)	5

Note. a: 대응표본 t-검정결과 유의수준 .05에서 유의한 차이가 있는 것을 다른 순위로 표시함.

수 있었다(〈표 3-8〉). 중국 결혼이민여성들은 의복 선택 시 가격과 색상을 가장 중요하게 생각하는 것으로 나타났으며, 그다음으로 디자인 및 스타일, 소재 및 품질 순으로 나타나 상대적으로 브랜드, 유행, 광고보다는 가격, 품질 등을 중요시하는 실리적인 쇼핑성향을 가짐을 유추할 수 있었다. 이러한 결과는 다문화가족이 한국인으로 구성된 가족보다 낮은 소득 수준으로 겉옷류 구매 시 저렴한 가격을 선호하는 경향을 가지고 있다는 최인려(2011)의 연구결과와 일치한다.

중국 결혼이민여성들의 의복구매행동을 살펴보기 위해 의복 구매 장소를 조사하였다. 의복을 주로 구매하는 장소로는 브랜드 전문점, 아울렛스토어, 대형할인점, 일반시장인 것으로 나타났으며, 백화점과 인터넷/홈쇼핑의 이용빈도는 낮은 것으로 나타났다(〈표 3-9〉). 이 중 가장 많이 이용하는 의복 구매 장소는 아울렛스토어였으며, 그다음으로 브랜드 전문점과 대형할인점, 그다음으로 일반시장, 백화점, 인터넷/홈쇼핑 순으로 나타났다. 인터넷과 홈쇼핑은 저가격 지향적 유통 채널로 성장하고 있는 상황이나 중국 결혼이민여성의 이용빈도는 낮은 것으로 나타난 것은 주목할 만한 결과이다. 이는 이민여성들이 기술적, 언어적, 제도적 장벽에 의해 온라인 쇼핑에 어려움을 겪고 있는 것으로 해석될 수

〈표 3-9〉 중국 결혼이민여성의 의복 구매 장소 (n = 239)

의복 구매 장소	m (s.d.)	순위[a]
브랜드 전문점	3.47 (0.67)	2
아울렛스토어	3.75 (0.69)	1
대형할인점	3.52 (0.67)	2
인터넷/홈쇼핑	2.71 (0.81)	5
백화점	2.93 (0.82)	4
일반시장	3.41 (0.77)	3

Note. a: 대응표본 t-검정결과 유의수준 .05에서 유의한 차이가 있는 것을 다른 순위로 표시함.

있다.

이상의 결과는 중국 결혼이민여성들 역시 저가격 지향적 쇼핑채널에 대한 의존도가 높지만, 베트남 출신 여성들에 비해 다양한 채널에 대한 이용행동을 보이고 있어 한국인 여성의 쇼핑행동과 더 유사하다고 볼 수 있다.

마지막으로, 중국 결혼이민여성의 의복구매행동을 살펴보기 위하여 월평균 의복 구입비를 살펴보았다(〈표 3-10〉). 20만 원 이상에서 40만 원 미만이 29.6%(86명), 10만 원 이상에서 20만 원 미만이 28.9%(84명)로 가장 높은 비율을 차지하고 있었으며, 10만 원 미만이 18.2%(53명)인 것으로 나타났다. 이러한 결과는 앞에서 살펴본 베트남 다문화가족

〈표 3-10〉 중국 결혼이민여성의 월평균 의복 구입비 (n = 291)

의복 구입비	n (%)
10만 원 미만	53 (18.2)
10만 원 이상~20만 원 미만	84 (28.9)
20만 원 이상~40만 원 미만	86 (29.6)
40만 원 이상~60만 원 미만	20 (6.9)
60만 원 이상~80만 원 미만	16 (5.5)
80만 원 이상~100만 원 미만	28 (9.6)
100만 원 이상	4 (1.4)

여성들이 연령에 상관없이 10만 원 미만의 월평균 의류 구입비 지출이 50%에 가까운 비율로 나타난 결과에 비하여 중국 결혼이민여성들이 상대적으로 높게 월평균 의류 구입비를 지출하고 있음을 보인다.

2) 전통복식에 대한 태도

중국의 전통복식 가운데 대표적 품목인 치파오는 원래 만주족의 옷이었으나 청 왕조의 붕괴 이후 중국을 대표하는 전통 여성복이 되었다. 치파오는 하이 네크라인에 스탠딩 칼라가 달렸으며 앞여밈이 있고 몸에 꼭 맞는 외관이 특징이다. 현재 중국 여성들은 치파오를 혼례복 가운데 하나로 착용하고 있다.

중국 결혼이민여성의 전통복식 문화적응태도의 평균과 표준편차를 제시한 결과 및 두 태도의 수준을 비교한 결과는 〈표 3-11〉과 같다. 한복 수용태도와 치파오 전달태도 수준을 비교한 결과 한복 수용태도에 비해 치파오 전달태도가 더 높은 것으로 나타났다. 한복 수용태도에 비해 치파오 전달태도가 더 높게 나온 결과는, 중국과 베트남 등 결혼이민여성의 일반적 문화적응태도를 연구한 권복순과 임보름(2013)의 연구결과와 상반되는 것이다. 권복순과 임보름(2013)의 연구에서는 한국문화 수용태도가 자문화 전달태도보다 약간 더 높은 수준으로 나타났다. 일반적으로 결혼이민여성들은 이주한 나라에 성공적으로 정착하기 위해 새로운 사회문화 적응에 적극적으로 노력하는 태도가 예상된다. 그러나 본 연구에서 확인되는 바와 같이 한복 수용태도에 비해 치파오 전달태도가 높게 나타난 결과는 결혼이민여성들이 전통복식을 더 근원적인 자신의 문화정체성을 드러내기 위한 수단으로 인식하는 경향이 있음을 보여주는 결과이다. 또한 이는 중국인들의 자국 전통문화에 대한 관심과 자부심이 반영된 결과로 해석될 수도 있다.

전통복식 문화적응태도를 구성하는 하위 개념들을 비교해 보면

〈표 3-11〉 중국 결혼이민여성의 전통복식 문화적응태도 (n = 239)

전통복식 문화적응태도		한복	치파오	t
		m (s.d.)	m (s.d.)	
하위 개념	지식	3.03 (.74)	3.56 (.65)	-10.31***
	심미성	3.62 (.71)	3.57 (.63)	1.12
	외모관리	3.42 (.68)	3.49 (.65)	-1.54
전체		3.36 (.55)	3.54 (.56)	-5.36***

Note. 측정: 5점 리커트 척도.
*** $p < .001$

〈표 3-11〉에서와 같이 지식 요인에서 유의한 차이가 발견되었다. 전통복식 지식 수준을 비교한 결과 한복에 대한 지식보다 치파오에 대한 지식 수준이 더 높은 것으로 나타났다. 심미성과 외모관리에서는 유의한 차이가 나타나지 않았다. 따라서 한복 수용태도와 치파오 전달태도의 차이를 견인하는 주요 구성 개념은 지식과 관련된 요소임을 확인할 수 있다. 이는 결혼이민여성들이 이주국의 전통복식에 대한 지식을 습득하고 싶은 욕구와 함께 자국의 전통복식에 관한 지식을 알려주고 싶은 욕구를 더 강하게 가짐을 보여주는 것이다. 따라서 학교 교육이나 사회 교육의 장에서 결혼이민여성들 스스로 자국의 전통복식을 소개하고 알릴 수 있는 프로그램을 제도적으로 마련하여 이를 정책적으로 적극 지원할 필요가 있다.

또한, 한복 수용태도와 치파오 전달태도 사이에는 높은 정적 상관관계가 있는 것으로 나타났다(상관계수 $r=0.44$, $p<.01$). 즉 한복 수용태도가 높은 사람은 치파오에 대한 전달태도도 높고, 치파오 전달태도가 높은 사람은 한복 수용태도도 높은 특성을 보인다. 이는 모국문화에 대한 긍정적 태도와 이주국가 문화에 대한 긍정적인 태도가 서로 배타적이지 않으며 수용과 전달이 서로 연결된 개념임을 보여주는 중요한 결과이다.

민족에 따른 문화적응 태도의 차이를 알아보기 위해 중국인 결혼이민여성을 조선족과 한족으로 구분하여 비교 · 분석한 결과, 한복 수용태도는 두 집단 간 유의한 차이가 없었으나, 치파오 전달태도는 두 민족 간 유의한 차이가 있는 것으로 나타나 한족이 조선족보다 치파오 전달태도 점수가 더 높았다. 한족이 조선족에 비해 치파오 전달태도 점수가 더 높은 것은 중국 전통복식인 치파오에 대해서 한족이 조선족보다 더욱 강하게 자문화로 인식한 결과로 생각된다. 반면 한복 수용태도에서는 두 집단 간 차이가 없는 것으로 나타났다.

한국국적 취득여부에 따른 전통복식 문화적응태도의 차이를 밝히기 위한 분석결과, 한국국적자와 비국적자 중국인 여성들 간 한복 수용태도에는 유의한 차이가 없었으나 치파오 전달태도에서 차이가 있음이 확인되었다. 치파오 전달태도는 한국국적 취득자에 비해 미취득자의 평균이 높았다. 국적취득 여부는 일반적으로 이주문화 수용태도에서 영향력 있는 중요한 변인 가운데 하나로 알려져 있다. 정천석과 강기정(2008)은 결혼이민여성이 국적을 취득하지 못한 경우에 한국사회의 문화적응에서 부적응 유형을 띤다고 했고, 권복순과 임보름(2013)은 한국국적 취득집단이 미취득집단에 비해 한국문화 수용태도 점수가 높게 나타났다고 했다. 본 연구 결과에서는 상기의 선행 연구 결과와는 달리 국적이 한복 수용태도에 미치는 영향이 발견되지 않았다. 이러한 결과는 일반적인 한국문화 수용태도의 구성 개념이 언어, 음식, 생활방식, 풍습, 예절 등 광범위한 분야의 일상적 적응 차원을 포함하고 있는 데 반해, 한복은 매일의 일상생활 적응에 관계되는 요소이기보다는 좀 더 근본적이고 상징적인 문화적응에 관계되는 요소이기 때문인 것으로 이해된다. 또한 권복순과 임보름(2013)의 연구에서 국적은 일반적인 자문화 전달태도에 크게 영향을 미치는 변인은 아니었다. 그러나 본 연구에서는 국적 취득여부에 따라 치파오 전달태도에 차이가 있음이 확인되었다. 이

〈표 3-12〉 중국 결혼이민여성의 특성에 따른 전통복식 문화적응태도

인구통계적 특성	한복 수용태도	치파오 전달태도
민족		조선족 〈 한족
한국국적 취득여부	국적취득 〈 국적미취득	국적취득 〈 국적미취득
교육정도	정적상관	정적상관
월평균소득	정적상관	정적상관

는 초기 이주단계에 있는 여성들의 자문화 전달태도가 더 적극적일 수 있음을 보여주는 것이다. 전통복식과 같이 구체적 외형을 갖춘 물질적 문화 요소들은 초기 이주단계의 여성들이 자문화 정체성을 표현하기 위해 쉽게 활용할 수 있는 수단이기 때문이다.

교육정도와 전통복식 문화적응태도의 상관관계를 살펴본 결과(〈표 3-12〉), 교육정도가 높을수록 한복 수용태도와 치파오 전달태도가 모두 높게 나타났다. 월평균소득과 전통복식 문화적응태도의 관련성에서는 소득이 높을수록 한복 수용태도와 치파오 전달태도가 모두 높게 나타났다. 권복순과 임보름(2013)의 연구에서 교육정도와 소득수준이 일반적인 한국문화 수용태도 및 자문화 전달태도에 영향을 미치지 않는다는 결과와는 차이가 있다. 전통복식 문화적응태도가 일반적 문화적응태도와는 달리 교육정도 및 소득수준과 유의한 상관관계가 있는 것으로 나타난 본 연구의 결과는 타문화를 이해하고자 하는 태도 및 자문화를 전달하고자 하는 태도에서 그것이 특히 전통과 관련된 내용일 경우에는 교육정도가 높고 생활이 안정된 집단일수록 더욱 적극적인 태도를 취할 수 있음을 보여주는 것으로 생각된다.

3) 전통복식 착용실태

연중 전통복식 착용 빈도를 살펴본 결과는 〈그림 3-1〉과 같다. 한복의 경우 일 년에 1~2회 착용한다는 응답자가 157명(54.0%)으로 가장 많았

으며, 다음으로 전혀 착용하지 않는다는 응답자가 123명(42.3%)으로 나타났다. 일 년에 3~4회 착용한다는 응답자가 9명(3.1%), 일 년에 5~10회 착용한다는 응답자가 2명(0.7%)으로 나타났다. 대부분의 응답자가 한복을 전혀 착용하지 않거나 착용하더라도 연간 1~2회 정도인 것으로 나타나 일상생활에서 한복을 거의 착용하지 않는 것으로 나타났다. 이러한 결과는 일반적인 한국인 가족에서의 의생활과도 크게 다르지 않을 것으로 여겨진다.

치파오의 경우 전혀 착용하지 않는다는 응답자가 214명(73.5%)으로 가장 많았으며, 다음으로 일 년에 1~2회 착용한다는 응답자가 70명(24.1%)으로 나타났다. 일 년에 3~4회 착용한다는 응답자가 7명(2.4%), 일 년에 5~10회 착용한다는 응답자는 없었다. 한복과 비교해 볼 때 치파오의 경우 전혀 착용하지 않는다는 응답자가 압도적으로 많은 것으로 나타나 일상생활에서 한복보다도 더 치파오를 착용하지 않음을 알 수 있다. 이러한 결과는 전통복식 문화적응태도에서 한복 수용태도보다 치파오 전달태도가 더 높은 점수를 보였던 결과와 대조적인 것이다. 자국의 전통복식인 치파오를 적극적으로 전달하고자 하는 의지가 강했음에

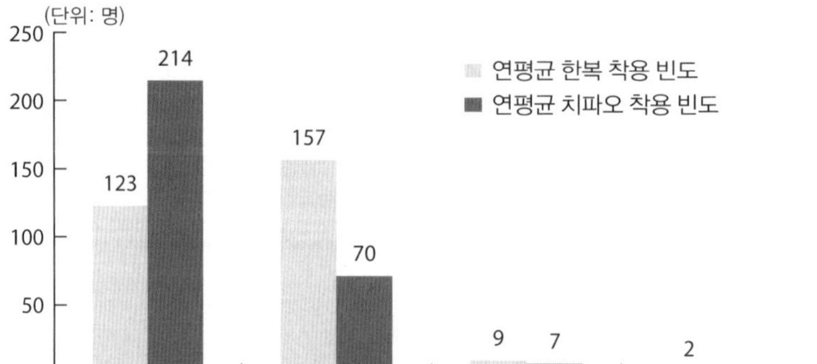

〈그림 3-1〉 중국 결혼이민여성의 한복 및 치파오 착용 빈도

도 의생활에서는 실제로 치파오를 착용할 기회나 경험이 매우 제한적임을 드러내는 결과이다.

전통복식은 사회 문화적 적응의 수단이면서 동시에 자신의 정체성을 드러낼 수 있는 중요한 문화 요소 가운데 하나이다. 결혼이민여성들의 의생활에서 한복의 경우 자주는 아니지만 그래도 일 년에 1~2회라도 입어 볼 수 있는 기회가 있음에 반해, 자국의 전통복식의 경우에는 입어 볼 기회조차 거의 없다는 사실은 현재 한국의 다문화 사회가 실생활에서의 다양한 가치 존중과 다양한 문화 공존에 이르지 못했음을 드러내는 것이다.

상황에 따른 한복과 치파오 착용 경험을 분석한 결과는 〈표 3-13〉에 정리된 바와 같다. 본인 결혼식에서의 전통복식 착용 경험을 살펴본 결과 본인 결혼식에서 한복을 착용한 사람은 전체 응답자의 76.6%(223명)로 착용하지 않은 사람보다 훨씬 많았다. 본인 결혼식에서 치파오를 착용한 사람은 전체 응답자의 62.9%(183명)로 역시 착용하지 않은 사람보다 많았다. 본인 결혼식에서 모국과 이주국의 전통복식인 한복과 치파오를 모두 착용한 경우는 129명(44.3%)이었다. 한복만 착용한 경우는 94명(32.3%)으로 치파오만 착용한 경우 54명(18.6%)보다 훨씬 많았다.

명절 및 가족행사에서의 전통복식 착용 경험을 살펴본 결과 명절 및 가족행사에서 한복을 착용한 경험이 있는 사람은 전체 응답자의

〈표 3-13〉 중국 결혼이민여성의 상황에 따른 한복과 치파오 착용 경험 (n = 291)

착용 상황	착용 여부	한복	치파오
		n (%)	n (%)
본인 결혼식	착용	223 (76.6)	183 (62.9)
	미착용	68 (23.4)	108 (37.1)
명절 및 가족행사	착용	187 (64.3)	84 (28.9)
	미착용	104 (35.7)	207 (71.7)

〈표 3-14〉 중국 결혼이민여성의 특성에 따른 전통복식 착용빈도 차이

인구통계적 특성	한복 착용빈도	치파오 착용빈도
연령		정적상관
한국국적 취득 여부	국적 취득 〉 국적 미취득	
월평균소득	부적상관	
한국거주기간	부적상관	

64.3%(187명)로 역시 착용 경험이 없는 사람보다 많은 것으로 나타났다. 그러나 본인 결혼식에서 착용한 경험이 있는 사람에 비해서는 그 수가 적었다. 명절 및 가족행사에서 치파오를 착용한 경험이 있는 사람은 전체 응답자의 28.9%(84명)로 나타나 한복에 비해 명절 및 가족 행사에서 치파오를 착용한 경험이 매우 적음을 알 수 있었다. 이러한 결과는 다문화가족의 여성들이 명절 및 가족 행사에서는 치파오보다 한복을 더 많이 착용하여 한국의 전통복식인 한복을 한국가족 내 동화의 수단으로 활용하는 경향이 있음을 보여주는 것이다.

본인 결혼식과 명절 및 가족행사에서 치파오보다 한복을 더 많이 착용하는 것으로 나타난 결과는 앞서 분석된 전통복식 문화적응태도 수준과 대조적인 결과이다. 즉 치파오 전달태도가 한복 수용태도보다 높았으나 실제의 착용 경험에서는 한복을 더 많이 입는 것으로 드러나 태도와 행동 간 괴리가 있음을 드러내는 것이다. 결혼이민여성들의 모국 전통복식 착용 행동을 더욱 적극적으로 지원할 필요가 있다.

전통복식 착용 정도와 인구통계적 특성과의 관련성 분석결과 전통복식의 착용 정도는 〈표 3-14〉와 같이 한국국적 취득 여부, 거주기간, 경제적 수준, 연령과 유의한 관계가 있는 것으로 나타났다.

한국국적 취득 여부에 따라서 한복 착용빈도에 유의한 차이가 나타났는데 한국국적을 취득한 사람들이 미취득자에 비해 한복을 더 자주 착용하고 있었다. 거주기간과 한복 착용빈도에도 유의한 관계가 있

었다. 거주기간이 짧을수록 한복 착용 횟수가 더 많았는데, 이는 신혼의 여성이 명절이나 가족행사에서 한복을 착용하는 기회가 더 많기 때문인 것으로 보인다. 월평균 소득과 한복 착용빈도의 상관관계를 살펴본 결과, 월평균 소득이 높을수록 한복 착용빈도가 낮은 것으로 나타났다. 그리고 연령과 치파오 착용빈도가 유의한 관계가 있는 것으로 나타났다. 즉 연령대가 높은 사람들이 치파오를 더 착용하는 것으로 나타났다.

3. 한국–일본 다문화가족의 의생활

1) 의복행동

일본 결혼이민여성들의 의생활을 알아보기 위해 다양한 의복행동을 5점 척도로 질문하여 조사하였는데, 이들은 전반적으로 소극적인 의복행동을 보이는 것으로 나타났다. 이들은 의복의 역할과 중요성을 낮게 인식하고 있었는데, 구체적으로 '옷이 자신이 속한 사회적 집단의 특성을 나타낸다'든지, '모임이나 교우관계에서 유사한 옷차림을 하면 더욱 친밀감을 느낄 수 있다'와 같은 진술에 대한 동의수준이 낮았다. 전반적으로 일본 다문화가족의 여성들은 옷이나 옷차림의 중요성에 대한 인식이 낮은 것을 알 수 있다.

일본 결혼이민여성들의 의복쇼핑장소에 대한 분석 결과, 이들이 의

〈표 3-15〉 일본 결혼이민여성의 의복에 대한 태도 (n = 225)

문항	m (s.d.)
나는 친구들과 같은 옷을 입고 있으면 그들과 더욱 친밀감을 느낀다	2.36 (.88)
모임에서 사람들과 유사한 옷차림을 하고 있으면 마음이 편하다	2.72 (.97)
나는 내가 좋아하는 사람과 비슷한 옷을 입는 편이다	2.37 (.83)
내가 입는 옷은 내가 속한 집단의 특징을 나타낸다고 생각한다	2.33 (.88)

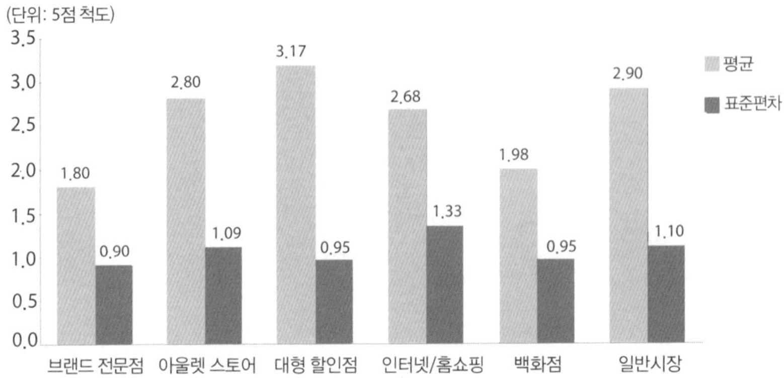

〈그림 3-2〉 일본 결혼이민여성의 의복 구매 장소

복을 주로 구매하는 장소는 대형할인점인 것으로 나타났다. 할인점 다음으로는 일반시장, 아울렛 스토어, 인터넷/홈쇼핑 순이었다. 브랜드 전문점이나 백화점에서 구매하는 정도는 매우 낮은 것으로 나타났다. 이러한 조사 결과는 일본 결혼이민여성들이 가격지향적 의복 쇼핑성향을 보이고 있음을 의미한다. 대형할인점, 일반시장, 아울렛, 인터넷, 홈쇼핑 등은 대표적인 저가 쇼핑 매체로 최근 경제 불황의 사회 분위기 속에서 낮은 가격으로 합리적인 제품을 제안하는 가격지향적 의류 유통 매체로서의 그 중요성이 확대되고 있는 추세이다.

일본 결혼이민여성들의 월평균 의류 구입비는 전체 응답자의 53.2%가 10만 원 미만으로 매우 낮은 소비수준을 보였다(〈그림 3-3〉). 10만 원 이상~20만 원 미만의 의류 구입비를 지출하는 일본인 여성은 21%, 20만 원 이상~40만 원 미만 정도의 지출 규모를 보고한 이는 13.3%에 해당하였다. 이러한 결과는 의복구입 장소에 대한 조사결과와 함께 한국에 거주하는 결혼이민여성들이 의복소비에서 매우 소극적이며 저가 지향적인 소비를 한다는 사실을 보여준다. 설문조사에 앞서 시

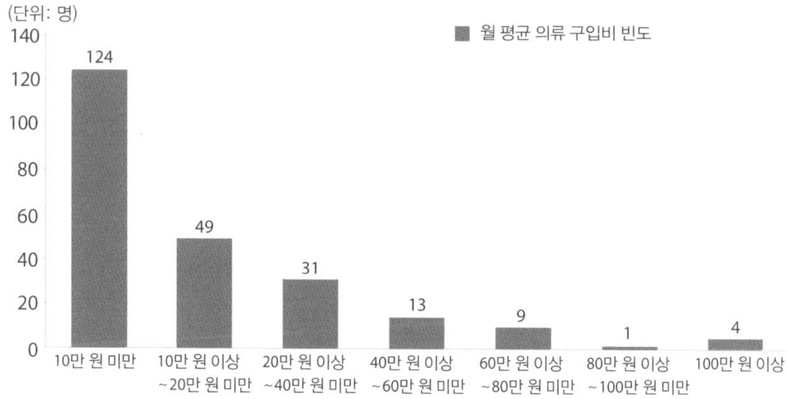

〈그림 3-3〉 일본 결혼이민여성의 월평균 의복 구입비

행한 일본 결혼이민여성들에 대한 인터뷰 조사에서도 응답자들은 한국에서 의복을 구매하는 것이 매우 어려운 일임을 토로한 바가 있다. 한국에서의 의복 쇼핑에 대해서 일본인 여성들은 "한국은 물가가 비싸서 옷에 돈을 쓸 수가 없고…", "게다가 옷이 너무너무 비싸고", "일본에는 세일시스템이 잘 되어 있어서 언제 할인하는지도 잘 알아서 일본에 갈 때마다 옷을 사오는 편"이며 "한국에서는 겁이 나서 백화점은 가본 적도 없어요"와 같은 공통적인 반응을 보였다. 이러한 응답은 일본 결혼이민여성들이 의복의 중요성을 기본적으로 낮게 인식하고 있을 뿐만 아니라 한국의 의류제품 시장에 대해 불신하고 있음을 보여준다. 한국의 의류유통구조가 백화점에 치중되어 있으며, 가격과 품질에 대한 신뢰수준이 낮아 한국의 의류제품에 대한 구매의도가 낮은 것으로 볼 수 있다.

2) 전통복식에 대한 태도

전통복식 문화적응태도의 측정문항, 신뢰도, 평균은 〈표 3-16〉에 정리된 바와 같다. 문화적응태도의 수준을 비교한 결과 한복 수용태도가 기모노 전달태도보다 더 높게 나타났다. 중국 결혼이민여성의 전통복식 문화적응태도에 관한 조사에서는 한복 수용태도보다 치파오 전달태도가 높았는데, 본 연구에서는 다르게 나타났다.

일본 결혼이민여성들의 전통복식 문화적응태도는 중국 결혼이민여성에 비해 타 문화 수용의지가 높음을 알 수 있었다. 이러한 측면은 이론적 배경에서 언급한 바와 같이 일본 결혼이민여성들의 대부분이 통일교 가족을 이루고 있는 데서 비롯된 종교 문화적 특수성으로 해석될 수 있다. 즉, 부부 간 평등과 상호문화교류를 강조하는 종교적 교육에 의해 일본 여성들의 이주국 문화 수용태도가 긍정적으로 형성되었을 가능성

〈표 3-16〉 일본 결혼이민여성의 전통복식 문화적응태도

문화적응태도	문항	신뢰도	m	s.d.	t
한복 수용 태도	한복에 대해 잘 알고 있다 한복을 배울 기회가 있다면 배우고 싶다 한복이 아름답다고 생각한다 한복이 고상하고 품위 있어 보인다 한복이 착용자의 외모를 아름답게 보이게 만들 수 있다고 생각한다 한복이 착용자의 몸매를 아름답게 보이게 만들 수 있다고 생각한다	.77	3.59	.56	2.25*
기모노 전달 태도	타인에게 기모노가 일본의 전통복이라는 사실을 잘 알려 준다 타인에게 기모노를 가르쳐 줄 기회가 있다면 가르쳐 주고 싶다 타인에게 기모노가 아름다운 옷임을 이야기해 준다 타인에게 기모노가 고상하고 품위 있는 옷임을 이야기해 준다 타인에게 기모노가 착용자의 외모를 아름답게 보이게 만들 수 있음을 잘 알려준다 타인에게 기모노가 착용자의 몸매를 아름답게 보이게 만들 수 있음을 잘 알려준다	.89	3.47	.78	

* $p < .05$

이 있다. 또 한편으로는 자문화에 대한 우월감의 상대적 차이에서 비롯된 결과일 수도 있다. 즉, 중국인 여성들의 자문화 전달의지나 자문화에 대한 우월감이 일본인들에 비해 높은 것으로 이해해 볼 수도 있다.

한복 수용태도와 기모노 전달태도는 높은 정적인 상관관계를 나타냈다(상관계수 r=0.37, p<.01). 즉 한복 수용태도가 높을수록 기모노 전달태도도 높았다. 중국 결혼이민여성의 전통복식 문화적응태도에서도 같은 결과가 나왔는데, 이로써 자문화에 대한 관심이 높은 사람일수록 타 문화에 대한 관심도 높다는 사실을 재확인할 수 있었다.

3) 전통복식 착용실태

일본 결혼이민여성의 전통복식 착용빈도를 살펴본 결과는 〈그림 3-4〉와 같다. 한복의 경우 전혀 착용하지 않는다는 응답자가 70.4%(164명)로 가장 많았으며, 다음으로 연 1~2회 착용 24.9%(58명), 연 3~4회 착용 3.9%(9명), 연 5~10회 착용 0.9%(2명) 순으로 나타났다. 대부분의 응답

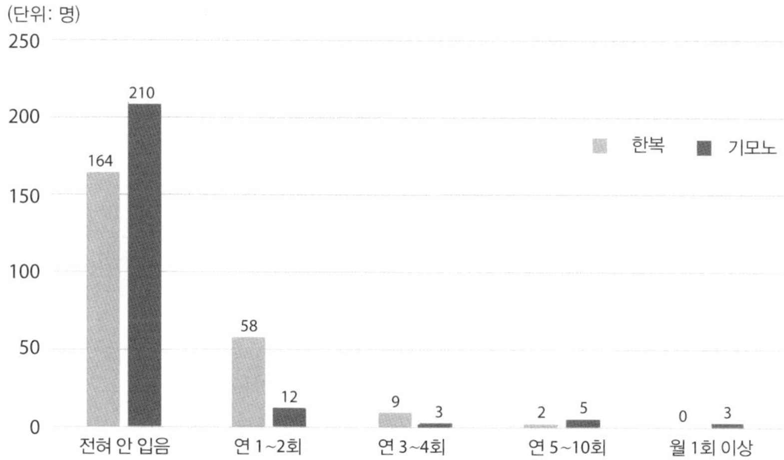

〈그림 3-4〉 일본 결혼이민여성의 한복과 기모노의 착용빈도

자가 한복을 전혀 착용하지 않거나 착용하더라도 연간 1~2회 정도였다. 중국 여성들의 경우 한복을 1~2회 착용한다는 응답자(54.0%)가 가장 많았던 것과는 달리 일본 여성들은 전혀 착용하지 않는 경우가 가장 많은 것으로 나타나 중국 결혼이민여성들에 비해 한복을 덜 착용하는 경향이 있음을 알 수 있다.

기모노의 경우 전혀 착용하지 않는다는 응답자가 절대적 다수인 90.1%(210명)로 가장 많았으며, 다음으로 연 1~2회 착용 5.2%(12명), 연 3~4회 착용 1.3%(3명), 연 5~10회 착용 2.1%(5명), 월 1회 이상 착용 1.3%(3명) 순으로 나타났다. 한복에 비해 착용하는 빈도가 훨씬 낮음을 알 수 있다. 이는 중국 여성들의 경우도 마찬가지였다. 두 연구 결과를 볼 때, 전반적으로 결혼이민여성들의 모국 전통복식 착용 기회나 경험이 이주국 전통복식에 비해 제한적임을 알 수 있다.

일본 결혼이민여성의 기모노 착용행동은 특히 한국과 일본 양국의 역사적·정치적 긴장관계로 인해 더욱 제한되는 경향을 나타낸 것으로 해석된다. 예비조사에서 일본인 부인 B씨는 한국에서는 아직 한일 문제 같은 것이 있으니까 기모노를 입지 않는 게 좋다고 생각한다고 말하였고, 또 다른 일본인 부인 C씨는 한국에서 기모노를 입으면 누구한테 돌을 맞을 것 같다고 말하기도 했다. 이처럼 일본 결혼이민여성들은 한국과 일본의 역사적·정치적 긴장관계로 인해 한국에서 기모노를 착용하는 일을 극도로 조심스러워하고 있음을 알 수 있다.

그런데 이러한 착용 행동의 조심스러움과는 별도로, 비록 극소수이기는 하지만 일본인 여성들의 경우 기모노를 월 1회 이상 일상생활에서 자주 입는 사람들도 존재한다는 점이 특이하였다. 한국여성의 한복 착용 빈도조사나 중국 결혼이민여성의 치파오 착용 빈도조사에서는 전통복식을 월 1회 이상 착용한다고 한 응답자가 없었다. 한국여성과 중국 여성의 경우 일상적으로 전통복식을 즐겨 입는 애호가들이 거의 없는

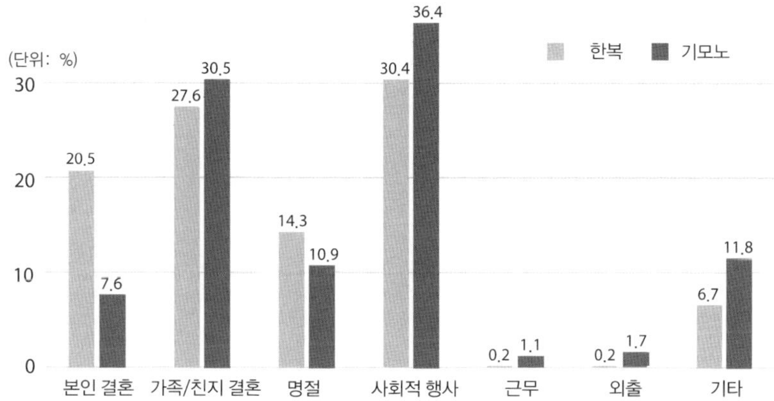

〈그림 3-5〉 일본 결혼이민여성의 한복과 기모노 착용상황

데 반해, 일본인 여성의 경우 일상생활에서 기모노를 즐겨 입는 애호가층이 존재하는 것으로 해석된다.

상황에 따른 한복과 기모노 착용 경험을 분석한 결과는 〈그림 3-5〉와 같다. 한복과 기모노 모두 사회적 행사에서 가장 많이 착용하고 있었으며, 다음으로 가족과 친지 결혼식에서 많이 입는 것으로 나타났다. 다음이 한복의 경우 본인 결혼식, 명절, 기타, 직장, 외출 순이었으며, 기모노의 경우 기타, 명절, 본인 결혼식, 외출, 직장 순으로 착용하는 것으로 나타났다.

기모노를 사회적 행사에서 많이 착용하고 있는 경향은 예비조사에서도 언급된 바 있었다. 일본인 여성 C씨는 학교 행사 시에 일본문화원에서 대여해 주는 기모노를 학생들과 함께 착용하고 있다고 말하였다. 한복과 기모노 착용 상황은 1, 2순위가 동일하게 나타난 것과 달리 3순위는 다르게 나타났다. 한복은 본인 결혼식에서 입는 반면, 기모노는 기타 상황에서 입는다고 했다. 선다형 문항에 없는 기타 상황을 추정해 보면, 일본 여성의 경우 일본축제 때나 다도의례에서, 혹은 평상복으로 입는 경우가 있을 것으로 생각된다. 기모노를 입는 상황이 한복과 약간 다르다는 사실을 알 수 있다.

일본 결혼이민여성은 본인 결혼식에서 상당수가 한복 착용 경험이 있는 반면, 기모노 착용 경험이 적은 것으로 나타났다. 이는 앞서 언급한 바와 같이 한국과 일본 양국 간 긴장관계로 인해 기모노 착용을 조심하는 태도 때문이기도 하지만, 또 한편으로는 한복에 비해 기모노의 가격 부담이 상대적으로 높기 때문이기도 한 결과로 해석된다. 성인식용 기모노를 한 벌 맞추는 데 천만 원 이상 소요되는 경우도 있으며 자녀의 기모노 준비를 위해 부모들이 미리 저축하기도 한다고 한다(일본인 부인 C와의 인터뷰, 2014년 7월 15일). 중국 결혼이민여성 연구에서도 중국 여성들이 본인 결혼식과 명절 및 가족행사에서 치파오보다 한복을 더 많이 착용하는 것으로 보고된 바 있다. 선행 연구와 본 연구 결과를 종합해 볼 때, 결혼이민여성들의 모국 전통복식 착용경험이 이주국 전통복식에 비해 적다는 사실을 재확인할 수 있다.

4. 결혼이민여성과 다문화가족의 의생활문화

결혼이민여성들은 모국의 문화적 관습과 기후 등에 의해 이미 형성된 착의습관과 의생활 양식이 있어서 결혼이민 후 의생활에서 한국여성들과 차이를 보이고 있으며(이윤정, 2010), 이러한 차이가 그들의 한국문화 적응에 어려움으로 작용하기도 한다. 이윤정(2010)에 의하면 이주 이전 출신국가에서 이미 형성된 내한·내열성에 의한 착의량과 모국의 문화적 관습 등에 의한 착의습관이 한국에서도 지속되며, 이러한 착의습관은 자녀들에게도 영향을 미치는 것으로 나타났다. 최인려(2011)에 따르면 다문화가족 여성의 자국에서의 착의습관이 한국에서 의복 소유 개수나 선호 섬유 등 의복행동에 영향을 미치는 것으로 나타났다.

베트남 결혼이민여성들은 대부분이 베트남 남부에서 온 사람들이기 때문에 한국의 기후에 적응해야 하는 문제가 있다. 베트남 남부의 기후는 건기와 우기로 이루어지는데, 연중 최저 기온이 영상 18도 수준으로 한국의 추운 날씨에서 지내는 것은 어려운 일이다. 베트남과 한국 간의 기후 차이는 베트남 결혼이민여성들이 성장 과정을 통해 익숙해진 착의습관을 강제적으로 바꾸도록 하는 요인으로 작용하며 이는 자연스러운 의생활적응을 방해하는 요인이 될 수 있다.

베트남 결혼이민여성의 의생활을 보면 한국여성들에 비해 유행추구, 사회적 지위 반영, 고가상표지향적인 가치관은 낮게 나타났으며, 패션에 상대적으로 관심이 적은 것으로 보인다. 특별한 점은 베트남 결혼이민여성의 동조적 쇼핑성향이 한국여성에 비해 강하다는 점이다. 베트남 결혼이민여성들은 의복을 대형마트와 일반시장을 중심으로 구매하고 있었으며, 의복 구매에 낮은 비용을 지출하고 있어서 전반적으로 소극적인 의복행동을 보여주고 있었다. 또한 베트남 결혼이민여성은 전통복식에 대해 긍정적인 태도를 가지고 있었다. 구체적으로 한국여성에 비해 한복에 더 많은 관심을 가지고 있었으며, 한복에 대해 가지는 부정적인 태도도 더 낮은 것으로 나타났다. 그리고 베트남 결혼이민여성이 한국여성에 비해 자국 전통복식에 대해 가지는 자긍심, 차세대 전수의지, 관심정도가 더 높은 것으로 나타났다.

본 연구 결과를 바탕으로 볼 때 한국으로 결혼 이민한 베트남 여성은 의복과 관련된 소비에 전반적으로 소극적인 태도와 행동을 보이는 것으로 나타났다. 베트남의 공동체를 중시하는 집단주의 문화의 영향으로 의복소비에서 사회적 영향을 강하게 받는 동조의 성향을 보이므로 이들에게는 주위 한국인과의 상호교류나 관찰을 통해 한국 사회에서의 의복과 관련된 주관적 규범을 형성하도록 하는 것이 의생활 적응에 반드시 필요한 요소로 보인다. 베트남 결혼이민여성의 전통복식에 대한 자부심과 한복에 대한 높은 수용의지는 이들의 의생활 문화적응에서 양국의 전통복식이 긍정적인 역할을 할 수 있다는 시사점을 제공한다.

두 번째 실증연구의 대상이었던 중국 결혼이민여성들은 타 국가 출신 여성에 비해 한국에서의 의생활에 잘 적응하고 있는 것으로 보인다. 일반적으로도 중국은 한국과 같은 동아시아 문화권에 속한 이웃 나라이므로 다른 문화권의 결혼 이민자들에 비해 한국으로의 이주 이후 생활적응에 큰 어려움이 없을 것으로 생각되는 경향이 있다. 그러나 서로 다른 정치체제에서 오랫동안 단절되었던 상황은 낮은 수준의 의복보유량이나 무채색 선호경향 등 여러 의생활분야에서 차이가 나타나기도 한다 (심영완 · 금기숙, 2013; 조규화 · 이희승, 2001).

중국 결혼이민여성들은 한국에서의 패션 쇼핑을 긍정적으로 평가하는 것으로 나타났다. 쇼핑 장소도 아울렛, 브랜드 전문점, 대형할인점 등, 한국여성들의 쇼핑 장소와 다르지 않으며 가격, 색상, 디자인 및 스타일 등을 중요시하는 것으로 나타나 경제적 쇼핑성향과 함께 색상과 디자인을 중시하는 심미적 쇼핑 성향을 보였다. 또한 중국 결혼이민여성의 전통복식 문화적응태도의 수준을 살펴본 결과, 전체적으로 한복 수용태도와 치파오 전달태도를 함께 중요시하는 것으로 보이나 한복 수용태도에 비해 치파오 전달태도가 더 높은 결과를 보였다. 한복 수용태도와 치파오 전달태도의 차이를 견인하는 주요 구성개념은 지식과 관련된 요소들이었다. 인구통계적 특성에 따른 전통복식 문화적응태도의 차이를 살펴본 결과 한족이 조선족보다 치파오 전달태도가 높았으며, 한국국적을 취득하지 못한 초기 이주 집단의 치파오 전달태도가 더 높았다. 교육수준과 소득수준이 높을수록 한복 수용태도와 치파오 전달태도 모두 높게 나타나 교육정도가 높고 생활이 안정된 집단일수록 타 문화를 이해하고자 하는 태도 및 자문화를 전달하고자 하는 태도가 높음을 보여주었다. 중국 결혼이민여성의 전통복식 착용현황을 살펴본 결과 치파오를 전달하고자 하는 태도가 높았음에도 실제 착용 행동에서는 치파오를 착용할 기회나 경험이 매우 제한적이었다.

한복 수용태도에 비해 치파오 전달태도가 높게 나타난 결과는 중국 결혼이민여성들이 전통복식을 더 근원적인 자신의 문화 정체성을 드러내기 위한 수단으로 생각하는 경향이 있음을 보여주는 것으로 판단된다. 특히 중국 결혼이민여성의 경우 이주국의 전통복식에 대한 지식을 습득하고 싶은 욕구보다는 자국의 전통복식에 관한 지식을 알려주고 싶은 욕구가 훨씬 더 강했다. 따라서 학교 교육이나 사회 교육의 장에서 결혼이민여성들 스스로 자국의 전통복식을 소개하고 알릴 수 있는 프로그램을 마련하고 이를 정책적으로 지원한다면 결혼이민여성들의 사회적응에 도움이 될 것이다.

중국 결혼이민여성들은 명절 및 가족 행사에서 치파오보다 한복을 더 많이 착용하여 한국의 전통복식인 한복을 한국가족 내 동화의 수단으로 활용하는 경향이 발견되었다. 이러한 경향은 치파오를 전달하고 싶은 강한 욕구와 상반되는 결과로서 태도와 행동 간 괴리가 있음을 드러내는 것이다. 이러한 결과를 바탕으로 다문화가족 중국인 결혼이민여성의 전통복식 문화적응태도 및 착용행동에 대한 이해가 결혼이민여성의 생활적응 향상에 도움이 될 수 있음을 확인할 수 있었다. 결혼이민여성들의 모국 전통복식 착용행동에 대해 한국사회와 각 가족이 조금 더 관심을 갖고 포용할 필요가 있다.

일본 결혼이민여성의 전통복식 문화적응태도를 고찰하기 위해서는 현재 일본 여성들의 기모노 착용문화와 기모노에 대한 인식을 이해하는 것이 중요하다. 한국과 마찬가지로 일본도 19세기 후반~20세기 전반 근대화 과정에서 점차 전통복식을 착용하는 경우가 적어졌으나, 1960년대 이후 경제 성장과 함께 전통문화에 대한 관심이 증대되면서 다시 관심을 받게 되었다(윤송이 · 이규혜, 2012) 오늘날 일본에서 기모노는 여학생의 졸업식이나 성인식, 결혼피로연 등에서 주요하고도 특별한 복식으로 이용된다(윤송이 · 이규혜, 2012). 특히 최근에는 여성들이 간편한 기모노의 일종인 유카타를 축제에서 착용하거나 중년 여성들이 일상적으로 기모노를 착용하는 경우가 많아지는 등 일본인들의 기모노에 대한 사랑이 더욱 각별해지고 있다. 이와 같이 기모노가 일본여성들에게 의미 있는 전통복식인 만큼, 국내에 거주하는 일본 결혼이민여성의 의생활에서도 기모노가 모국의 문화정체성을 표현하거나 문화적응에 관여하는 매개체로서 기능하고 있을 것으로 생각된다.

본 연구의 대상이 된 일본 여성들은 대부분 통일교 신자로 종교적 이유로 결혼이민생활을 하는 사람들이었다. 이들은 매우 동질적인 특성을 나타냈으며 외모관리나 의류소비에 대해서도 소극적인 태도를 견지하였다. 이들은 의복의 역할과 중요성에 대해서 매우 낮은 수준으로 인식하고 있으며 구매행동도 가격지향성이 높아서 주로 대형할인점, 일반시장, 아울렛 스토어, 인터넷/홈쇼핑 등 저가형 유통채널을 주로 이용하는 것으로 나타났다.

일본 결혼이민여성의 전통복식 문화적응태도 수준을 살펴본 결과, 한복 수용태도가 기모노 전달태도보다 높게 나타났다. 일본 다문화가족의 종교 문화적 특수성으로 인해 중국인에 비해 타 문화 수용태도가 긍정적으로 형성된 것으로 이해된다. 한복 수용태도와 기모노 전달태도는 역시 서로 관련성이 있는 것으로 나타나 자문화에 관심이 높은 사람일수록 타 문화에 대한 관심도 높다는 사실이 재확인되었다. 한복 수용태도와 기모노 전달태도 모두 민족정체성과 정적 관련성이 있는 것으로 나타나 민족정체성 수립이 전통복식을 통한 문화적응에 순기능을 할 수 있음이 확인되었다. 일본 결혼이민여성들은 스스로의 민족성에 대해 한국인이면서 동시에 일본인에 속한다고 여기는 사람들이 가장 많았으며,

한국인 정체성을 지닌 사람이 다음으로 많았다. 일본 결혼이민여성의 인구통계적 특성에 따른 전통복식 문화적응태도의 차이는 나타나지 않았다. 국적, 교육정도, 종교 등에서 균일성이 강하게 나타나는 일본 결혼이민여성의 특수성에서 비롯된 결과로 해석된다.

일본 결혼이민여성의 전통복식 착용현황을 살펴본 결과 한복과 기모노 모두 잘 입지 않는 것으로 나타났으나, 착용빈도를 보면 한복보다 기모노의 경우에 전혀 착용하지 않는다는 응답자 비율이 훨씬 높게 나타났다. 특히 일본 결혼이민여성의 기모노 착용행동은 한국과 일본 양국의 역사적·정치적 긴장관계로 인해 더욱 제한되는 경향을 보였다. 상황에 따른 한복과 기모노 착용 경험을 살펴본 결과 한복과 기모노 모두 사회적 행사에 가장 많이 착용했으며, 다음으로는 가족과 친지 결혼식에서 많이 입는 것으로 나타났다.

이상의 연구 결과를 토대로 본 연구에서는 다음과 같은 결론을 내릴 수 있다. 첫째, 결혼이민여성의 전통복식 문화적응태도가 민족정체성과 정적 상관관계를 나타낸 점을 주목해야 한다. 이는 모국과 이주국 양국 모두의 전통복식 교육이 문화적응의 훌륭한 수단이 될 수 있음을 보여주는 결과로서, 전통복식 교육을 통해 민족정체성을 수립하고 이를 통하여 궁극적으로 이주민의 문화적응 향상을 도모할 수 있음을 확인한 것이다. 이러한 결과를 토대로 볼 때, 다문화 한국사회에서 모국과 이주국 양국 전통복식 교육의 사회적 의미와 중요성이 앞으로 더욱 커질 것으로 예상된다. 지속적인 한복 교육과 다문화 전통복식 교육을 통해 서로 다른 민족성과 문화를 이해하고 상호 존중하는 다문화주의 가치를 실현할 수 있을 것이다.

둘째, 결혼이민여성의 문화적응태도는 출신국가, 이주 동기, 문화적 배경, 인구통계적 특성 등에 따라 상이한 수준으로 나타날 수 있다. 따라서 결혼이민여성을 동질적인 집단으로 간주하지 말고 출신국가나 문화적 배경, 인구통계적 특성 등에 따라 집단과 개인의 상황에 맞는 맞춤형 문화적응 전략을 개발하고 적절한 정책을 시행할 필요가 있다.

셋째, 결혼이민여성들의 모국 전통복식 착용경험은 이주국 전통복식에 비해 여전히 제한적인 경향을 드러냈다. 결혼이민여성들의 모국 전통복식 착용 기회 및 소개 기회를 더욱 확대할 필요가 있을 것으로 판단된다. 한국사회는 결혼이민여성들에게 좀 더 편안하고 자연스러운 공간에서 모국 전통복식을 착용하고 모국의 문화를 알릴 수 있는 기회를 더 많이 부여해 줌으로써 전통복식을 소통의 매개체로 삼아 더욱 성숙한 다문화사회로 나아갈 수 있을 것이다.

제4장

식생활문화

제4장은 식품영양학과의 윤지현 교수, 한성림 교수, 아사노 가나 박사가 집필하였다. 여기서는 한국-베트남, 한국-중국, 한국-일본 다문화가족의 전반적인 식생활 양태를 알아보고자 식이행동, 식생활 적응, 한식에 대한 태도 등을 알아본다.

1. 한국-베트남 다문화가족의 식생활

1) 건강 및 식생활 관련 행태

다문화가족의 식생활을 알아보기 위해 먼저 건강과 다양한 식생활 행동을 알아보았다. 한국인 기혼남녀와 한국-베트남 다문화가족은 연령분포상에 차이가 있으며, 식생활은 연령 및 성별의 영향을 받기 때문에 이러한 연령분포 차이로 인한 영향을 최소화하기 위해, 남성의 경우 다문화가족의 남편 연령대와 유사한 30~40대를 선택하여 비교하였고 여성의 경우에는 다문화가족의 아내 연령대와 유사한 20~30대를 선택하여 다문화가족의 아내와 비교하였다.

30~40대 한국인 기혼남성과 한국-베트남 다문화가족 남편의 건강행태를 비교한 결과를 〈표 4-1〉에 제시하였다. 음주빈도를 제외한 건강행태에서는 유의한 차이가 없었다. 음주빈도에서는 한 달에 한 번 이상의 비율이 30~40대 한국인 가정의 남성은 94%(83명), 다문화가족의 남편은 77%(65명)로 한국인 가정의 남성이 높은 음주빈도를 보였다.

식생활 관련 행태를 살펴보면(〈표 4-2〉), 가정에서 식사하는 횟수와 가정에서 한식을 먹는 횟수 모두 다문화가족의 남편이 30~40대 한국인 기혼남성보다 유의적으로 높았는데, 이때 다문화가족의 남편이 가정에서 식사하는 횟수는 대개 2회 이상이었고 그중 한식을 먹는 비율은 대부분 80% 이상이었다. 또한 가정에서 직접 준비된 음식으로 식사하는 비율도 다문화가족 남편의 경우 46%(48명) 이상으로 30~40대 한국인

〈표 4-1〉 한국인 기혼남성과 한국-베트남 다문화가족 남편의 건강행태 (단위: n, %)

	30~40대 한국인 기혼남성 (n=100)	한국-베트남 다문화가족 남편 (n=104)	χ^2
수면시간(시간/일)			
≤ 5	5 (5.0)	10 (9.6)	
6	31 (31.0)	21 (20.2)	
7	49 (49.0)	45 (43.3)	9.81
8	14 (14.0)	27 (26.0)	
9+	1 (1.0)	1 (1.0)	
정기적 운동	28 (28.0)	25 (24.0)	0.42
보충제 섭취	26 (26.0)	24 (23.1)	0.235
음주 여부	88 (88.0)	84 (80.8)	2.015
음주 빈도(월)			
〈 1회	5 (5.7)	19 (22.6)	10.27**
≥ 1회	83 (94.3)	65 (77.4)	

$^{*}p < .05$, $^{**}p < .01$, $^{***}p < .001$

가정의 남성보다 유의적으로 높은 비율로 나타났다. 〈표 4-2〉와 같이 외식 빈도에는 유의한 차이가 없었다.

20~30대 한국인 기혼여성과 베트남 결혼이민여성의 건강 및 식이 관련 행태는 〈표 4-3〉과 〈표 4-4〉와 같다. 건강관련 행태 중 평균 수면시간은 20~30대 한국인 기혼여성의 경우 7시간이 39%(39명)로 가장 많았고 베트남 결혼이민여성은 8시간(38.5%, 40명)이 가장 많아 베트남 결혼이민여성의 수면시간이 유의적으로 높은 것으로 나타났다. 건강보조식품을 섭취하는 비율은 20~30대 한국인 기혼여성(30.0%, 30명)이 베트남 결혼이민여성(17.3%, 18명)보다 높았다. 음주에서는 음주율 및 음주 빈도 모두 20~30대 한국인 기혼여성이 베트남 결혼이민여성보다 높았다.

식생활 관련 행태들을 살펴보면, 가정에서 식사하는 횟수와 가정에서 한식을 먹는 횟수 모두 베트남 결혼이민여성이 20~30대 한국인 기혼여성보다 높았고, 이때 베트남 결혼이민여성이 가정에서 식사하는 횟

〈표 4-2〉 한국인 기혼남성과 한국-베트남 다문화가족 남편의 식이행태 (단위: n, %)

	30~40대 한국인 기혼남성 (n=100)	한국-베트남 다문화가족 남편 (n=104)	χ^2
가정 내 식사 빈도(일)			
0회	6 (6.0)	2 (1.9)	
1회	55 (55.0)	18(17.3)	37.96***
2회	22 (22.0)		
3회	17 (17.0)	55(52.9)	
가정 내 한식 식사			
〈 20%	0 (0)	0 (0)	
20~40%	1 (1.0)	0 (0)	
41~60%	5 (5.0)	0 (0)	
61~80%	29 (29.0)	15 (14.4)	17.96**
81~95%	39 (39.0)	39 (37.5)	
〉 95%	26 (26.0)	50 (48.1)	
가정에서 식사 준비			
〈 20%	1 (1.0)	0 (0)	
20~40%	0 (0)	2 (1.9)	
41~60%	8 (8.0)	3 (2.9)	
61~80%	28 (28.0)	13 (12.5)	17.94**
81~95%	38 (38.0)	38 (36.5)	
〉 95%	25 (25.0)	48 (46.2)	
외식 빈도			
거의 매일	0 (0)	0 (0)	
4~6 회 /주	0 (0)	1 (1.0)	
1~3 회/ 주	14 (14.0)	10 (9.6)	4.97
1~3 회/월	73 (73.0)	69 (66.3)	
거의 안함	13 (13.0)	24 (23.1)	

$^{*}p < .05$, $^{**}p < .01$, $^{***}p < .001$

수와 그중 한식을 먹는 횟수는 남편의 경우와 비슷한 양상을 띠었다. 가정에서 직접 준비된 음식으로 식사하는 비율도 베트남 결혼이민여성이 20~30대 한국인 기혼여성보다 유의적으로 높게 분포하는 것으로 나타났다. 외식 빈도에서도 유의한 차이가 있었는데, 전반적으로 여성이 남

〈표 4-3〉 한국인 기혼여성과 베트남 결혼이민여성의 건강행태 (단위: n, %)

	20~30대 한국인 기혼여성 (n=100)	베트남 결혼이민여성 (n=104)	χ^2
수면시간(시간/일)			
≤ 5	4 (4.0)	7 (6.7)	
6	25 (25.0)	15 (14.4)	
7	39 (39.0)	26 (25.0)	17.68**
8	27 (27.0)	40 (38.5)	
9+	5 (5.0)	16 (15.3)	
정기적 운동	12 (12.0)	14 (13.5)	0.098
보충제 섭취	30 (30.0)	18 (17.3)	4.56*
음주 여부	52 (52.0)	19 (18.3)	25.56***
음주 빈도(월)			
〈 1회	10 (19.2)	14 (73.7)	18.44***
≥ 1회	42 (80.8)	5 (26.3)	

* p 〈 .05, ** p 〈 .01, *** p 〈 .001

성보다 낮은 외식 빈도를 보이기는 하나 베트남 결혼이민여성은 거의 외식을 하지 않는 비율이 40.4%(42명)에 이르는 등 20~30대 한국인 기혼여성에 비해서도 외식 빈도가 매우 낮은 것으로 나타났다. 김치와 장류를 마련하는 방법도 두 가정 간에 유의한 차이가 있었다. 김치의 경우 20~30대 한국인 기혼여성은 대부분 친척에게 얻거나 직접 만들었으나 베트남 결혼이민여성은 구입하는 비율이 21.2%(22명)나 되었다. 장류는 두 가정 모두 구입하거나 친척에게 얻었지만, 직접 만드는 비율이 베트남 결혼이민여성이 한국인 가정의 여성보다 약간 높았다.

전반적으로 한국-베트남 다문화가족이 한국인 가정보다 가정에서 직접 준비한 한식으로 구성된 식생활을 하는 비율이 높아 좀 더 전통적인 한국식 식생활을 한다고 볼 수 있겠다. Turrell & Kavanagh(2005)와 Raberg, Holmboe-Ottesen, & Wandel(2010)의 연구에 따르면, 식품구매 행태나 식품섭취 패턴 등으로 나타나는 식생활 특성들은 다양한 환경적, 사회적, 경제적 요인의 영향을 받는다. 박혜련, 이경희와 류정순(1997)의

〈표 4-4〉 한국인 기혼여성과 베트남 결혼이민여성의 식이행태 (단위: n, %)

	20~30대 한국인 기혼여성 (n=100)	베트남 결혼이민여성 (n=104)	χ^2
가정 내 식사빈도(일)			
0	3 (3.0)	0(0)	60.54***
1	51 (51.0)	5 (4.8)	
2	21 (21.0)	39 (37.5)	
3	25 (25.0)	60 (57.7)	
가정식 내 한식 비율			
〈 20%	0 (0)	1 (1.0)	21.50**
20~40%	3 (3.0)	2 (1.9)	
40~60%	7 (7.0)	12 (11.5)	
60~80%	27 (27.0)	13 (12.5)	
80~95%	45 (45.0)	31 (29.8)	
〉 95%	18 (18.0)	45 (43.3)	
가정 내 식사 준비 비율			
〈 20%	0 (0)	4 (3.8)	19.06**
20~40%	4 (4.0)	5 (4.8)	
40~60%	10 (10.0)	6 (5.8)	
60~80%	21 (21.0)	14 (13.5)	
80~95%	49 (49.0)	35 (33.7)	
〉 95%	16 (16.0)	40 (38.5)	
외식 빈도			
거의 매일	1 (1.0)	2 (1.9)	27.79***
주 4~6회	2 (2.0)	2 (1.9)	
주 1~3회	25 (25.0)	16 (15.4)	
월 1~3 회	63 (63.0)	42 (40.4)	
거의 안함	9 (9.0)	42 (40.4)	
김치 장만 방법			
직접 담금	30 (30.0)	48 (46.2)	24.42***
구입	7 (7.0)	22 (21.2)	
친지에게 얻음	62 (62.0)	32 (30.8)	
기타	0 (0)	2 (1.9)	
장류 장만 방법			
직접 담금	4 (4.0)	13 (12.5)	25.13***
구입	31 (31.0)	53 (51.0)	
친지에게 얻음	63 (63.0)	34 (32.7)	
기타	0 (0)	4 (3.8)	

* p 〈 .05, ** p 〈 .01, *** p 〈 .001

연구에 의하면 가계소득수준이 높을수록 외식 빈도 및 외식비 지출액이 높다고 하였고, 김미숙(1998)은 도시 가계의 외식비에 대한 연구에서 주부가 취업한 가계가 취업하지 않은 가계보다 외식비 지출 총액, 소비 내 외식비 지출 비중, 식비 중 외식이 차지하는 비중이 높다고 하였다. 통계청의 도시가계조사 원자료를 이용하여 식료품비와 인구통계학적 요인의 연관성을 분석한 최지현과 이계임(1995)의 연구에서는 서울거주가구·가구주의 교육수준이 높은 가구일수록 외식비 지출이 많고, 식품별로 보았을 때는 쌀 소비량이 많은 것으로 나타났다. 또한 정은수(2004)의 연구에 의하면 가구주의 교육수준이 대졸 이상인 가구는 서구적이며 고가의 고품질 식품에 대한 지출성향이 높고, 가구주의 교육수준이 중졸 이하인 가구는 전통적인 식품에 대한 지출성향이 높다고 보고하였다.

본 연구의 대상이 된 한국-베트남 다문화가족의 경우는 한국인 가정에 비해 읍·면 지역에서 성장한 비율이 높았고, 고등교육을 받은 비율이 낮았고, 가계소득수준이 월 300만 원 미만인 비율이 높았으며, 취업률은 낮은 편이었다. 남성의 취업률은 비슷하였으나, 여성의 경우에는 다문화가족의 베트남 여성의 취업률이 한국인 가정의 여성에 비해 유의하게 낮았다. 또한 직업의 종류를 살펴보면 다문화가족의 남녀 모두 한국인에 비해 노동직의 비율이 더 높았다. 선행연구의 결과들로 미루어볼 때 이러한 다문화가족의 사회환경적 특성은 다문화가족이 외식 빈도가 낮은 가정 중심의 식생활을 하고, 전통적인 한식 중심의 식생활을 하는 데에 직간접적 영향을 준 것으로 볼 수 있다. 16세 때 성장지역은 식생활이 정착하는 시기(Parrish, 1971)의 환경적 요인이기 때문에 현재의 식생활 양상에도 상당 부분 영향을 미치고 있을 것으로 생각된다.

2) 식생활 관련 인식

한국인 기혼남성과 한국-베트남 다문화가족 남편의 식생활 관련 의식을 비교한 결과는 〈표 4-5〉에 제시하였다. 식품 선택 시 최우선으로 하는 요인은 한국인 기혼남성과 다문화가족의 남편 모두 '맛이 좋은 것'을 각각 64%(64명), 61%(63명)로 가장 많이 꼽았고, '건강에 좋은 것'이 각각 35%(35명), 36%(37명)로 그다음으로 많았다. 그러나 다문화가족의 남편 중에서는 '값이 싼 것'을 최우선 요인으로 본다는 의견(3.8%, 4명)이 있어 두 가정 간에 유의한 양상의 차이가 있었다. 식생활관련 의식 정도는 다양하게 나타났는데, 안전하고 신선한 식품을 섭취하는 것에 대한 의식은 30~40대 한국인 가정 남성의 경우 '약간 신경 쓴다' 67%, '많이 신경 쓴다' 21% 순이었지만 다문화가족 남편의 경우 '많이 신경 쓴다' 60%, '약간 신경 쓴다' 35% 순으로 한국인 가정의 남성에 비해 의식 정도가 유의적으로 높았다. 하루 식사의 균형에 대한 의식은 한국인 기혼남성은 '약간 신경 쓴다' 63%(63명), '거의 신경 안 쓴다' 19%(19명), '많이 신경 쓴다' 14%(14명) 순이었고, 다문화가족의 남편은 '약간 신경 쓴다' 44%(46명), '거의 신경 안 쓴다' 29%(30명), '많이 신경 쓴다' 25%(26명) 순으로 유의적으로 다른 분포를 보였다. 마지막으로 열량·염분·당분·지방 등의 과잉섭취에 대한 의식은 두 가정 간에 유의한 차이가 없었다.

20~30대 한국인 기혼여성과 베트남 결혼이민여성의 식생활 관련 의식 비교는 〈표 4-6〉에 제시하였다. 음식 선택 시 최우선으로 하는 요인은 한국인 기혼여성은 '맛이 좋은 것'이 우선인 데 비해 베트남 결혼이민여성은 '건강에 좋은 것'이 우선으로 유의한 차이를 보였다. 식생활 관련 의식 중에서는 안전하고 신선한 식품을 섭취하는 것에 대한 의식은 남성의 경우와 마찬가지로, 20~30대 한국인 기혼여성은 '약간 신경 쓴다' 51%, '많이 신경 쓴다' 44% 순인 데 비해 베트남 결혼이민여성은 반대로 '많이 신경 쓴다' 71%(74명), '약간 신경 쓴다' 25%(26명) 순으로 두 가정 간에 유의한 차이를 보였다. 하루 식사의 균형에 대한 의

〈표 4-5〉 한국인 기혼남성과 한국-베트남 다문화가족 남편의 식생활 관련 의식 (단위: n, %)

	30~40대 한국인 기혼남성 (n=100)	한국-베트남 다문화가족 남편 (n=104)	χ^2
식품 구입 시 고려 요소			
맛	64 (64.0)	63 (60.6)	
건강	35 (35.0)	37 (35.6)	8.00*
가격	0 (0)	4 (3.8)	
한국 전통	1 (1.0)	0 (0)	
식품의 신선도와 안전에 대한 걱정			
전혀 없음	1 (1.0)	0 (0)	
거의 없음	8 (8.0)	6 (5.8)	
조금 있음	67 (67.0)	36 (34.6)	33.80***
많이 있음	21 (21.0)	62 (59.6)	
무응답	3 (3.0)	0 (0)	
식생활 균형에 대한 걱정			
전혀 없음	1 (1.0)	2 (1.9)	
거의 없음	19 (19.0)	30 (28.8)	
조금 있음	63 (63.0)	46 (44.2)	11.98*
많이 있음	14 (14.0)	26 (25.0)	
무응답	3 (3.0)	0 (0)	
열량, 염분, 당분, 지방 등 과잉섭취에 대한 걱정			
전혀 없음	1 (1.0)	4 (3.8)	
거의 없음	24 (24.0)	25 (24.0)	
조금 있음	52 (52.0)	46 (44.2)	6.77
많이 있음	20 (20.0)	29 (27.9)	
무응답	3 (3.0)	0 (0)	

* $p < .05$, ** $p < .01$, *** $p < .001$

식 또한, 20~30대 한국인 기혼여성은 '약간 신경 쓴다' 53%, '많이 신경 쓴다' 32% 순인 반면, 베트남 결혼이민여성의 경우는 '많이 신경 쓴다' 57.7%, '약간 신경 쓴다' 36.5% 순으로 의식 정도가 유의적으로 높았다. 열량·염분·당분·지방 등의 과잉섭취에 대한 의식은 여성의 경우에도 두 가정 간에 유의한 차이가 없었다.

〈표 4-6〉 한국인 기혼여성과 베트남 결혼이민여성의 식생활 관련 의식 (단위: n, %)

	20~30대 한국인 기혼여성 (n=100)	베트남 결혼이민여성 (n=104)	χ^2
식품 구입 시 고려 요소			
맛	50 (50.0)	36 (34.6)	18.57***
건강	45 (45.0)	63 (60.6)	
가격	1 (1.0)	1 (1.0)	
한국 전통	4 (4.0)	4 (3.8)	
식품의 신선도와 안전에 대한 걱정			
전혀 없음	0 (0)	0 (0)	17.81***
거의 없음	3 (3.0)	4 (3.8)	
조금 있음	51 (51.0)	26 (25.0)	
많이 있음	44 (44.0)	74 (71.2)	
무응답	2 (2.0)	0 (0)	
식생활 균형에 대한 걱정			
전혀 없음	0 (0)	0 (0)	15.50**
거의 없음	13 (13.0)	6 (5.8)	
조금 있음	53 (53.0)	38 (36.5)	
많이 있음	32 (32.0)	60 (57.7)	
무응답	2 (2.0)	0 (0)	
열량, 염분, 지분 등 과잉섭취에 대한 걱정			
전혀 없음	0 (0)	2 (1.9)	8.74
거의 없음	10 (10.0)	8 (7.7)	
조금 있음	53 (53.0)	42 (40.4)	
많이 있음	35 (35.0)	52 (50.0)	
무응답	2 (2.0)	0 (0)	

* $p < .05$, ** $p < .01$, *** $p < .001$

김경희(2010)의 연구에 의하면 여러 요인 중 맛은 20~30대가 가장 많이 추구하고 건강은 30~40대가 가장 많이 추구하는 경향을 보인다고 보고되었다. 즉, 베트남 결혼이민여성은 남편과의 연령 차이가 비교적 크기 때문에 음식 선택 시 남편의 연령대를 고려함에 따라, 보통 20대가 추구하는 맛보다 30~40대가 추구하는 건강을 더 우선시하게 된 것으로 생각된다. 김경희(2010)의 연구에서 건강을 중시하는 경향을 가진 소비자들이 한식에 대한 만족도가 높았는데, 이에 비춰보면 본 연구에서 다문화가족이 좀 더 한식 중심의 식생활을 하는 것도 다문화가족 부부의 건강에 대한 관심사를 반영하는 것일 가능성이 있다. 또한, 영양에 대한 관심도에서도 전반적으로 남성보다 여성이, 한국인 가정보다 다문화가족이 관심도가 높다. 이는 음식을 직접 조리해 먹는 식생활의 영향으로, 직접 조리하는 비율이 높은 그룹에서 영양에 대한 높은 관심도를 나타낸다고 볼 수 있다.

3) 음식선호도

한국인 기혼남녀와 다문화가족 부부의 선호음식을 파악하기 위해 본인이 가장 좋아하는 음식 5가지를 중복응답으로 기입하도록 했다. 30~40대 한국인 기혼남성과 한국-베트남 다문화가족의 남편의 경우, 선호하는 음식의 종류와 순위가 유사하였다. 20~30대 한국인 기혼여성의 경우 1위 김치찌개, 2위 삼겹살, 3위 불고기, 된장찌개, 5위 김치, 6위 미역국, 7위 순두부, 8위 생선조림, 돼지갈비, 고등어조림, 멸치볶음, 육개장, 생선회 순인 반면, 베트남 결혼이민여성의 경우는 1위 쌀국수, 2위 삼겹살, 3위 김치, 4위 프라이드치킨, 5위 김치찌개, 탕 요리, 7위 과일, 된장찌개, 9위 국수, 김, 두부, 샤브샤브, 생선구이, 삼계탕, 생선조림, 새우, 소고기탕, 채소의 순으로 30대 이하 한국인 기혼여성과 다소 다른 양상을 나타냈다. 이러한 차이는 출신국가의 영향에 의한 것으로 사료된다. 한국인끼리는 선호음식이 거의 비슷하고 베트남 결혼이민여성의 경우에만 한식 이외의 음식(쌀국수, 프라이드치킨, 샤브샤브)이 순위에 올라있음을 볼 수 있었다.

선호음식의 경우 한국인 기혼남성, 기혼여성, 다문화가족의 남편, 베트남 결혼이민여성 네 집단 중에서 베트남 결혼이민여성을 제외한 세 집단은 유사한 구성을 보였다. 베트남 결혼이민여성의 경우에만 쌀국수, 프라이드치킨, 샤브샤브 등의 음식들이 상위 순위에 포함되어 있었다. 이렇게 베트남 결혼이민여성은 선호음식의 차이가 있음에도 오히려 한국인 가정보다도 비교적 한국식 식생활을 하고 있는 가정으로 편입되어, 주체적인 식생활을 하기보다는 남편의 방식에 따르게 된 것으로 생각된다. 이러한 경향은 모국 음식을 접하는 빈도에서도 드러나는데 대부분의 결혼이민여성들이 모국 음식의 식재료를 구할 수 있는 환경에 살고 있고 구입 장소의 접근성도 30분 이내로 좋았음에도 모국 음식의 식재료를 구입하는 비율이 미미하고, 가정 또는 외식에서 모국 음식을 먹는 빈도도 매우 제한적이었다. 즉, 가정의 식사를 담당하면서도 본인이 선호하는 모국 음식을 거의 접하지 못하고 한식 중심의 식생활을 하고 있는 것으로 나타났는데 이렇게 음식 선택에서의 비주체적인 식생활은 이전의 연구에서도 보고된 바 있다(김보라, 2008; 김선혜 등, 2009). 이러한 비주체적인 식생활에서 오는 심리적 스트레스는 결혼이민여성들의 영양불량으로 이어지는 것으로 나타났다(Hwang, Lee, Kim, Chung, & Kim, 2010).

4) 식생활 실태

베트남 결혼이민여성들이 한국에서의 식생활을 어떻게 영위하고 있는지를 알아보기 위하여 한국에서 생활하면서 가장 어려운 점, 본인이 생활비를 마음대로 사용할 수 있는지 여부 및 사용할 수 있는 금액, 월평균 식비, 월평균 식비 중 모국 음식의 식재료에 지출한 비용, 모국 음식을 먹는 빈도(집 또는 외식), 모국 음식의 식재료를 구할 수 있는지 여부 및 그 장소의 접근성 등을 알아보았다.

한국에서 생활하면서 가장 어려운 점은 언어문제 35%(36명), 자녀양육 15%(16명), 경제적 어려움 13%(13명) 등의 순이었으며, 음식은 불과 2%(2명)로 매우 낮았다. 생활비 관리 면에서 생활비를 마음대로 사용할 수 있는 경우가 52%(54명)였으며, 그 금액은 30만 원 이하 57%(31

〈표 4-7〉 베트남 결혼이민여성의 베트남 음식 소비 빈도 (n=104)(단위: n, %)

가정 내		외식	
전혀 없음	27 (26.0)	전혀 없음	35 (33.7)
주 1회 미만	4 (3.8)	가끔	1 (1.0)
주 1회	41 (39.4)	월 1회	35 (33.7)
주 2회	17 (16.3)	월 2회	19 (18.3)
주 3회	2 (1.9)	월 3회	10 (9.6)
주 4회	2 (1.9)	월 4회	2 (1.9)
주 5회	5 (4.8)	월 4회 이상	2 (1.9)
주 5회 이상	6 (5.8)		

명), 30만 원 초과~50만 원 이하 22%(12명), 50만 원 초과~100만 원 이하 9%(5명), 100만 원 초과 4%(2명)이었으며 평균 36.94만 원(표준편차 36.30만 원)이었다. 월평균 식비의 경우 30만 원 이하 44%(46명), 30만 원 초과~50만 원 이하 33%(34명), 50만 원 초과~100만 원 이하 19%(20명), 100만 원 초과 1%(1명)이었고 그중 모국 음식의 식재료에 지출한 비용의 비율은 10% 이하 36%(37명), 10% 초과~30% 이하 43%(45명), 30% 초과~50% 이하 14%(15명), 50% 초과 4%(4명)이었다.

〈표 4-7〉과 같이 가정에서는 모국 음식을 한 번도 먹지 않는 비율이 26%(27명)이었고, 주 1~2회 정도 먹는 비율이 가장 많았다(55.7%, 58명). 외식을 하는 경우, 모국 음식을 한 번도 먹지 않는 비율이 34%(35명)이었고, 월 1~2회 정도가 가장 많았다(51.9%, 54명). 가족이 외식할 때 자주 가는 음식점을 살펴보면 한식당(85.6%, 89명)이 대부분이었고 베트남 식당은 2%(2명)로 거의 가지 않는 편이었다. 또한 대부분(88.5%, 92명) 모국 음식의 식재료를 구입할 수 있다고 답하였으며, 구입 장소는 걷거나 차로 30분 이내의 접근성을 지니고 있었다(표 생략).

2. 한국–중국 다문화가족의 식생활

1) 식생활 적응

한족 및 조선족 결혼이민여성의 식생활적응도에 대해 5점 척도로 측정한 결과, 평균값은 각각 3.54점과 3.47점이었으며, 두 민족 간 유의한 차이는 없었다(〈표 4-8〉). 한족과 조선족 모두 식생활적응 정도 평가 항목 가운데 '나는 식사를 한국 사람처럼 한다'에 대한 동의수준이 각각 3.77점, 3.66점으로 가장 높았으며, 그다음으로 '나는 한국음식 먹는 것을 좋아한다', '나는 한국식으로 밥상을 차리는 것에 익숙하다', '나는 한국음식 만들기에 익숙하다', '나는 한국의 명절 음식 종류를 안다' 순이었다.

중국 결혼이민여성의 식생활 적응 정도는 민족별로 유의한 차이를 보이지 않았다. 결혼이민여성의 식생활 적응에 대해 조사한 김지명, 이희승과 김미화(2012)의 연구에 따르면 식생활적응을 잘할수록 바람직한 식행동이 형성되어 식생활 전반에 걸쳐 긍정적인 영향을 미치는 것으로 나타났다. 또한 차선미, 부소영, 김은진, 김명희와 최미경(2012)도 결혼

〈표 4-8〉 중국 결혼이민여성의 식생활 적응

항목	조선족 결혼이민여성 (n=158)	한족 결혼이민여성 (n=151)	p[1]
	m (s.d.)	m (s.d.)	
나는 식사를 한국 사람처럼 한다	3.66 (.63)	3.77 (.51)	
나는 한국음식 먹는 것을 좋아한다	3.59 (.76)	3.67 (.63)	
나는 한국식으로 밥상을 차리는 것에 익숙하다	3.52 (.78)	3.62 (.68)	
나는 한국음식 만들기에 익숙하다	3.37 (.73)	3.42 (.74)	
나는 한국의 명절 음식 종류를 안다	3.18 (.80)	3.23 (.74)	
식생활적응	3.47 (.47)	3.54 (.42)	.136

1) t 검정

이민여성의 한국 거주기간이 길어질수록 한국 식생활에 잘 적응하였으며 식태도가 규칙적으로 변화하였다고 보고하였다. 다문화가족 결혼이민여성의 식생활 적응에 영향을 미치는 요인에 대한 연구(이정숙, 2012)에서는 한국음식을 배우려는 의지가 강할수록, 한국음식 섭취빈도가 높을수록, 연령이 높을수록, 부부갈등이 적을수록 식생활 적응도가 높은 것으로 나타났다. 또한 결혼이민여성의 한국음식 적응은 국적별로도 차이를 보였는데, 우리나라와 식문화 차이가 큰 필리핀 결혼이민여성의 경우 특히 어려움을 겪으며, 베트남 결혼이민여성도 중국 결혼이민여성에 비하여 어려움을 겪는 것으로 보고되고 있다(김혜련 · 백소혜 · 정혜원 · 이애랑 · 김어지나, 2011). 한편 최근에 결혼하여 한국으로 이주한 여성일수록 한류 영향으로 한국음식을 접해 볼 기회가 많고, 인터넷 등의 매체를 통해 쉽게 한국 음식문화를 배울 수 있기 때문에 한국음식에 대한 적응이 빠른 경향이 있다는 보고(한윤희 · 신원선 · 김지나, 2011)도 있다. 결혼이민여성의 식생활적응은 개인뿐만 아니라 가족의 건강과도 관련이 있기 때문에 중요한데, 이들에게 일방적으로 한국 식생활에만 적응하도록 강요하기보다는 적응을 지원하는 체계적인 식생활 교육과 동시에 이들의 출신국 식문화를 이해하기 위한 노력도 기울이는 것이 바람직하겠다.

2) 식생활 실태

중국 결혼이민여성의 식생활 실태에 대해 조사한 결과는 〈표 4-9〉와 같다. 식생활 및 건강정보 수집경로의 경우, 한족(62.9%)과 조선족(58.2%) 모두에서 가족이라는 응답이 과반수로 가장 많았으며, 그다음으로는 책/신문/TV, 친구 순이었다. 음식선택 시 한족(58.3%)과 조선족(70.9%) 모두 맛을 가장 중요하게 고려하는 것으로 나타났으며, 다음으로는 건강이었다. 한식섭취 빈도를 보면, 한족(55.0%)과 조선족(53.8%) 모두에서 응답자의 과반수는 매일 한식을 섭취하고 있었다. 자국 음식인 중식 섭

〈표 4-9〉 중국 결혼이민여성의 식생활 실태 (단위: n, %)

		조선족 결혼이민여성 (n=158)	한족 결혼이민여성 (n=151)	p [1)]
식생활과 건강 관련 정보 수집 경로	가족	92 (58.2)	95 (62.9)	.061
	책/신문/텔레비전	32 (20.3)	37 (24.5)	
	친구	30 (19.0)	13 (8.6)	
	기타[2)]	4 (2.5)	6 (4.0)	
음식 선택 시 가장 중요하게 생각하는 점	맛이 좋은 것	112 (70.9)	88 (58.3)	.056
	건강에 좋은 것	40 (25.3)	52 (34.4)	
	기타[3)]	6 (3.8)	11 (7.3)	
한식 섭취빈도	매일	85 (53.8)	83 (55.0)	.133
	일주일에 5~6일	22 (13.9)	26 (17.2)	
	일주일에 3~4일	20 (12.7)	27 (17.9)	
	일주일에 1~2일	23 (14.6)	10 (6.6)	
	거의 안 먹음	8 (5.1)	5 (3.3)	
중식 섭취빈도	일주일에 5~6일 이상	22 (13.9)	3 (2.0)	〈.001
	일주일에 3~4일	16 (10.1)	31 (20.5)	
	일주일에 1~2일	63 (39.9)	71 (47.0)	
	거의 안 먹음	57 (36.1)	46 (30.5)	
중국 식재료를 제외한 기타 식재료 구입 장소	대형마트	73 (46.2)	86 (57.0)	.137
	슈퍼마켓	45 (28.5)	31 (20.5)	
	재래시장	40 (25.3)	34 (22.5)	
김치 장만 방법	직접 만든다	70 (44.3)	67 (44.4)	.779
	친척/친구에게 얻는다	58 (36.7)	51 (33.8)	
	구입한다	30 (19.0)	33 (21.9)	
장류 장만 방법	친척/친구에게 얻는다	67 (42.4)	69 (45.7)	.248
	구입한다	81 (51.3)	66 (43.7)	
	직접 만든다	10 (6.3)	16 (10.6)	

1) χ^2 검정

2) 지역기관(복지관, 보건소, 다문화센터 등)/인터넷

3) 값이 싼 것/한국적인 것

취빈도에 대해서는 주 1~2일이라는 응답이 한족 47%, 조선족 40%로 가장 많았고, 두 민족 모두에서 응답자의 약 3분의 1은 중식을 거의 먹지 않는 것으로 나타났다. 그다음으로 한족은 주 3~4일 먹는다고 응답한 반면, 조선족의 경우에는 주 5~6일 이상 먹는다고 응답하여 민족 간 중식 섭취빈도 분포에 차이가 있었다. 중국 식재료를 제외한 기타 식재

료의 경우, 한족(57.0%)과 조선족(46.2%) 모두 대형마트에서 구입한다는 응답이 가장 많았다. 한국 전통음식인 김치류 장만방법을 보면, 한족과 조선족 모두에서 직접 담근다는 응답이 44%로 가장 많았으며, 그다음으로는 친척이나 친구에게 얻는다, 구입한다 순이었다. 반면, 장류의 경우 구입하거나 친척이나 친구에게 얻는다는 응답이 대부분이었고, 직접 담근다고 응답한 한족은 11%, 조선족은 6%에 불과하였다.

한족 및 조선족 결혼이민여성 모두에서 응답자의 과반수는 가족으로부터 식생활 및 건강정보를 얻는 것으로 나타났다. 선행연구들(김혜련 등, 2011; 한윤희 등, 2011)에서도 중국 결혼이민여성은 한국음식에 관한 지식과 정보를 주로 시어머니와 남편 등 가족으로부터 가장 많이 얻는 것으로 보고되어 일치하였으나, 효과적인 건강 및 영양 정보원으로는 인터넷, 책자, 휴대폰 문자, 전화상담 순으로 선호하고 있었다. 음식선택 시 중국 결혼이민여성은 맛, 건강 순으로 고려하고 있는 반면, 베트남 결혼이민여성은 건강, 맛 순으로 고려하여 결혼이민여성의 출신 국적별로 다소 차이가 있음을 알 수 있었다.

중국 결혼이민여성의 과반수는 매일 한식을 섭취하고 있었으며, 한족과 조선족 모두에서 일주일에 1~2일 자국 음식인 중식을 섭취한다는 응답이 가장 많았다. 중국출신이 포함된 결혼이민여성을 대상으로 한 선행연구(김정미 · 이난희, 2009; 이정숙, 2012)에서도 응답자의 약 3분의 2 이상이 한식을 매일 먹고 있는 것으로 나타나 본 연구와 비슷한 결과를 보였다. 한윤희 등(2011)의 연구에서는 중식을 주 1~2회 먹는다는 중국 결혼이민여성이 응답자의 3분의 1로 가장 많아 본 연구결과와 유사하였다. 또한 중국뿐만 아니라 베트남, 필리핀, 캄보디아 출신 결혼이민여성을 대상으로 식생활 양상에 대해 조사한 연구(김혜련 등, 2011)에서도 대체로 자국음식을 섭취하는 빈도는 낮았는데, 특히 남편 가족과 함께 거주하는 경우에 자국음식 섭취빈도가 낮았으며, 한국 거주기간이 길어

질수록 한국음식 섭취빈도는 증가하는 것으로 나타났다. 이는 결혼이민여성이 한국음식에 익숙지 않은 경우, 주도적으로 식사메뉴를 계획하여 조리할 수 있는 능력이 부족하기 때문에 시부모나 남편의 식생활을 따르는 데서 비롯된 결과로 보인다.

김치 장만법의 경우, 직접 담그거나 친척에게 얻는다는 응답 이외에 구입한다는 응답이 한족과 조선족 모두에서 약 20%나 되었는데, 베트남 결혼이민여성의 결과와 유사한 경향을 보였다. 그러나 본 연구에서는 김치류에 비해 장류를 직접 담근다고 응답한 한족과 조선족의 비율은 매우 낮았다. 박행모와 문승태(2008)의 연구에서도 결혼이민여성들이 김치 담그기보다는 장 담그기에 더 어려움을 겪는 것으로 나타났다.

3) 한식에 대한 인식

중국 결혼이민여성의 한식에 대한 인식을 평가한 결과는 〈표 4-10〉과 같다. '한국음식은 건강에 좋다'에 대한 인식은 한족 결혼이민여성(m=4.05)이 조선족 결혼이민여성(m=3.89)보다 유의하게 높았다. '한국음식은 맛있다'는 항목에 대해서는 한족(m=4.03)과 조선족(m=4.01) 모두 그렇다는 인식수준을 보였다. '한국음식은 만들기 어렵다'에 대한 인식수준은 한족 3.77점, 조선족 3.82점으로 두 민족 모두 한국음식을 만드는 것에 대하여 다소 어렵게 인식하고 있었다. '한국음식은 안전하다'에 대해서는 한족(m=3.81)과 조선족(m=3.78) 모두 대체로 긍정적인 인식수준을 보였다.

한식에 대한 중국 결혼이민여성의 인식을 평가한 결과, 한국음식에 대해 비교적 맛있고, 건강에 좋으며, 한국 식품은 안전하다고 인식하는 반면, 한국음식을 만드는 것은 어렵다고 인식하고 있었다. 조사대상자의 54%가 중국출신인 결혼이민여성을 대상으로 한 이정숙(2012)의 연구에서도 한국음식을 조리하는 데 어려움을 느끼는 것으로 나타났다.

〈표 4-10〉 중국 결혼이민여성의 한식에 대한 인식

	조선족 결혼이민여성 (n=158)	한족 결혼이민여성 (n=151)	p[1]
	m (s.d.)	m (s.d.)	
한국음식은 건강에 좋다	3.89 (.52)	4.05 (.41)	.004
한국음식은 맛있다	4.01 (.64)	4.03 (.70)	.726
한국음식은 만들기가 어렵다	3.82 (.80)	3.77 (.97)	.638
한국 식품은 안전하다	3.78 (.59)	3.81 (.59)	.659

1) t 검정

그럼에도 한국요리를 배우고자 하는 중국 결혼이민여성의 학습요구도는 매우 높으며, 전골 및 찌개요리를 가장 배우고 싶어하는 것으로 보고되고 있다(한윤희, 2010). 가정의 식생활을 일정부분 책임지고 있는 이들이 다양한 한국의 생활요리를 체계적으로 배울 수 있도록 표준화된 조리법에 대하여 이해하기 쉽게 중국어로 기술되거나 제작된 조리교육용 책자 및 콘텐츠의 개발과 보급이 시급하며 조리실습도 병행되어야 한다고 본다.

4) 식행동

한족 및 조선족 결혼이민여성의 식행동에 대해 5점 척도로 측정한 결과, 〈표 4-11〉처럼 평균값은 각각 3.28점과 3.24점으로 민족 간 유의한 차이는 없었다. 그러나 식행동 평가 항목 중 '나는 아이스크림, 케이크, 과자류, 탄산음료를 간식으로 주 2회 이상 먹는다'에서 한족 결혼이민여성의 식행동 점수(m=3.06)가 조선족 결혼이민여성(m=2.80)에 비해 유의하게 높았다. 식행동 평가 항목 중에서 '나는 김치 이외의 채소를 식사할 때마다 먹는다'에 대한 식행동 점수는 한족 3.87점, 조선족 3.88점으로 가장 높았으며, 그다음으로는 '나는 고기, 생선, 달걀, 콩, 두부를

〈표 4-11〉 중국 결혼이민여성의 식행동

	조선족 결혼이민여성 (n=158)	한족 결혼이민여성 (n=151)	p [1]
	m (s.d.)	m (s.d.)	
나는 우유 혹은 요거트, 요플레와 같은 유제품을 1병 이상 매일 마신다	3.49 (.82)	3.30 (.84)	.054
나는 고기, 생선, 달걀, 콩, 두부를 매 끼니마다 먹는다	3.69 (.72)	3.81 (.74)	.136
나는 김치 이외의 채소를 식사할 때마다 먹는다	3.88 (.66)	3.87 (.74)	.944
나는 과일이나 과일주스를 매일 먹는다	3.59 (.74)	3.54 (.72)	.531
나는 삼겹살, 갈비, 장어구이와 같이 기름진 고기나 생선을 1주일에 2번 이상 먹는다[2]	2.46 (.82)	2.55 (.90)	.337
나는 튀김이나 볶음 요리를 1주일에 2번 이상 먹는다[2]	2.54 (.81)	2.70 (.83)	.093
나는 음식을 짜게 먹는 편이다[2]	2.92 (.84)	2.87 (.89)	.613
나는 아이스크림, 케이크, 과자류, 탄산음료를 간식으로 주 2회 이상 먹는다[2]	2.80 (.84)	3.06 (.89)	.010
나는 음식에 까다로운 편이 아니라서 다양한 음식을 섭취하는 편이다	3.48 (.77)	3.52 (.68)	.669
나는 하루 세끼를 규칙적으로 먹는다	3.52 (.67)	3.58 (.67)	.455
전체	3.24 (.29)	3.28 (.31)	.205

1) t 검정
2) 역 코딩

매끼마다 먹는다'이었다. 또한 '나는 우유 혹은 요거트, 요플레와 같은 유제품을 1병 이상 매일 마신다', '나는 과일이나 과일주스를 매일 먹는다', '나는 음식에 까다로운 편이 아니어서 다양한 음식을 섭취하는 편이다', '나는 하루 세끼를 규칙적으로 먹는다'에 대한 식행동 점수도 두 민족 모두에서 3점대이었다. 반면, '나는 삼겹살, 갈비, 장어구이와 같이 기름진 고기나 생선을 1주일에 2번 이상 먹는다'에 대한 식행동 점수는 한족 2.55점, 조선족 2.46점으로 가장 낮았으며, '나는 튀김이나 볶음 요리를 1주일에 2번 이상 먹는다'와 '나는 음식을 짜게 먹는 편이다'에 대한 식행동 점수도 두 민족 모두에서 2점대로 나타났다.

식행동 평가 결과, 전반적으로 한족 및 조선족 결혼이민여성 간 유의한 차이를 보이지는 않았으나, 조선족 결혼이민여성이 한족 결혼이민여성에 비해 아이스크림, 케이크, 과자류, 탄산음료를 간식으로 더 자주 먹는 것으로 나타났다. 두 민족 모두에서 채소 섭취에 대한 식행동 점수가 가장 높았으며, 이 외에도 과일 섭취, 단백질 섭취, 규칙적인 식사에 대한 식행동 점수도 보통보다는 조금 높게 나타나 중국 출신을 포함한 결혼이민여성을 대상으로 한 김지명 등(2012)의 연구결과와 유사한 경향을 보였다. 또한 '나는 튀김이나 볶음요리를 1주일에 2회 이상 먹는다' 문항에 대한 식행동 점수는 2점대로 낮았는데, 이는 튀김이나 볶음요리를 즐겨 먹는 중국인의 식습관 때문인 것으로 판단된다. 차선미 등(2012)은 한국생활 초기에 고향과 다른 식문화에 대한 호불호가 더 크게 반영되어 거주기간이 3년 미만인 결혼이민여성에서 편식을 한다는 응답이 많았으며, 한국 거주기간이 짧을수록 불규칙적인 식사를 하는 것으로 나타났기에 이주 초기에 식행동 교육 및 지도를 하는 것이 효과적이라고 보고하였다.

5) 식습관 및 식품섭취

한국 이주 후 한족 및 조선족 결혼이민여성의 식습관 변화에 대해 비교한 결과는 〈표 4-12〉와 같다. 외식 횟수에 대해 두 민족 모두에서 증가했다는 응답이 약 4분의 3 정도로 가장 많았으며, 간식 횟수도 증가했다는 응답이 두 민족 모두에서 60% 이상으로 가장 많았다. 반면, 결식 횟수에 대해서는 감소했다는 응답이 한족(64.2%)과 조선족(58.9%) 모두에서 가장 많았다. 가정에서의 조리 횟수의 경우 한족 결혼이민여성에서는 증가했다(49.0%)와 변하지 않았다(45.7%)는 응답비율이 비슷한 반면, 조선족 결혼이민여성에서는 증가했다는 응답이 약 3분의 2(66.5%)로 가장 많아 유의한 차이를 보였다. 1인 분량에 대해 한족에서는 증가했다는 응답이 과반수(55.0%)로 가장 많았고, 조선족에서는 변하지 않았다는 응답(51.9%)이 증가했다는 응답(44.9%)보다 조금 더 많았으나 민족 간 유의한 차이는 없었다. 섭취식품의 다양성이 증가했다는 응답은 한족과 조선족 모두 70% 이상이었다. 식품 또는 영양표시를 읽는 횟수에 대해 한족 결혼이민여성에서는 변하지 않았다(54.3%)는 응답이 가장 많은 반면, 조선족 결혼이민여성에서는 증가했다는 응답(54.4%)이 가장 많아 유의한 차이를 보였다.

한국 이주 후 중국 결혼이민여성의 식습관 변화에 대해 살펴본 결과, 외식 횟수는 증가하였으며, 결식 횟수는 감소한 것으로 나타났다. 다른 연구(한윤희 등, 2011)에서는 중국 결혼이민여성의 약 절반(52%)이 한 달에 1~2회 외식을 하는 것으로 나타났다. 김혜련 등(2011)은 중국 결혼이민여성의 경우, 식사를 거의 거르지 않는다는 응답(68%)이 가장 많았으나, 매일 한 끼씩 거르고 있다는 응답도 15%나 되었으며, 끼니를 거르는 주된 이유로는 '직장일, 집안일, 농사일 등으로 바빠서'(25.6%)가 가장 많았고, 그다음으로 '음식이 입맛에 맞지 않아서'(23.1%)라고 보고하였다. 결식은 영양불량을 일으켜 건강문제로 이어질 수도 있기에 결혼이민여성의 건강증진을 도모하기 위하여 지역사회의 대학, 복지관, 보건소, 다문화가족지원센터 등을 중심으로 이들에 대한 식생활 교육 및 영양교육 프로그램의 운영을 활성화시켜 나가야 하겠다.

조선족 결혼이민여성은 한족 결혼이민여성에 비해 이주 후 식품 또는 영양표시를 읽는 횟수가 증가한 것으로 나타나 식품 또는 영양표시 정보에 대한 관심이 유의적으로 높음을 알 수 있었다. 그런데 결혼이민여성의 영양지식 및 식품첨가물과 영양표시에 관한 인식에 대한 연구(정미정 · 정은경 · 김애정 · 주나미, 2012)에서는 관심도에 비해 이해도가 다소 낮은 것으로 나타났다. 결혼이민여성이 식품을 선택할 때, 식품 또는

〈표 4-12〉 중국 결혼이민여성의 한국 이주 후 식습관 변화 (단위: n, %)

		조선족 결혼이민여성 (n=158)	한족 결혼이민여성 (n=151)	p [1]
외식 횟수	증가했다	117 (74.1)	119 (78.8)	.527
	어느 쪽도 아니다	33 (20.9)	24 (15.9)	
	감소했다	8 (5.1)	8 (5.3)	
결식 횟수	증가했다	15 (9.5)	12 (7.9)	.620
	어느 쪽도 아니다	50 (31.6)	42 (27.8)	
	감소했다	93 (58.9)	97 (64.2)	
가정에서의 조리 횟수	증가했다	105 (66.5)	74 (49.0)	〈.001
	어느 쪽도 아니다	38 (24.1)	69 (45.7)	
	감소했다	15 (9.5)	8 (5.3)	
간식 섭취	증가했다	95 (60.1)	97 (64.2)	.456[2]
	어느 쪽도 아니다	62 (39.2)	51 (33.8)	
	감소했다	1 (0.6)	3 (2.0)	
1인 분량	증가했다	71 (44.9)	83 (55.0)	.059
	어느 쪽도 아니다	82 (51.9)	59 (39.1)	
	감소했다	5 (3.2)	9 (6.0)	
식품의 다양성	증가했다	114 (72.2)	106 (70.2)	.705[2]
	어느 쪽도 아니다	44 (27.8)	42 (27.8)	
	감소했다	0 (0.0)	3 (2.0)	
식품 또는 영양표시를 읽는 횟수	증가했다	86 (54.4)	65 (43.0)	.028
	어느 쪽도 아니다	63 (39.9)	82 (54.3)	
	감소했다	9 (5.7)	4 (2.6)	

1) χ^2 검정

2) 기대빈도가 5보다 작은 셀이 33%가 되므로 '어느 쪽도 아니다', '감소했다'를 하나로 묶어서 분석하였다.

영양표시 정보를 정확하게 이해하여 올바른 구매를 할 수 있도록 식생활 교육 프로그램 과정에서 이에 대한 교육이 이루어져야 하겠다. 김혜련 등(2011)의 연구에 의하면 결혼이민여성 대부분은 한국 이주 후 식습관이 변화하였으며, 특히 중국 출신들이 식습관 변화를 크게 느끼고 있는 것으로 나타났다.

한국 이주 후 한족 및 조선족 결혼이민여성의 다양한 식품에 대한 섭취빈도 변화를 조사한 후 섭취빈도가 증가하거나 감소한 비율이 다른 식품에 비해 높게 나타난 식품들만 〈그림 4-1〉에 제시하였다. 김치, 채소, 과일, 육류 섭취빈도에 대해 한족과 조선족 모두에서 응답자의 과반수는 한국으로 이주한 후 증가한 것으로 나타났다. 반면, 기름진 음식, 짠 음식, 차 섭취빈도에 대해서는 이주 전과 비교하여 변하지 않았다는 응답이 증가하거나 감소하였다는 응답보다 좀 더 높았으나, 감소하였나는 응답비율이 각각 다른 식품의 섭취빈도 감소비율과 비교하여 상대적으로 높았다.

한국으로 이주한 후 중국 결혼이민여성의 식품섭취는 전반적으로 긍정적인 방향으로 변화되고 있는 것으로 나타났는데, 한족과 조선족 모두에서 응답자의 과반수는 이주 후 특히 육류, 과일, 채소 및 김치 섭취빈도가 증가하였다. 중국출신이 포함된 결혼이민여성의 식생활과 관련된 연구(이정숙, 2012)에서도 이주 후 채소 및 과일 섭취량은 증가한 것으로 나타나 본 연구결과와 유사하였으나, 육류 섭취량은 증가하였다는 응답과 변하지 않았다는 응답이 동일하게 나타나 다소 차이를 보였

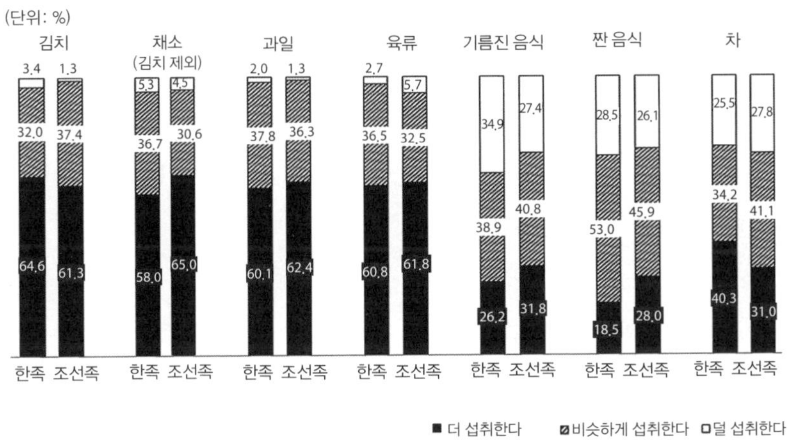

〈그림 4-1〉 중국 결혼이민여성의 한국 이주 후 식품섭취빈도 변화

다. 한편, 본 연구에서는 기름진 음식, 짠 음식, 차 섭취빈도에 대해 이주 전과 비교하여 변하지 않았다고 응답한 비율이 증가했거나 감소했다고 응답한 비율보다 좀 더 높았는데, 이는 볶음이나 튀김 등의 조리법을 주로 이용하고 차를 자주 마시는 중국 특유의 식습관에서 기인한 결과로 생각된다. 그러나 다른 식품들의 섭취빈도와 비교하였을 때 상대적으로 감소비율이 높아 이주 후 바람직한 방향으로 식품섭취가 변화하고 있음을 알 수 있었다.

3. 한국-일본 다문화가족의 식생활

1) 식생활 적응

5점 척도로 측정한 일본 결혼이민여성의 식생활 적응도 전체 평균은 3.68점이었다(〈표 4-13〉). 결혼이민여성의 식생활 적응에 대해 분석한 연구(오광실, 2010)에 따르면 일본 결혼이민여성의 식생활 적응도는 중국이나 베트남 출신보다 높았다. 한국 이주 결혼이민여성의 식생활 적응 관련 선행연구(김지명 등, 2012; 이정숙, 2012; 차선미 등, 2012)에서 식생활 적응은 출신국적뿐만 아니라 연령, 학력, 월평균 가구소득, 한국 거주기간, 한국 문화적응 수준, 건강한 식행동 수준, 한국음식 섭취빈도, 부부갈등

〈표 4-13〉 일본 결혼이민여성의 식생활 적응 (n=204)

항목	m (s.d.)
나는 한국음식을 좋아한다	4.02 (.83)
나는 한국의 명절 음식 종류를 안다	3.77 (.90)
나는 숟가락을 사용하여 밥을 먹는다	3.65 (1.07)
나는 한국식으로 밥상을 차리는 것에 익숙하다	3.63 (.96)
나는 한국음식 만들기에 익숙하다	3.33 (.99)
식생활 적응	3.68 (.69)

수준 등과도 관련이 있는 것으로 보고되고 있다.

다섯 항목 중 '나는 한국음식을 좋아한다'에서 점수(m=4.02)가 가장 높았으며, 다음으로 '나는 한국의 명절 음식 종류를 안다(m=3.77)', '나는 숟가락을 사용하여 밥을 먹는다(m=3.65)' 순이었다. 한편, 다른 연구(박영일, 2009)에서 일본 출신 결혼이민여성은 한국 이주 후 그릇을 손으로 들지 않고 식사하는 것에 어려움을 겪는 것으로 보고되고 있다.

응답자의 대부분이 한국에서 10년 이상 거주한 자들이고 통일교를 통해 결혼한 경우에는 한국생활 적응력 제고를 위해 한국본부에서 한국요리실습이 포함된 여러 교육을 받음에도(김계정, 2011) '나는 한국음식 만들기에 익숙하다'(m=3.33) 항목에 대한 점수는 가장 낮게 나타났다. 이는 출신국가별로 결혼이민여성의 각종 정책적 지원에 대한 수요조사(정기선, 2008)에서 서비스 지원 욕구가 가장 낮았던 일본 결혼이민여성조차도 한국요리 강습에 대한 서비스 지원의 필요성이 높았다는 보고와 관련이 있는 것으로 볼 수 있다.

한국 거주기간을 보면, 응답자의 90% 이상이 10년 이상이었는데, 다른 연구(김경미, 2012; 전미양 · 김현숙 · 김희자 · 이효정, 2012; 정기선, 2008)에서도 일본 결혼이민여성의 평균 한국 거주기간이 다른 국가 출신 여성이민자보다 압도적으로 길었다. 이는 통일교를 통해 초창기 한국으로 이주한 일본 여성이 많았기 때문인 것으로 판단된다. 식생활 저적응군에서는 한국 거주기간에 대해 15년 이상 20년 미만(38.1%)이라는 응답과 10년 이상 15년 미만(37.1%)이라는 응답이 비슷한 분포를 보였다. 그러나 식생활 고적응군에서 15년 이상 20년 미만 거주했다는 응답이 절반(50.5%)으로 가장 많았고, 20년 이상(22.4%)이라는 응답이 식생활 저적응군(11.3%)보다 2배 정도 많아 유의한 차이를 보였다(〈표 4-14〉).

〈표 4-14〉 식생활 적응도에 따른 일본 결혼이민여성의 사회 · 인구학적 특성 (단위: n, %)

		전체 (n=204)	식생활 저적응군 (n=97)	식생활 고적응군 (n=107)	p [1]
국적	일본	193(94.6)	91(93.8)	102(95.3)	.633
	한국	11(5.4)	6(6.2)	5(4.7)	
연령(년)	30대	33(16.2)	16(16.5)	17(15.9)	.707
	40대	115(56.4)	57(58.8)	58(54.2)	
	≥50대	56(27.5)	24(24.7)	32(29.9)	
교육수준	고등학교/전문기술학교 이하	78(38.2)	37(38.1)	41(38.3)	.951
	전문대학교	48(23.5)	22(22.7)	26(24.3)	
	대학교 이상	78(38.2)	38(39.2)	40(37.4)	
직업유무	있음	137(67.2)	59(60.8)	78(72.9)	.067
	없음	67(32.8)	38(39.2)	29(27.1)	
종교	통일교	175(85.8)	79(81.4)	96(89.7)	.196
	무교	18(8.8)	12(12.4)	6(5.6)	
	기타 [2]	11(5.4)	6(6.2)	5(4.7)	
월평균 가구소득 (천 원)	〈2,000	53(26.0)	28(28.9)	25(23.4)	.253
	2,000~〈3,000	74(36.3)	38(39.2)	36(33.6)	
	3,000~〈4,000	51(25.0)	23(23.7)	28(26.2)	
	≥4,000	26(12.7)	8(8.2)	18(16.8)	
거주기간 (년)	〈10	16(7.8)	13(13.4)	3(2.8)	.001
	10~〈15	62(30.4)	36(37.1)	26(24.3)	
	15~〈20	91(44.6)	37(38.1)	54(50.5)	
	≥20	35(17.2)	11(11.3)	24(22.4)	

1) χ^2 검정

2) 불교, 기독교, 기타

2) 식생활 실태

일본 결혼이민여성의 식생활 실태에 대해 분석한 결과는 〈표 4-15〉와 같다. 식생활 저적응군과 식생활 고적응군 모두에서 응답자의 약 80%가 식생활 및 건강정보를 책, 신문, 텔레비전 등의 대중매체에서 얻고 있었다. 음식선택 시 가장 중요하게 고려하는 점은 두 군 모두에서 건강(64.9%)이었고 그다음으로는 맛(23.2%)이었지만, 식생활 저적응군에

〈표 4-15〉 식생활 적응도에 따른 일본 결혼이민여성의 식생활 실태 (단위: n, %)

		Total	식생활 저적응군	식생활 고적응군	p [1]
식생활과 건강에 대한 정보수집 경로[2]	책/신문/텔레비전	135(78.9)	60(75.9)	75(81.5)	.671
	가족/친구	21(12.3)	11(13.9)	10(10.9)	
	기타[3]	15(8.8)	8(10.1)	7(7.6)	
		171(100.0)	79(100.0)	92(100.0)	
음식 선택 시 가장 중요하게 생각하는 점[2]	건강에 좋은 것	120(64.9)	50(54.9)	70(74.5)	.019
	맛이 좋은 것	43(23.2)	28(30.8)	15(16.0)	
	기타[4]	22(11.9)	13(14.3)	9(9.6)	
		185(100.0)	91(100.0)	94(100.0)	
한식 섭취빈도	매일	122(59.8)	44(45.4)	78(72.9)	〈.001
	일주일에 5~6일	44(21.6)	24(24.7)	20(18.7)	
	일주일에 3~4일	30(14.7)	22(22.7)	8(7.5)	
	≤일주일에 1~2일	8(3.9)	7(7.2)	1(0.9)	
		204(100.0)	97(100.0)	107(100.0)	
일식 섭취빈도[2]	≥일주일에 5~6일	9(4.5)	6(6.3)	3(2.8)	〈.001
	일주일에 3~4일	30(14.9)	24(25.0)	6(5.7)	
	일주일에 1~2일	77(38.1)	38(39.6)	39(36.8)	
	거의 안 먹음	86(42.6)	28(29.2)	58(54.7)	
		202(100.0)	96(100.0)	106(100.0)	
일본 식재료를 제외한 기타 식재료 구입 장소[2]	슈퍼마켓	85(54.5)	39(54.2)	46(54.8)	.715
	대형마트	38(24.4)	20(27.8)	18(21.4)	
	재래시장	27(17.3)	11(15.3)	16(19.0)	
	기타[5]	6(3.8)	2(2.8)	4(4.8)	
		156(100.0)	72(100.0)	84(100.0)	
김치 장만 방법[2]	친척/친구에게 얻는다	75(44.1)	41(50.6)	34(38.2)	.130
	직접 만든다	52(30.6)	19(23.5)	33(37.1)	
	구입한다	43(25.3)	21(25.9)	22(24.7)	
		170(100.0)	81(100.0)	89(100.0)	
장류 장만 방법[2]	구입한다	133(72.7)	68(77.3)	65(68.4)	.148
	친척/친구에게 얻는다	37(20.2)	17(19.3)	20(21.1)	
	직접 만든다	13(7.1)	3(3.4)	10(10.5)	
		183(100.0)	88(100.0)	95(100.0)	

1) χ^2 검정
2) 무응답 때문에 전체 응답자 수는 204명보다 적은 수임.
3) 의사/영양사, 지역기관(복지관, 보건소, 다문화센터 등)
4) 값이 싼 것, 한국적인 것
5) 온라인 쇼핑 사이트, 생활협동조합 매점

서는 건강(54.9%)이라는 응답이 식생활 고적응군(74.5%)에서보다 20%나 낮은 반면, 맛이라는 응답은 약 두 배나 높게 나타나 유의한 차이를 보였다. 이는 베트남 결혼이민여성과 유사하고, 중국 결혼이민여성과는 차이가 있는 결과이다.

한식 섭취빈도를 보면, 매일 섭취한다는 응답은 식생활 고적응군 73%, 식생활 저적응군 45%이었으며, 주 5~6회 섭취한다는 응답은 각각 19%, 25%로 나타나 식생활 고적응군의 한식 섭취빈도가 상대적으로 높았다. 식생활 고적응군에서는 일식을 거의 섭취하지 않는다(54.7%)는 응답이, 식생활 저적응군에서는 주 1~2일 섭취한다(39.6%)는 응답이 가장 많아 두 군 간 응답분포에 유의한 차이를 보였다. 출신국가별 결혼이민여성의 자국음식 섭취빈도 조사(박영일, 2009)에서도 일본 결혼이민여성은 베트남이나 필리핀 출신과 달리 거의 섭취하지 않는다는 응답이 과반수(56.8%)로 가장 많아 본 연구결과와 유사한 경향을 보였다.

일식 식재료를 제외한 기타 식재료 구입 장소로는 두 군 모두에서 슈퍼마켓이라는 응답이 과반수로 가장 많았고, 다음으로 대형마트, 재래시장 순이었다. 김치류 장만법으로 친척이나 친구에게 얻는 경우(44.1%)가 가장 많았고, 그다음으로 직접 담근다(30.6%), 구입한다(25.3%) 순이었다. 이는 중국 결혼이민여성과 베트남 결혼이민여성은 직접 담근다는 응답이 각각 44.3%, 46.2%로 가장 많았던 것과 다른 결과이다. 장류 장만법에 대해서는 중국이나 베트남 결혼이민여성처럼 구입한다(72.7%)는 응답이 가장 많았다.

3) 한식에 대한 인식

일본 결혼이민여성의 한식에 대한 인식 수준을 식생활 저적응군과 식생활 고적응군으로 나누어 비교 · 분석한 결과는 〈표 4-16〉과 같다. 항목 중 '한국음식은 맛있다'와 '한국음식은 건강에 좋다'에서는 식생활 고적응군의 점수가 식생활 저적응군보다 각각 유의적으로 높았다. 반면, '한국음식은 만들기가 어렵다' 항목에서는 식생활 저적응군의 점수

〈표 4-16〉 식생활 적응도에 따른 일본 결혼이민여성의 한식에 대한 인식

	Total (n=204)	식생활 저적응군 (n=97)	식생활 고적응군 (n=107)	p [1)]
		m (s.d.)		
한국음식은 맛있다	4.23 (.66)	4.03 (.68)	4.40 (.60)	〈.001
한국음식은 건강에 좋다	3.85 (.81)	3.67 (.80)	4.01 (.78)	.003
한국음식은 만들기가 어렵다	3.28 (1.00)	3.46 (.83)	3.11 (1.10)	.010
한국 식품은 안전하다	2.78 (.81)	2.70 (.75)	2.85 (.86)	.189

1) t 검정

(m=3.46)가 식생활 고적응군의 점수(m=3.11)보다 유의적으로 높게 나타나 식생활 저적응군이 식생활 고적응군에 비해 한국음식 만들기에 어려움을 느끼고 있음을 알 수 있었다. 한편, '한국 식품은 안전하다' 항목에서는 두 군 모두에서 2점대로 점수가 가장 낮았다.

일본 결혼이민여성은 한식에 대해 맛있다는 인식이 가장 높았고 다음으로 비교적 건강한 것으로 인식하고 있음을 알 수 있었다. 중국 결혼이민여성의 한식에 대한 인식과 유사한 결과이다. 그러나 중국 결혼이민여성들은 한국 식품의 안전성에 대해서는 일본 결혼이민여성과 달리 안전하다고 인식하고 있어서 출신 국적별로 한국 식품의 안전성에 대한 인식 차이가 있었다.

4) 식행동

건강한 식행동 수준에 대한 전체 평균값은 3.24점이었으며, 전반적으로 식생활 저적응군(m=3.20)과 식생활 고적응군(m=3.28) 간 유의한 차이는 없었다(〈표 4-17〉).

식행동 평가 항목 중 '나는 고기, 생선, 달걀, 콩, 두부를 매끼마다 먹는다'에 대한 식행동 점수는 3.73점으로 가장 높았다. 반면 '나는 튀

〈표 4-17〉 식생활 적응도에 따른 일본 결혼이민여성의 식행동

	Total	식생활 저적응군	식생활 고적응군	p[1]
	(n=204)	(n=97)	(n=107)	
	m (s.d.)	m (s.d.)	m (s.d.)	
나는 우유 혹은 요거트, 요플레와 같은 유제품을 1병 이상 매일 마신다	3.00 (1.20)	3.08 (1.15)	2.93 (1.24)	.380
나는 고기, 생선, 달걀, 콩, 두부를 매 끼니마다 먹는다	3.73 (.93)	3.74 (.92)	3.71 (.94)	.806
나는 김치 이외의 채소를 식사할 때마다 먹는다	3.57 (.93)	3.41 (1.02)	3.71 (.82)	.024
나는 과일이나 과일주스를 매일 먹는다	3.15 (1.08)	3.05 (1.15)	3.23 (1.01)	.231
나는 삼겹살, 갈비, 장어구이와 같이 기름진 고기나 생선을 1주일에 2번 이상 먹는다[2]	3.26 (1.09)	3.33 (1.12)	3.20 (1.06)	.383
나는 튀김이나 볶은 요리를 1주일에 2번 이상 먹는다[2]	2.91 (1.07)	2.89 (1.13)	2.93 (1.03)	.751
나는 음식을 짜게 먹는 편이다[2]	3.11 (1.02)	3.24 (1.06)	2.99 (.98)	.086
나는 아이스크림, 케이크, 과자류, 탄산음료를 간식으로 주 2회 이상 먹는다[2]	2.93 (1.11)	2.74 (1.09)	3.09 (1.11)	.024
나는 음식에 까다로운 편이 아니라서 다양한 음식을 섭취하는 편이다	3.38 (.97)	3.25 (.96)	3.50 (.97)	.067
나는 하루 세끼를 규칙적으로 먹는다	3.36 (1.16)	3.26 (1.14)	3.46 (1.17)	.217
전체	3.24 (.40)	3.20 (.42)	3.28 (.39)	.176

1) t 검정
2) 역 코딩

김이나 볶음 요리를 1주일에 2번 이상 먹는다'와 '나는 아이스크림, 케이크, 과자, 탄산음료 등을 간식으로 주 2회 이상 먹는다'에 대한 식행동 점수는 2점대로 낮았다. 중국 결혼이민여성과 비교했을 때, 전반적인 식행동 평균 점수(m=3.26)는 비슷한 수치였으나, 중국 결혼이민여성은 튀김이나 볶음 요리, 간식 섭취 이외에 지방이 많은 육류와 염분 섭취에 대한 식행동 점수도 2점대로 낮아 문제점으로 지적되었다.

식생활 고적응군과 식생활 저적응군의 식행동을 비교해 보면, 식생활 고적응군은 '나는 김치 이외의 채소를 식사할 때마다 먹는다'와 '나

는 아이스크림, 케이크, 과자류, 탄산음료 등을 간식으로 주 2회 이상 먹는다'(역코딩)에서 건강한 식행동 점수가 식생활 저적응군보다 유의하게 높았다. 따라서 식생활 고적응군은 식생활 저적응군보다 채소 섭취는 많고, 간식 섭취는 적어 상대적으로 건강한 식행동을 하고 있음을 알 수 있었다. 이러한 결과는 한국 이주 후 결혼이민여성은 한국 식생활에 적응을 잘할수록 식행동이 긍정적으로 변화한다는 보고(김지명 등, 2012)와 다르지 않았다.

5) 식습관 및 식품섭취

한국 이주 후 일본 결혼이민여성의 식습관 변화에 대해 식생활 저적응군과 식생활 고적응군으로 나누어 비교 · 분석한 결과, 모든 항목에서 유의한 차이는 없었다(〈표 4-18〉). 전반적으로 한국 이주 후 외식 횟수에 대해서는 감소했다는 응답이 가장 많은 반면, 가정에서의 조리 횟수, 식품섭취의 다양성, 식품 또는 영양표시를 읽는 횟수에 대해서는 증가했다는 응답이 가장 많았다. 한편, 결식 횟수, 간식 섭취, 1인 분량에 대해서는 한국 이주 후 변하지 않았다는 응답이 가장 많았다. 즉, 일본 결혼이민여성은 한국 이주 후 외식보다는 가정에서 직접 조리하며, 다양한 식품을 섭취하고 영양표시 정보를 확인하는 등 식습관이 바람직한 방향으로 변화했음을 알 수 있었다. 중국 결혼이민여성도 식생활 고적응군은 식생활 저적응군에 비해 결식 횟수는 감소하고 다양한 식품섭취는 증가하여 식생활적응 수준에 따른 식습관 양상이 유사하였다.

Kim, Yoo, Cho, Kwon, Kim & Park(2010)의 연구에서 결혼이민여성의 식습관은 출신국가에 따라 차이를 보였는데, 일본 결혼이민여성은 중국, 베트남, 필리핀, 캄보디아 등 다른 국가 출신에 비해 채소와 고기 모두를 선호하고(78.8%) 규칙적으로 식사하며(61.0%), 튀김보다는 끓이거나 찐 음식을 섭취하고(58.9%) 짜거나 매운 음식 섭취는 적어 상대적

〈표 4-18〉 식생활 적응도에 따른 일본 결혼이민여성의 한국 이주 후 식습관 변화 (단위: n, %)

		전체 (n=204)	식생활 저적응군 (n=97)	식생활 고적응군 (n=107)	p[1)]
외식 횟수	증가했다	52(25.5)	25(25.8)	27(25.2)	.362
	어느 쪽도 아니다	71(34.8)	38(39.2)	33(30.8)	
	감소했다	81(39.7)	34(35.1)	47(43.9)	
결식 횟수	증가했다	31(15.2)	16(16.5)	15(14.0)	.877
	어느 쪽도 아니다	129(63.2)	60(61.9)	69(64.5)	
	감소했다	44(21.6)	21(21.6)	23(21.5)	
가정에서의 조리 횟수	증가했다	126(61.8)	54(55.7)	72(67.3)	.182
	어느 쪽도 아니다	65(31.9)	37(38.1)	28(26.2)	
	감소했다	13(6.4)	6(6.2)	7(6.5)	
간식 섭취	증가했다	65(31.9)	33(34.0)	32(29.9)	.263
	어느 쪽도 아니다	93(45.6)	47(48.5)	46(43.0)	
	감소했다	46(22.5)	17(17.5)	29(27.1)	
1인 분량	증가했다	61(29.9)	23(23.7)	38(35.5)	.165
	어느 쪽도 아니다	118(57.8)	60(61.9)	58(54.2)	
	감소했다	25(12.3)	14(14.4)	11(10.3)	
식품의 다양성	증가했다	72(35.3)	29(29.9)	43(40.2)	.145
	어느 쪽도 아니다	67(32.8)	31(32.0)	36(33.6)	
	감소했다	65(31.9)	37(38.1)	28(26.2)	
식품 또는 영양표시를 읽는 횟수	증가했다	91(44.6)	42(43.3)	49(45.8)	.318
	어느 쪽도 아니다	85(41.7)	38(39.2)	47(43.9)	
	감소했다	28(13.7)	17(17.5)	11(10.3)	

1) χ^2 검정

으로 건강한 식습관을 지니고 있다고 보고하였다. 그러나 일본 결혼이민여성은 남편, 그리고 시부모와 식습관 차이로 갈등을 겪는 것으로 보고되고 있다(이정희, 2012; 정기선, 2008).

한국 이주 후 일본 결혼이민여성의 다양한 식품에 대한 섭취빈도 변화를 조사한 후, 섭취빈도의 증가 또는 감소 비율이 다른 식품에 비해 높게 나타난 식품들과 식생활 저적응군과 식생활 고적응군 간 유의한 차이를 보인 식품들을 〈그림 4-2〉에 제시하였다.

김치와 매운 음식 섭취빈도에 대해 식생활 저적응군과 식생활 고적응군 모두에서 한국 이주 후 증가했다는 응답이 80% 이상이나 되어 다른 식품에 비해 증가 비율이 상당히 높았다. 그러나 맵고 짠 음식에 대한 일본 결혼이민여성의 선호도는 다른 국적 출신 결혼이민여성보다 상대적으로 낮은 것으로 보고되었다(Yoo & Cho, 2012). 또한 돼지고기 섭취빈도도 두 군 모두에서 응답자의 약 60% 정도는 한국 이주 후 증가한 것으로 나타났는데, 다른 연구(박영일, 2009)에서도 일본 결혼이민여성은 한국 이주 후 조리 시 육류 중 돼지고기 이용이 이주 전보다 약 10% 증가한 것으로 보고되어 본 연구결과와 유사한 경향을 보였다. 반면 튀긴 음식, 생선, 쇠고기 섭취빈도는 두 군 모두에서 감소했다는 응답이 40% 이상으로 다른 식품의 섭취빈도 감소율과 비교해 상대적으로 높았다. 중국 결혼이민여성은 한국 이주 후 김치, 채소, 과일, 육류의 섭취빈도가 증가했다는 응답이 다른 식품에 비해 높았었다. 또한 베트남 결혼이민여성 대상 연구(김선혜 등, 2009)에서는 한국 이주 후 육류, 생선류, 유제품, 채소류, 과일류 섭취량이 증가했다는 응답이 50% 이상으로 높아 출신국가별 한국 이주 후 식품섭취빈도 변화에 차이가 있었다.

가공식품 섭취빈도의 경우, 식생활 저적응군에서는 변하지 않았다(45.8%)는 응답이 가장 많았으나, 식생활 고적응군에서는 감소했다(48.6%)는 응답이 가장 많아 두 군 간에 유의한 차이가 있었다. 차 섭취빈도는 식생활 저적응군에서 이주 전과 비교해 감소했다는 응답이 61%나 되었으나, 식생활 고적응군에서는 증가했다는 응답(15.4%)이 식생활 저적응군(5.3%)보다 3배 정도 많게 나타나 유의한 차이를 보였다.

과자 섭취빈도에 대해서는 두 군 모두에서 변하지 않았다는 응답이 가장 많았으나, 식생활 저적응군에서는 증가했다(30.2%)는 응답이, 식생활 고적응군에서는 감소했다(39.3%)는 응답이 그 뒤를 이어 두 군 간 응

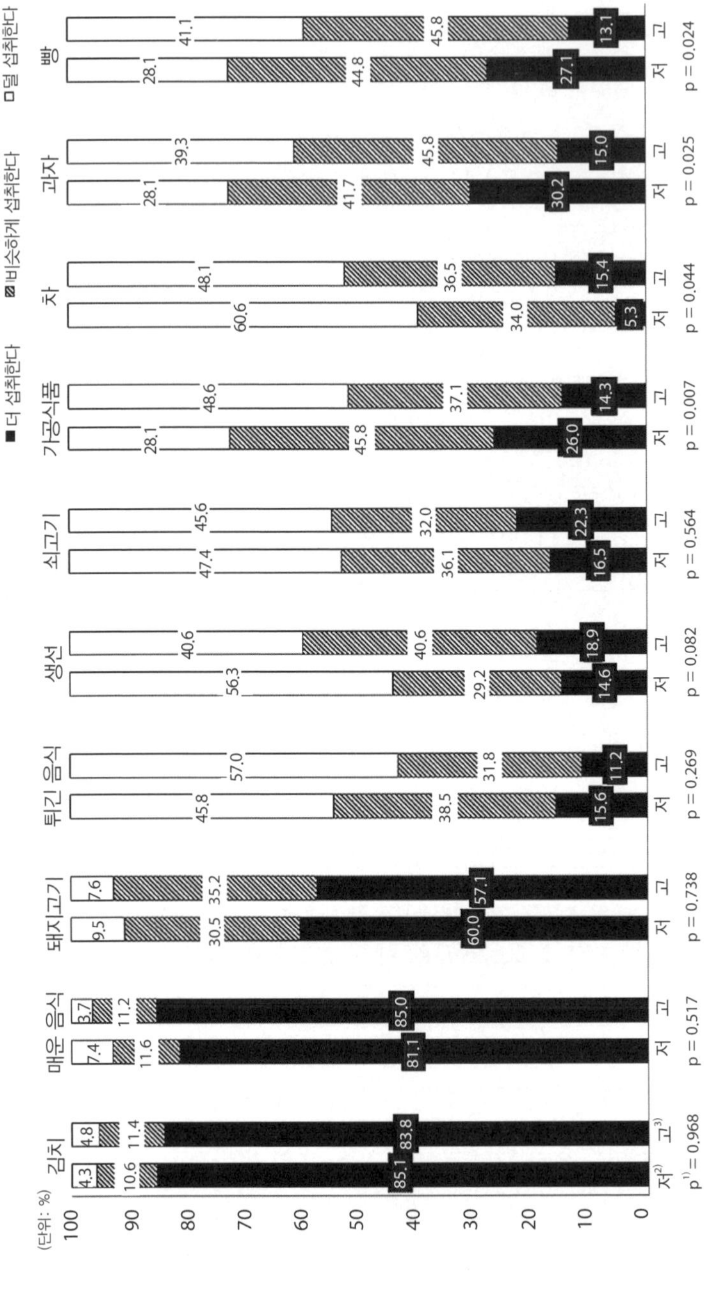

〈그림 4-2〉 식생활 적응도에 따른 일본인 결혼이민여성의 한국 이주 후 식품섭취빈도 변화

1) χ^2 검정
2) 식생활 저적응군
3) 식생활 고적응군

답분포에 유의한 차이를 보였다. 빵 섭취빈도의 경우 두 군 모두에서 변하지 않았다는 응답이 가장 많았으나, 식생활 저적응군에서는 증가했다(27.1%)는 응답이 식생활 고적응군(13.1%)보다 약 2배 많아 유의한 차이가 있었다.

이상의 결과에서 일본 결혼이민여성은 한국 이주 후 다른 식품에 비해 특히 김치, 매운 음식, 돼지고기의 섭취빈도가 증가했으며, 튀긴 음식, 생선, 쇠고기의 섭취빈도는 감소한 것으로 나타났다. 또한 일본 결혼이민여성 중 식생활 고적응군은 한국 이주 후 가공식품, 차, 과자, 빵 섭취빈도에서 식생활 저적응군에 비해 식품섭취빈도가 긍정적인 방향으로 변화되어 유의한 차이를 보였다.

4. 결혼이민여성과 다문화가족의 식생활문화

새로운 식생활 환경과 구성원들의 식습관에 적응하는 과정인 식생활 적응(dietary acculturation)은 이민자들의 문화적응에서 매우 중요한 요소이다(Satia-Abouta et al., 2002). 또한 이러한 식생활 적응은 이민자들의 영양 및 건강상태와도 밀접히 관련되어 있다(Asano et al., 2016). 특히 결혼이민여성의 경우, 이주 후 바로 가정의 식사준비를 주체적으로 담당해야 하는 경우가 많기 때문에 이들의 식생활적응 문제는 스스로의 문화적응이나 건강과의 관계를 넘어서 가족 전체에 영향을 미칠 수 있기에 다문화가족의 문화적응 및 삶의 질 향상에 있어 중요한 문제이기도 하다. 우리나라의 결혼이민여성의 상당수가 문화적 차이를 가장 크게 느끼는 부분이 식생활인 것으로 보고한 연구 결과(여성가족부, 2013) 또한 결혼이민여성 및 다문화가족의 식생활문화에 대한 연구의 필요성을 시사한다.

세 번의 프로젝트에 걸쳐 조사한 베트남, 중국, 일본 결혼이민여성의 이주 후 식생활문화는 결혼이민여성이라는 공통점에 기인하는 동질성을 가지고 있는 동시에 모국 고유의 문화적 특성과 이민 배경 등의 차이에 기인한 이질성을 가지고 있었다. 우리나라의 결혼이민여성이나 다문화가족의 식생활과 관련한 선행연구들이 대부분 이민여성을 국적에 따라 세부 집단으로 분류하지 않고 결혼이민여성이라는 동질적 특성에만 주목하여 자료를 수집, 분석하였던 것에 반해 본 연구팀은 결혼이민여성의 국적별 이질성을 주요한 가정으로 표본을 선정하고 자료를 분석하였다. 각 프로젝트의 주요 결과를 요약하면 다음과 같다.

먼저 베트남 결혼이민여성과 이러한 여성들의 다문화가정의 식생활을 조사하여 같은 연령대의 한국인 가정과 비교한 결과, 가정에서 직접 준비한 음식으로 식사를 하는 횟수가 한국인 가정보다 높았다. 한국-베트남 다문화가정의 남편의 경우, 주로 경제성을, 베트남 결혼이민여성의 경우 주로 건강을 고려하여 음식을 선택하고 있었고, 이들 다문화가족 부부가 한국인 기혼남녀보다 식사의 영양학적 질에 관심이 높은 것으로 나타났다. 베트남 결혼이민여성의 경우 주로 섭취하는 음식의 종류는 한식으로 조사되었지만, 선호하는 음식은 한식이 아닌 쌀국수, 프라이드치킨, 샤브샤브 등인 것으로 나타났다. 이들은 베트남 식재료를 쉽게 구할 수 있는 여건이지만 주로 한식을 위주로 식사를 하고 모국 음식을 섭취할 기회는 매우 한정적인 것으로 조사되었다. 실제 베트남 결혼이민여성의 다수는 가정식으로는 주 1~2회, 외식으로는 월 1~2회 정도 모국 음식을 먹는 경우가 다수였다. 그리고 이러한 베트남 결혼이민여성과 그 가족의 식생활 특성은 대부분 한국인 평균보다 상대적으로 낮은 교육 및 가계소득 수준 등 다문화가족이 가지는 사회경제적 특성에 기인한 것으로 해석되었다. 선행연구들은 식생활 변화를 겪고 있는 주체인 결혼이민여성 당사자에게만 초점을 맞춘 연구가 대부분으로, 한국인 남편의 식생활과의 연관성을 분석한 연구는 제한적이었다. 이에

본 연구가 베트남 결혼이민여성이 속한 다문화가족의 식생활관련 행태, 의식, 선호음식 양상을 한국인 기혼남녀와 비교하고, 다문화가족의 사회경제적 특성과 연계한 점은 결혼이민여성의 식생활연구에서 큰 의미를 갖는다.

두 번째로 중국 결혼이민여성의 한국 이주 후의 식생활을 한족과 조선족으로 구분하여 비교한 결과, 두 집단의 식생활 적응 양상이 매우 유사한 특성을 보였다. 한족과 조선족 결혼이민여성의 한국 이주 후 식생활 적응도가 유사했으며, 두 집단 모두 한국음식을 만드는 것에 어려움을 느끼고 있었다. 이들의 과반수가 한국 이주 후, 김치, 채소, 과일, 육류의 섭취빈도가 증가했다고 응답한 반면, 기름진 음식, 짠 음식의 섭취빈도가 증가했다고 응답한 비율이 높은 편이었다. 또한 두 집단 모두 이주 후 결식 횟수는 감소한 것으로 나타났다. 즉, 한족과 조선족 결혼이민여성의 식습관 및 식품섭취빈도가 모두 한국으로의 이주 후 비교적 바람직한 방향으로 변화된 것으로 나타났다. 조선족 결혼이민여성이 한국 이주 후 겪는 식생활 변화와 적응이 한족 결혼이민여성과 다르지 않다는 본 연구결과는 기존의 연구에서 주목받지 못한 다문화정책의 잠재적 수요자인 조선족 결혼이민여성에 대한 정책 니즈를 부각시켰다는 의의를 가진다.

세 번째로 일본 결혼이민여성의 식생활 및 건강특성을 이주 후 한국 식생활에의 적응도에 따라 식생활 저적응군과 고적응군으로 나누어 비교 · 분석하였다. 먼저 일본 결혼이민여성의 식생활적응도는 두 번째 프로젝트에서 동일한 척도로 측정한 중국 결혼이민여성의 식생활적응도보다 다소 높게 측정되었다. 이는 일본 결혼이민여성의 한국 거주기간이 상대적으로 긴 것에 주로 기인하는 결과로 보인다. 특히 일본 결혼이민여성 연구에서 식생활 고적응군과 저적응군을 분류하여 분석한 이유는 여러 국적의 결혼이민여성 중 일본 결혼이민여성은 그 이주의 역사가 길어 적응 정도에 따른 분류가 용이할 것으로 생각되었고, 이러한 적응도에 따른 분석 결과가 비교적 이주 역사가 짧은 기타 국적의 결혼이민여성이 경험할 장기적 식생활 적응의 경로를 예측하는 데 도움이 될 수 있으리라 생각했기 때문이다. 일본 결혼이민여성 중 높은 식생활 적응도를 보인 여성들은 그렇지 않은 여성들보다 한국 거주기간이 길었고, 한식에 대해 긍정적으로 인식하고 더 바람직한 식생활을 하며 주관적인 건강지위도 높게 나타났다. 식생활적응도가 높은 일본 결혼이민여성은 적응도가 낮은 여성들에 비해 한국음식의 조리에 대해 느끼는 어려움이 적었다. 일본 결혼이민여성은 한국 이주 후 김치, 매운 음식, 돼지고기를 더 많이 섭취하게 되었고, 반면 튀긴 음식, 생선, 쇠고기를 덜 섭취하는 것으로 조사되었다.

본 프로젝트의 결과들을 바탕으로 향후 결혼이민여성 및 다문화가족의 정착 및 문화적응을 위한 교육 프로그램 계획에 다음과 같은 제언을 할 수 있다. 먼저, 결혼이민여성과 다문화가족의 문화적응에서 식생활적응의 역할이 매우 크다는 것에 주목하여 각종 다문화가족지원 프로그램에 식생활관련 프로그램을 확대 시행할 필요가 있다. 특히 결혼이민여성들이 이주 직후부터 가족 식생활의 주체로서의 역할을 담당해야 하므로, 이주 초기 지원서비스의 하나로 한식 식재료 선택 및 조리에 대한 교육 서비스를 강화할 것을 제안한다.

두 번째로, 분명 결혼이민여성임에도 불구하고 언어적 소통이 비교적 자유롭다는 점 등 때문에 그동안 다문화 연구의 대상에서 자주 소외되었으며 관련한 각종 정책 및 지원 프로그램에서 관심을 받지 못했던 조선족 결혼이민여성에 대해서도 관심을 가질 필요성을 제기한다. 연구결과, 조선족 결혼이민여성이 가지는 다양한 식생활 특성 및 문제가 한족 결혼이민여성과 크게 다르지 않았음이 이러한 필요성의 근거로 주요한 역할을 할 수 있으리라 생각한다.

세 번째로, 결혼이민여성을 대상으로 하는 기존의 각종 지원정책과 프로그램이 출신국가에 대한 고려 없이 전체 결혼이민여성을 동질적 집단으로 보고 시행되거나 주로 이주 초기 단계의 사회적응을 위한 지원에 치중되었기에 향후에는 출신국가별 특성과 차이를 적극 반영한 차별화된 방향으로 전환할 필요성을 제기한다. 우리나라의 기존 다문화정책의 바탕에는 결혼이민여성과 이들을 포함한 다문화가족의 이질성에 주목하지 못한 연구자들의 관점이 반영되기도 하였다. 실제 결혼이민여성이나 다문화가족의 식생활에 대한 선행연구들은 거의 모두 이민여성의 국적 간 차이를 고려하지 않고 이루어져 왔다(김정미 · 이난희, 2009; 김지명 등, 2012; 김혜련 등, 2011; 이정숙, 2012; 정미정 등, 2012; 차선미 등, 2012; 한윤희 등, 2011). 출신국가에 따른 차이뿐 아니라 거주 기간에 따른 정책 수요 및 니즈가 다름을 인식하여 이에 따른 생애주기형 지원정책도 제안하는 바이다.

제5장

결론

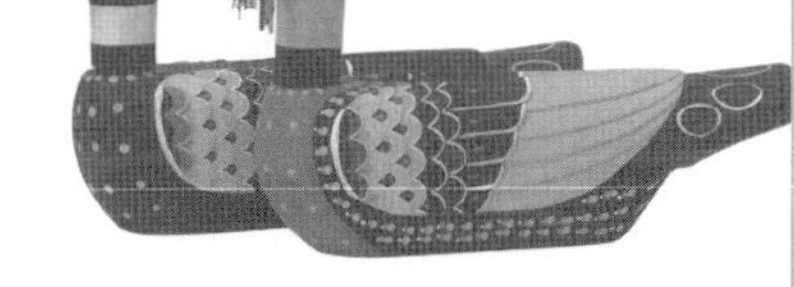

제5장은 아동가족학과의 진미정 교수가 집필하였다. 여기서는 제2~4장의 연구결과를 요약하고, 연구결과가 가지는 시사점을 생활문화의 관점에서 짚어본다.

2000년을 전후로 국제결혼이 본격적으로 증가하면서 다문화가족이 한국사회의 중요한 구성원이 된 지 약 20년이 되어 간다. 그 전에도 국제결혼이 없었던 것은 아니지만 이때쯤부터 결혼중개업체를 통해 국제결혼이 급속히 증가하면서 결혼이민여성과 다문화가족에 대한 사회적 관심이 증가하였다. 이 시기의 다문화가족은 자본과 노동력의 이동 조건 속에서 나타난 '이주의 여성화'나 국제적 '돌봄 노동'의 관점에서 주로 설명되었다. 아시아권 내에서 증가하고 있는 국제결혼은 경제적으로 취약한 국가에서 상대적으로 발전한 국가로의 이동이라는 시장 조건의 기능화와 더불어 가부장제가 혼합되어 나타난 결과라는 것이다(최연실, 2015). 이러한 관점은 결혼이민여성은 한국의 가부장적 가족의 유지를 위해 동원되는 초국가적 존재라는 점을 암시한다. 실제 결혼이민여성을 대상으로 한 인권 침해와 폭력이 심각한 사회문제가 되면서 초기 결혼이민여성에 대한 정책적 개입은 인권 보호에 방점이 찍혀 있었다.

시간이 지나면서 다문화가족에 대한 한국사회의 관심은 어떻게 문화적 다양성을 존중하면서 동시에 결혼이민여성과 다문화가족의 적응을 지원할 것인가에 모아졌다. 문화적 다양성에 대한 준비가 갖춰져 있지 않은 한국사회에서 일상 속으로 깊이 들어온 다문화가족은 한국사회의 제도적 미비함을 그대로 겪으면서 개별적 차원에서 적응의 분투를 하고 있다. 다문화가족을 대상으로 하는 정책적 지원방안들이 급속히 확대되었음에도 불구하고, 이들이 경험하는 불이익과 차별은 적지 않다. 다문화주의가 정착되지 않은 상황에서 실질적으로 확대된 다문화 현상이 자체적으로 충돌하며 인식과 현실 사이에 괴리가 나타난다(성미애, 2015).

결혼이민여성과 다문화가족에 대한 선행연구들은 이들이 경험하는 현실적 어려움이 무엇인지 살피고, 이를 해결하기 위한 정책 방안을 제시하는 데 주력하였다. 이 책도 다문화가족의 실태를 이해하고자 하는 연구들과 맥을 같이한다. 다만 이 책은 결혼이민여성과 다문화가족이 2010년대 한국사회에서 처한 실태를 생활문화적 관점에서 보고자 하였고, 구체적으로 가족생활, 자녀양육, 의생활, 식생활 문화와 행태를 조사하였다. 생활문화는 현재의 생활양식이다. 생활문화 중 일부는 전통과 관행을 반영하고, 현시대의 라이프스타일을 반영하기도 한다. 현재의 생활문화가 부계가족 중심의 가족주의에 토대하고 있어서 비판받는 내용도 많지만, 그러한 전통이 한국사회의 생활양식임을 부인하기는 어렵다. 다만 이러한 생활문화가 고정된 것이 아니라 시대에 따라 끊임없이 변화하는 역동성을 가지고 있음을 주목해야 한다.

본 연구팀은 일련의 프로젝트를 통해 한국-베트남 가족, 한국-중국 가족, 한국-일본 가족을 차례로 조사하였는데, 일부 조사 내용은 비교를 위해 중복하여 포함시켰고, 일부 조사 내용은 프로젝트의 고유 목적에 맞게 구성하였다. 2장부터 4장에 걸쳐 다문화가족의 여성들이 경험하는 가족생활, 자녀양육, 의생활, 식생활 영역의 문화와 행태를 설명하였다. 그 결과를 간단히 요약하면 다음과 같다.

가족생활과 자녀양육. 가족생활과 관련된 문화를 파악하기 위해 가족가치관을 조사한 결과, 베트남, 중국(조선족, 한족), 일본 결혼이민여성의 가족주의 점수를 비교해 보면, 베트남 결혼이민여성의 가족주의 점수가 가장 높았고, 일본 결혼이민여성의 가족주의 점수가 가장 낮았다.

전통적 성역할태도는 조선족 결혼이민여성의 점수가 가장 높았고, 일본 결혼이민여성의 점수가 가장 낮았으며, 베트남, 한족 결혼이민여성이 서로 비슷하였다. 이러한 점수를 보면, 일본 결혼이민여성의 가족가치관이 한국 남성이나 다른 출신국가 여성들에 비해 비전통적인 특성이 두드러짐을 알 수 있다.

중국와 일본 결혼이민여성들을 대상으로 한 분석에서 가족중심적 성향과 한국생활문화적응은 서로 정적인 상관성이 있었다. 특히 일본 결혼이민여성보다 중국 결혼이민여성들에게서 이러한 상관관계는 더 크게 나타났다. 한국사회는 이념적으로뿐 아니라 제도적으로 가족주의를 강조하는 특성을 가지고 있다(장경섭 · 진미정 · 성미애 · 이재림, 2015). 가족 내부적인 삶의 양식에서나 사회의 다양한 제도적 차원에서 가족중심의 삶을 살도록 기대되는 특성 때문에 가족중심 가치관을 가지고 있는 여성들이 더 잘 적응할 수 있는 것으로 해석할 수 있다.

임신, 출산 및 자녀양육과 관련한 한국의 전통적인 생활문화 수행양상은 20~30대 베트남 결혼이민여성이 한국인 기혼여성에 비해 태교하기, 산후 미역국 섭취, 백일잔치, 돌잔치 등을 적게 하는 것으로 나타났다. 자녀훈육방법과 양육방식을 보면 훈육방법에서는 베트남 결혼이민여성이 한국인 엄마보다 허용적인 태도를 보인 반면 자녀양육방식에 있어서는 한국인의 시각에서 볼 때는 나이 어린 자녀에게 지나치게 많은 요구를 하는 것이 아닌가 하는 느낌이 들게 하는 측면이 공존하였다.

한족과 조선족 결혼이민여성의 자녀양육 역량점수를 비교해본 결과 조선족 결혼이민여성보다 한족 결혼이민여성이 자녀를 양육하는 데 더 자신감을 표현하는 것으로 나타났다. 그러나 한족과 조선족 결혼이민여성 모두 자녀의 학습에 있어서는 자신의 자녀양육 역량이 낮다고 평가하였다. 조선족, 한족 결혼이민여성의 약 85~90% 이상이 고등학교 이상 교육수준을 가지고 있음에도 불구하고 미취학 자녀의 학습을 지원하는 측면에서 자신감이 낮게 보인 것은 주목할 필요가 있다.

양육을 둘러싼 가족 갈등을 비교한 분석에서 한족과 조선족 결혼이민여성 모두 절반에 가까운 비율이 자녀양육으로 인해 남편이나 시댁과 갈등을 경험하였다는 결과가 나타났다. 양육갈등이 있는 경우 한족 결혼이민여성의 경우에는 자녀양육에서 주도권을 쥔 사람이 남편, 본인, 시부모 순이라고 한 반면, 조선족 결혼이민여성의 경우에는 남편, 시부모, 본인 순이라고 응답하였다.

일본 결혼이민여성은 자녀의 민족정체성에 있어서 자녀가 한국과 일본 두 문화에 모두 친숙해지기를 바라며 한국인임과 동시에 일본인의 민족정체성을 가지기를 바라는 것으로 나타났다. 반면 일본 결혼이민여성은 본인보다 남편이 자녀를 좀 더 한국인에 가깝게 키우고 싶어한다고 인식하고 있었다. 일본 결혼이민여성이 자신의 민족정체성을 더 긍정적으로 평가하고 있을수록 자녀에게 일본뿐만 아니라 한국 역사 및 문화에 관한 교육을 많이 시키고, 문화적 차이로 인해 경험할 수 있는 편견에 대해서도 준비할 수 있도록 돕는 것으로 나타났다.

의생활. 본 조사에 포함된 세 나라의 결혼이민여성들은 의복소비에서 소극적인 태도와 행동을 보이는 공통된 특징이 있었다. 생활문화에서 의복의 중요성이나 사회적 역할에 대해 베트남과 일본 출신 여성들은 보통 이하의 부정적인 태도를 보였다. 중국 출신의 다문화가족 여성들은 한국에서의 자신의 외모와 패션 스타일에 대해 다소 긍정적인 태도를 보였으며 한국의 패션 브랜드와 쇼핑에 대해 친숙하고 편리한 것으로 생각한다고 응답하였다.

한국과 출신국가의 전통복식에 대한 태도를 분석한 결과, 결혼이민여성들은 한복과 출신국가의 전통복식에 대해 모두 긍정적인 태도와 관심을 가지고 있는 것으로 보였다. 재미있는 결과는 일본 결혼이민여성들의 경우 한복에 대한 수용태도가 기모노에 대한 전달태도보다 높게 나타났으나 중국 결혼이민여성들은 반대로 치파오에 대한 전달태도가 더 높은 것으로 분석되었다는 점이다. 베트남 결혼이민여성들의 경우도 자국 전통복식에 대한 자긍심, 차세대로의 전수 의지가 한국여성보다 높았다. 전체적으로 자국 전통복식에 대한 전달태도와 한복에 대한 수용태도는 서로 정직인 관련성을 보여 자국 전통복식에 대한 자긍심과 이주 국가 전통복식에 대한 긍정적 태도가 서로 연결된 태도임을 나타내었다.

다문화가족의 여성들은 한복을 한국인에 비해 더 많이 입는 것으로 유추된다. 한국인 기혼여성과 직접적으로 비교한 베트남 자료의 경우 베트남 여성들, 특히 30대 여성들이 또래 한국인 기혼여성보다 한복 착용빈도가 더 높았다. 중국 결혼이민여성들도 명절이나 가족행사에서 치파오보다 한복을 더 많이 착용하여 한국가족과의 동화의 수단으로 전통복식인 한복을 활용하는 경향이 발견되었다. 일본 결혼이민여성은 기모노보다 한복을 더 자주 입는 것으로 나타났다. 자국 전통복식에 대한 높은 자긍심과 긍정적 태도와 달리 현실에서는 자국 복식을 적극적으로 소개하거나 착용할 수 있는 기회가 제한되어 있는 것으로 나타났다.

식생활. 베트남, 중국, 일본 출신 결혼이민여성의 식생활을 조사한 결과, 한국음식과 식생활에 대해 긍정적인 태도를 가지고 있었다. 이들은 대체로 한국음식이 맛있고, 건강에 좋다고 생각하고 있었고 한국음식을 먹는 것을 좋아한다고 하였다. 실제 이들은 가정에서 거의 매일 혹은 일주일에 5~6일을 한식으로 식사하고 있으며, 결혼이민여성의 출신국 음식을 먹는 횟수는 주 1~2회이거나 이보다 낮은 빈도인 것으로 조사되었다. 그러나 이렇듯 한식 위주의 식생활을 하면서도 한식 만들기에 익숙지 않고, 한국의 명절 음식 종류에 대해서도 잘 모른다고 응답하는 등 음식 준비에 있어서는 어려움을 느끼고 있는 것으로 나타났다.

베트남 결혼이민여성과 그 가족은 한국인 가족의 남녀와 비교하여 상대적으로 낮은 사회경제적 지위의 영향에 따른 식생활 특성을 주로 보였다. 중국 결혼이민여성을 대상으로 한 연구에서는 일반적인 인식과 달리 조선족 결혼이민여성도 한족 결혼이민여성과 매우 유사한 식생활 문화 및 적응 특성을 보이는 것으로 나타났다. 일본 결혼이민여성의 식생활적응도에 따라 다르게 나타난 여러 특성은 상대적으로 이주 역사가 짧은 기타 국적의 결혼이민여성이 앞으로 경험할 장기적인 식생활 적응의 경로를 예측하는 데 도움이 될 것으로 보인다. 각 연구는 주목적이 조금씩 상이하여 그 결과를 한 가지 결론으로 요약할 수는 없지만, 결혼이민여성의 식생활 적응이 생활문화 적응과 밀접한 관련이 있음을 직간접적으로 보여주었다는 공통점이 있다. 동시에 일련의 프로젝트 결과는 국적별 결혼이민여성에 대한 특화된 자료로서, 관련 정책 및 프로그램 계획에 있어 고려해야 할 다각적인 시각을 위한 기초자료로 유용하게 사용될 수 있으리라 생각한다.

이상의 조사결과를 보면 베트남, 중국, 일본에서 온 결혼이민여성들이 한국의 생활문화에 어느 정도 익숙해져 있는 것으로 보인다. 예를 들어, 결혼이민여성들은 한국식으로 옷차림을 하고, 한국식으로 음식을 마련하여 식사를 한다. 명절에는 시댁식구들과 모여서 시간을 보내고 자녀를 낳으면 돌잔치를 한다. 물론 차이가 있는 부분도 있다. 한국인 기혼여성은 거의 전부 태교를 하는 것에 비해 베트남 결혼이민여성 중 태교를 했다고 한 비율은 42.2%였다. 조선족 결혼이민여성은 한국의 제사문화에 익숙하다고 한 비율이 35.4%, 일본 결혼이민여성들 중 한국의 자녀양육/교육문화에 익숙하다고 한 비율은 26.2%에 불과하였다.

중국과 일본에서 온 결혼이민여성에게 5점 리커트형 척도로 한국의 가족생활, 의생활, 주생활, 식생활에 대한 적응을 알아본 점수는

3.47~3.80점 사이에 위치하였다. 주생활에 대한 적응 점수가 가장 높았고 그다음이 의생활, 가족생활, 식생활의 순이었다는 점에서 두 집단 간 공통점이 있었다. 이들은 대부분 한국식으로 생활하고 있고 한국의 생활문화에 어느 정도 익숙한 상태이다. 이들이 한국의 생활문화에 익숙해질 수 있는 배경에는 가족가치관이 있다. 5점 리커트 척도로 부계 가족주의 가치관을 조사한 결과, 베트남 결혼이민여성 3.61점, 중국 한족 결혼이민여성 3.55점, 조선족 결혼이민여성 3.52점, 일본 결혼이민여성 3.16점으로 나타났다. 일본 결혼이민여성을 제외하고 나머지 여성들은 20~60대 한국의 기혼여성 평균점수인 3.46점보다 약간 높은 수준이다. 개인적인 관심보다 가족의 관심을 우선시해야 하고, 집안의 큰일은 남자가 결정해야 하며, 가정에서 아버지의 권위는 어떤 상황에서도 존중되어야 하고, 결혼한 여자는 친정보다 시집을 먼저 도와야 한다는 부계적 가족주의 성향이 유사한 수준이라는 것을 의미한다. 중국과 일본 결혼이민여성을 대상으로 한 분석에서는 이러한 가족주의 성향이 한국가족과 생활문화에 적응하는 데 도움이 되는 것으로 나타났다.

생활문화에 대한 적응은 한국사회에 대한 적응과도 관련이 있어서 Barry의 문화적응 유형 중 통합 유형 점수가 높은 여성들의 생활문화에 대한 적응도도 높았다. 출신국의 문화에 자긍심을 가지고 있으면서 동시에 한국문화에도 수용적인 태도를 가진 여성들이 한국의 생활문화에도 적응을 잘하고 있음을 알 수 있다. 중국 결혼이민여성과 일본 결혼이민여성을 대상으로 한 의생활 조사에서 잘 나타났듯이 이들은 출신국의 문화에 자긍심을 가지고 있고, 출신국의 전통복식이나 문화를 소개하고 적극적으로 전달하고자 하는 태도를 가지고 있다. 그러나 실제 생활에서 출신국의 전통복식을 입고 소개할 기회는 많지 않은 편이다. 오히려 전통복식보다는 한복을 입을 기회가 더 많고 명절이나 가족행사에도 한복을 우선적으로 입는다. 통합 유형 문화적응이 생활문화적응에 도움이 됨에도 불구하고 이들이 자긍심을 가지고 있는 출신국의 문화를 생활 속에서 실천하며 전달할 기회는 적다는 것이다.

결론적으로 볼 때, 한국사회에서 베트남, 중국, 일본 결혼이민여성들은 한국의 생활문화에 어느 정도 익숙해져 있고 또 한국의 생활문화를 긍정적으로 평가하기도 한다. 이러한 태도 덕분에 한국의 생활문화에 적응하면서 생활하고 있지만 이는 남편과 시부모의 생활방식에 대한 순종적인 적응이기도 하다. 자녀를 키우면서 생기는 갈등에 대해 자신의 의견보다는 남편과 시부모의 의견에 따른다고 한 조선족 결혼이민여성들의 답변에서 이러한 경향성을 엿볼 수 있다. 또한 자신들이 높게 평가하는 출신국의 문화를 누리기 위해 전통음식을 먹거나, 전통복식을 입거나, 전통명절을 기념하는 일도 드물다. 이러한 결과는 문화적 다양성을 존중하고 통합적 문화적응을 지향하고자 하는 사회적 방향성과는 일치하지 않는 결과이며 우려스러운 결과이기도 하다.

마지막으로 본 연구의 몇 가지 제한점을 언급하고자 한다. 본 연구는 다문화가족 생활문화의 현주소를 파악하는 데 목적을 두었기 때문에 쉬운 통계를 활용하여 자료를 분석하였다. 좀 더 심층적인 분석은 이 책보다는 학술논문에 더 적합할 것으로 생각하였다. 그러다 보니 다문화가족의 사회경제적 특성이 평균적인 한국인 가정의 특성과 다르다는 점을 분석이나 결과를 해석하는 과정에서 부각시키지 않았다. 2015년 "전국다문화가족실태조사"에 따르면, 다문화가족의 월평균 가구소득은 200만 원 이상~300만 원 미만이 30.4%로 가장 많고, 100만 원 이상~200만 원 미만 23.8%, 100만 원 미만이 11.0%로 전체 가구의 73.3%가 300만 원 미만의 가구소득을 가지고 있었다. 2015년 우리나라 전국 가구 월평균소득은 3인가구 442만3천 원, 4인가구 497만4천 원이므로 다문화가족의 가구소득이 상대적으로 낮다. 다문화가족의 가구소득이 평균보다 낮다는 점은 다문화가족의 가족생활과 자녀양육, 의생활, 식생활 모든 영역에서 중요한 영향을 미칠 수 있는 요인이다. 그러나 이러한 가구소득을 통제한 분석을 하지는 않았다. 실태를 파악하는 데 빈도분석이 더 적합할 것으로 생각했기 때문이다.

이번 프로젝트는 객관식 문항으로 구성된 설문지를 통한 연구이기 때문에 각 가정의 생활문화 양상을 정밀하게 분석하기에는 한계점이 있다. 결혼이민여성들이 한국식 생활문화에 익숙하다는 점은 보여줄 수 있으나 이들의 주관적 인식이나 감정의 내면을 보여줄 수는 없다. 일본 결혼이민여성을 대상으로 한 마지막 프로젝트에서는 심층면접을 통한 질적 연구도 수행하였지만 나머지 프로젝트에서 하지 않았기 때문에 일본 결혼이민여성에 대한 질적 연구결과를 제시하지 않았다. 따라서 결혼이민여성들의 생활문화에 대한 적응이 자발적인 수용인지 아니면 비자발적인 결과인지를 보여줄 수도 없다. 이러한 내용은 결혼이민여성들을 대상으로 한 질적 연구결과들을 참고하기를 바란다.

생활문화에 대한 분석이 각 영역별로 이루어졌기 때문에 한 영역에서의 적응이 다른 영역에 어떤 영향을 미치는지에 대한 고려가 이루어지지 못한 점도 한계점이다. 한국생활문화적응 척도상으로 보았을 때 중국 결혼이민여성은 주생활에 대한 적응 수준이 가장 높고, 식생활, 의생활, 가족생활의 순으로 점수가 높았고, 일본 결혼이민여성은 주생활, 의생활, 가족생활, 식생활의 순으로 점수가 나타나 영역별 생활문화에 대한 적응 정도는 알 수 있었지만 영역 간 상호관계에 대해서는 알 수 없었다. 추후 연구를 통해 생활문화의 각 영역에서의 적응이 서로 어떤 관련성이 있는지 알아낼 필요가 있다.

여러 가지 제한점을 가지고 있는 연구이지만 가족학, 아동학, 의류학, 식품영양학 등 생활과학의 여러 학문 분야에 있는 연구자들이 다문화가족과 결혼이민여성들의 생활문화에 좀 더 흥미를 가지게 되고, 새로운 연구를 시작할 출발점이 되었으면 하는 기대로 이 연구의 의미를 찾고자 한다.

참고문헌

머리말

서울대학교 생활과학대학 교재개발위원회(2005). 『생활과학의 이해』. 개정판. 서울대학교출판부.

제1장 생활문화와 다문화가족

김계정(2011). "신종교의 다문화가정시대의 도래에 따른 대응: 통일교의 재한 일본인 부인 가정을 중심으로". 『신종교연구』 24: 327-361.

김면(2015). "조선족을 통해 본 문화통합과 민족문화의 현대성 담론". 『통일인문학』 61: 154-180.

김혜련, 백소혜, 정혜원, 이애랑, 김어지나(2011). 『다문화가족의 영양서비스 요구 파악을 통한 모자영양관리 컨텐츠 및 제공방안 개발』. 한국보건사회연구원.

박광성(2006). "세계화 시대 중국조선족의 노동력이동과 사회변화". 서울대학교 박사학위논문.

송정남, Nguyen Phuong Lam(2010). "베트남에서 한국인의 이문화 갈등 요인과 유형, 그리고 해결방안". 『국제지역연구』 13(4): 251-284.

윤황, 이영호(2010). "베트남 결혼이민여성의 정신건강에 관한 연구: 도시-농촌간 차이를 중심으로". 『한국심리학회지: 임상』 29(3): 659-684.

이완정, 현온강(1999). "영아 걸음마기 자녀양육신념의 세대간 비교 연구". 『대한가정학회지』 37(4): 97-110.

전기택, 정해숙, 김이선, 김영란, 주재선, 김혜영,...동제연 (2013). 『2012년 전국 다문화가족 실태조사 연구』(보고서 번호: 2012-59). 여성가족부.

정기선(2008). "결혼이민여성의 한국이주특성과 이민생활적응: 출신국가별 차이를 중심으로". 『인문사회과학연구』 20: 69-104.

한건수(2015). "한국의 다문화사회 운동의 경과와 전망". 한국방송통신대학교 통합인문학연구소 정기학술대회 자료집.

한종완(2011), "중국이주민 문화접변 양상 연구: 광주, 전남지역 중국인 이주민에 대한 설문조사를 중심으로". 『중국과 중국학』 14: 75-76.

행정자치부(2015). "외국인주민현황조사".

Berry, J. W. (1997). "Immigration, acculturation, and adaptation". *Applied Psychology* 46(1): 5-34.

Berry, J. W. (2001). "A psychology of immigration". *Journal of Social Issues* 57(3): 615-631.

제2장 가족생활문화와 자녀양육

민하영, 유안진(2003). "임신 및 출산 풍습에 관한 비교문화연구: 한국, 홍콩 및 미국의 어머니-할머니 세대를 중심으로". 『대한가정학회지』 41(4): 157-168.

보건복지가족부·서울대학교 산학협력단(2009). 『한국 아동청소년 종합실태조사』. 보건복지가족부.

보건복지부(2005). 『국제결혼 이주여성 실태조사』. 보건복지부.

안혜령, 이순형(2009). "결혼이민여성 가정 아동과 일반 가정 아동의 학업성취 비교". 『아동학회지』 30(1): 1-10.

여성가족부(2007). 『결혼이민자가족 실태조사 및 중장기 지원정책방안 연구』. 여성가족부.

오성배(2005). "코시안을 새로운 소외계층으로 만들 것인가?". 『교육정책포럼』 118: 13-16.

옥선화(1986). "가족주의 가치 측정을 위한 기초연구: 가족주의 척도 제작을 중심으로". 『대한가정학회지』 24(3): 143-153.

유안진(1994). 『한국의 전통육아방식』. 서울대학교출판부.

유안진, 민하영(2000). "출산 풍속에서 모-조모의 세대간 차이 연구". 『대한가정학회지』 38(8): 99-109.

이영환(2002). "생산적인 아버지 노릇과 양육방식에 관한 비교문화적 연구: 한국과 미국 아버지를 대상으로". 『아동학회지』 23(1): 139-151.

이완정, 현온강(1999). "영아 걸음마기 자녀양육신념의 세대간 비교 연구". 『대한가정학회지』 37(4): 97-110.

진미정(2013). "생활문화 적응을 중심으로 본 한-중 다문화가족의 한국문화 적응". 서울대학교 생활과학연구소 다문화생활교육센터 학술심포지엄 자료집.

최재석(1976). 『한국인의 사회적 성격』. 개문사.

현은애, 나종혜(2009). "결혼이민여성의 자녀양육 어려움과 적응 프로그램 요구도". 『한국생활과학회지』 18(3): 675-687.

Barry, D. T. (2001). "Development of a new scale for measuring acculturation: The East Asian Acculturation Measure (EAAM)". *Journal of Immigrant Health* 3(4): 193-197.

Burr, W. R., Day, R. D., & Bahr, K. S. (1993). *Family Science*. CA: Wadsworth Inc.

Super, C. M. & Harkness, S. (1997). "The cultural structuring of child development". In J. W. Berry, P. R. Dasen, & T. S. Saraswathi (2nd ed.), *Handbook of cross-cultural psychology, 2, Basic process and human development* (pp. 1-40). Boston: Allyn & Bacon.

제3장 의생활문화

권복순, 임보름(2013). "대구 경북지역 결혼이주여성의 문화적응태도의 영향요인 연구". 『한국민족연구논집』 53: 130-151.

심영완, 금기숙(2013). "감성척도에 의한 중국소비자 유형특성 및 패션소비 연구". 『감성과학』 16(3): 351-362.

윤송이, 이규혜(2012). "국내 외국인 유학생의 문화적응, 문화성향과 패션관여도". 『한국의류학회지』 36(6): 641-652.

이윤정(2010). "다문화가족 여성의 의생활착의습관에 관한 질적 연구". 『한국지역사회생활과학회지』 21(3): 395-410.

조규화, 이희승(2001). "연변(延邊) 조선족(朝鮮族)의 의생활(衣生活) 실태(實態)에 관(關)한 연구(硏究): 연길시(延吉市) 여대생(女大生)과 주부(主婦)를 중심(中心)으로". 『패션비즈니스』 5(1): 1-15.

정천석, 강기정(2008). "국제결혼이주여성의 한국생활 적응유형에 관한 연구". 『한국가족복지학』 13(1): 5-23.

최인려(2011). "다문화 가정의 의복 실태와 섬유 선호도에 관한 연구". 『복식문화연구』 19(4): 863-875.

하밍타잉(2005). "1992년 이후 한국과 베트남 사이의 국제결혼에 대한 연구: 베트남 여성의 문화적 적응을 중심으로". 서울대학교 국제대학원 석사학위논문.

한종완(2011). "중국이주민 문화접변 양상 연구: 광주, 전남지역 중국인 이주민에 대한 설문조사를 중심으로". 『중국과 중국학』 14: 75-76.

Kwon, T. (2011). "A study on the life conditions of marriage immigrant women: Focusing on the marriage immigrant women from Chinese, Vietnam, Mongolia". *Journal of East and Central Asian Studies* 22(2): 67-89.

Nash, M. (1989). *The cauldron of ethnicity in the modern world*. Chicago: University of Chicago.

제4장 식생활문화

김경미(2012). "결혼이민여성의 사회연결망과 한국생활 만족도: 중국, 베트남, 일본 출신을 중심으로". 『한국인구학』, 35, 185-208.

김경희(2010). "식생활라이프스타일이 한식소비와 만족도 및 재방문의도에 미치는 영향". 『한국콘텐츠학회논문지』 10(8): 370-380.

김계정(2011). "신종교의 다문화가정시대의 도래에 따른 대응: 통일교의 재한 일본인 부인 가정을 중심으로". 『신종교연구』 24, 327-361.

김미숙(1998). "도시 가계의 외식비 지출에 관한 연구". 서울대학교 석사학위논문.

김보라(2008) "국제결혼 이민 실태와 이민자 여성의 한국 사회 적응: 경기도 남양주시의 사례". 서강대학교 석사학위논문.
김선혜, 김화영, 유지은, 정혜원, 황지윤(2009). "국내 베트남 결혼이민여성과 한국인 배우자의 식이섭취 및 식습관에 대한 상관관계". 『대한지역사회영양학회지』 14(1), 22-30.
김정미, 이난희(2009). "대구지역 다문화 가정 이주여성의 식생활 실태 분석". 『대한영양사협회 학술지』 15(4): 405-418.
김지명, 이희승, 김미화(2012). "결혼이민여성의 식생활 적응 및 영양소 섭취실태". 『한국영양학회지』 45(2): 159-169.
김혜련, 백소혜, 정혜원, 이애랑, 김어지나(2011). 『다문화가족의 영양서비스 요구 파악을 통한 모자영양관리 컨텐츠 및 제공방안 개발』. 한국보건사회연구원.
박혜련, 이경희, 류정순(1997). "도시가계조사 자료를 이용한 소득계층별 식생활 패턴분석". 『대한지역사회영양학회지』 2(4): 633-646.
박영일(2009). "다문화 가정 이주 여성의 식생활 적응 실태에 관한 연구". 숙명여자대학교 석사학위논문.
박행모, 문승태(2008). "농촌지역 국제결혼 이주 여성들의 사회생활 적응 교육을 위한 실태 분석". 『농업교육과 인적자원개발』 40(2): 69-91.
여성가족부(2013). 『2012년 전국 다문화가족 실태조사 연구』. 여성가족부.
오광실(2010). "여성 결혼이민자의 식생활 적응과 문화적응 스트레스 및 부부갈등에 관한 연구". 전북대학교 석사학위논문.
이정숙(2012). "다문화가정 결혼이민여성의 식생활적응에 영향을 미치는 요인". 『한국식품영양과학회지』 41(6): 807-815.
이정희(2012). "일본인 여성결혼 이민자의 생애사 연구". 『일본근대학연구』 35: 233-254.
전미양, 김현숙, 김희자, 이효정(2012). "충북 지역 결혼이주 여성 출신국가별 건강행태, 건강상태, 보건의료이용 실태 비교". 『한국산학기술학회논문지』 13(8): 3500-3512.
정기선(2008). "결혼이민여성의 한국이주특성과 이민생활적응: 출신국가별 차이를 중심으로". 『인문사회과학연구』 20: 69-104.
정미정, 정은경, 김애정, 주나미(2012). "경북지역 결혼이민여성의 영양지식 및 식생활 교육 프로그램 요구도 조사". 『대한영양사협회 학술지』 18(1): 30-42.
정은수(2004). "도시가구의 인구통계학적 특성별 식료품비 지출 형태". 『농협조사월보』 557: 1-18.
차선미, 부소영, 김은진, 김명희, 최미경(2012). "한국 결혼이민여성의 거주기간에 따른 식태도 및 식생활 관리에 관한 연구". 『대한영양사협회 학술지』 18(4): 297-307.
최지현, 이계임(1995). 『주요 식품의 소비구조 변화와 전망』. 한국농촌경제연구원.
한윤희(2010). "결혼이민여성의 한국 식생활 적응요인 및 식행동 연구". 한양대학교 석사학위논문.

한윤희, 신원선, 김지나(2011). “여성 결혼 이민자의 한국 식생활 적응요인 및 식행동”. 『비교한국학』 19(1): 115-159.

Asano, K., Ryu, S. H., Chin, M., & Yoon, J. (2016). “Factors related to positive changes in perceived health status of married Han Chinese and Korean-Chinese women after immigration to Korea”. *Asia-Pacific Journal of Public Health* 28(8): 751-764.

Kim, H., Yoo, S., Cho, S., Kwon, E. J., Kim, S., & Park, J. Y. (2010). “Health status and associated health risks among female marriage immigrants in Korea”. *Korean Journal of Health Education and Promotion* 27(5): 79-89.

Hwang, J. Y., Lee, S. E., Kim, S. H., Chung, H. W., & Kim, W. Y. (2010). “Psychological distress is associated with inadequate dietary intake in Vietnamese marriage immigrant women in Korea”. *Journal of the American Dietetic Association* 110(5): 779-785.

Parrish, J. B. (1971). “Implication of changing food habits for nutrition educators”. *Journal of Nutrition Education* 2(4): 140-146.

Raberg, K. M. K., Holmboe-Ottesen, G., & Wandel, M. (2010). “Associations between food patterns, socioeconomic position and working situation among adult, working women and men in Oslo”. *European Journal of Clinical Nutrition* 64(10): 1150-1157.

Satia-Abouta, J., Patterson, R. E., Neuhouser, M. L., & Elder, J. (2002). “Dietary acculturation: Applications to nutrition research and dietetics”. *Journal of the American Dietetic Association* 102(8): 1105-1118.

Turrell, G., & Kavanagh, A. M. (2005). “Socio-economic pathways to diet: Modelling the association between socio-economic position and food purchasing behavior”. *Public Health Nutrition* 9(3): 375-383.

Yoo, S. & Cho, H. I. (2012). “Heterogeneity in obesity status and cardiovascular risks in multiethnic Asian female immigrants in South Korea”. *Asia-Pacific Journal of Public Health* 27(2): 448-456.

제5장 결론

성미애(2015). “핏줄 의식과 다문화 사회”. 최연실 외. 『한국가족을 말하다: 현상과 쟁점』. 도서출판 하우.

장경섭, 진미정, 성미애, 이재림(2015). “한국사회 제도적 가족주의의 진단과 함의: 소득보장, 교육, 돌봄 영역을 중심으로”. 『가족과 문화』 27(3): 1-38.

최연실(2015). “한국가족의 변화: 어떻게 읽어낼 것인가”. 최연실 외. 『한국가족을 말하다: 현상과 쟁점』. 도서출판 하우.

원문출처

이 책은 이미 출판된 7편의 논문의 일부를 포함하고 있다. 해당 논문명은 다음과 같다.

제1장 옥선화, 진미정, 그레이스 정, 김지애(2014). "한국 기혼남녀와 한-베 다문화 부부의 가족생활문화 비교: 가족의례와 가족가치관을 중심으로". 『대한가정학회지』 52(1): 75-85.

제3장 손진아, 남윤자, 권준희(2013). "베트남 다문화가정 의생활 실태조사: 의복행동과 전통복식을 중심으로". 『복식』 63(6): 127-139.

김순영, 추호정, 손진아, 남윤자(2014). "중국 결혼이민여성의 전통복식 문화적응태도 및 착용실태". 『복식』 64(5): 154-167.

김순영, 추호정(2015). "일본 결혼이민여성의 전통복식 문화적응태도 및 착용실태". 『복식』 65(6): 63-78.

제4장 소지선, 한성림(2012). "베트남 결혼이민여성이 속한 다문화가정의 식생활 관련 행태, 인식 및 선호음식 양상 분석". 『대한지역사회영양학회지』 17(5): 589-602.

아사노가나, 윤지현, 류시현(2014). "중국인 여성결혼이민자의 한국 이주 후 식생할: 한족가 조선족 비교를 중심으로". 『대한지역사회영양학회지』 19(4): 317-327.

아사노가나, 윤지현, 류시현(2015). "일본인 여성결혼이민자의 식생활적응도 정도에 따른 식생활 및 건강 특성". 『동아시아식생활학회지』 25(5): 765-778.

부록

베트남인 부인용

자녀 양육 관련 생활문화와 의식-한국에서의 생활입니다.

1. 다음은 한국에서 자녀를 낳고 키우는 과정에서 많은 부모들이 하는 일입니다. 이 중에서 자녀를 키우면서 귀하가 실행한 것에 모두 ○표시해 주십시오.

   ① 태교 ② 백일잔치

   ③ 산후 미역국 먹기 ④ 출산 후 한 달 정도 외부인 출입 제한

   ⑤ 돌잔치 ⑥ 사주보기

2. 자녀의 임신·출산과 관련하여 모국과 다른 점은 무엇입니까?

   ① 태교

   ② 임신 기간 중 하지 말아야 하는 일

   ③ 산후조리방식(따뜻하게 옷입기, 목욕하기, 찬물사용제한 등)

   ④ 출산 후 한 달 정도 외부인 출입 제한

   ⑤ 산후 미역국 먹기

   ⑥ 출산 후 딱딱하거나 차가운 음식 먹지 않기

   ⑦ 기타

3. 자녀의 임신·출산과 관련된 차이로 인해 가족들과 의견충돌이나 갈등이 있었습니까?

   ① 예 ② 아니오

4. 산후조리는 어디에서 하셨습니까?

   ① 내가 살고 있는 집 ② 산후조리원 ③ 기타

5. 산후조리 시 주로 누구의 도움을 받았습니까?

① 남편 ② 시어머니 ③ 친정어머니

④ 친구나 이웃 ⑤ 산후조리 도우미 ⑥ 기타

6. 자녀의 이름은 누가 지으셨습니까?(**첫째 자녀**에 대해서 응답해 주세요)

① 부모(응답자 본인) ② 친할아버지/친할머니

③ 외할아버지/외할머니 ④ 작명소

⑤ 지인 ⑥ 기타

7. 영유아 자녀가 있는 경우만 응답해 주세요. 귀하의 영유아 자녀 양육에 도움을 주는 사람은 누구입니까?(영유아 자녀가 없는 경우는 8번으로 가십시오.)

① 배우자 ② 시부모 ③ 친정부모

④ 친구 ⑤ 이웃 ⑥ 어린이집 교사

⑦ 기타

8. 초등학교를 다니는 자녀가 있는 경우만 응답해 주세요. 초등학생이 여러 명인 경우 가장 어린 자녀를 기준으로 응답해 주세요.(영유아 자녀가 없는 경우는 9번으로 가십시오.)

8-1. 방과 후에 이 자녀를 누가 주로 돌봅니까? 하나만 골라 주세요.

① 아이 혼자 지냄 ② 본인

③ 배우자 ④ 기타가족

⑤ 학교의 방과 후 프로그램

⑥ 지역아동센터, 공부방 등의 방과 후 보육시설

⑦ 사설학원 ⑧ 도우미

⑨ 친구·이웃 ⑩ 기타

8-2. 이 자녀를 교육하는 데 가장 어려운 점은 무엇입니까? 하나만 골라 주세요.

① 알림장 챙기기 ② 숙제 지도하기

③ 학습지도(예습 및 복습) ④ 학원비 마련

⑤ 학교생활 부적응(등교거부, 학교친구로부터의 따돌림, 반항)

⑥ 학습부진 ⑦ 어려움 없음

⑧ 기타

8-3. 이 자녀에게 가장 필요한 지원은 무엇입니까? 하나만 골라 주세요.

① 한국어, 한글 교육

② 기초교과 지도(부진과목 등에 대한 방과 후 교육)

③ 나의 모국어 교육

④ 심리상담

⑤ 진학지도

⑥ 학교 교육비, 급식비 등 지원

⑦ 기타

9. 부모가 자녀의 훈육을 위해서 사용해도 된다고 생각하시는 내용에 모두 ○표시해 주십시오.

① 말로 타이르기 ② 외출/귀가시간 제한하기

③ 개인물품 압수하기 ④ 벌세우기

⑤ 손으로 때리기 ⑥ 매/회초리로 때리기

⑦ 기타(구체적으로 적으세요:)

10. 다음 문항은 자녀양육 방식에 관련된 내용입니다. 해당 사항에 응답해 주세요.

10–1. 각 문항에 대해 동의 여부를 표시해 주시고, 동의하시는 경우 어느 시기까지 그렇게 해야 한다고 생각하시는지 표시해 주십시오.

내용	동의 여부 (해당사항에 O표 시해 주십시오)	① 생후 1년 ② 만 1-2세(영아기) ③ 만 3-5세(유아기) ④ 초등학교 저학년 ⑤ 초등학교 고학년 ⑥ 중학교 ⑦ 그 이상
1. 부모가 자녀를 데리고 자야한다	(예, 아니오)	① ② ③ ④ ⑤ ⑥ ⑦
2. 일정한 시기에 배변 훈련을 해야 한다	(예, 아니오)	① ② ③ ④ ⑤ ⑥ ⑦
3. 자녀들은 부모가 정한 시간에 잠자리에 들어야한다	(예, 아니오)	① ② ③ ④ ⑤ ⑥ ⑦

10–2. 문항에 대해 동의 여부를 표시해 주시고, 동의하시는 경우 어느 시기부터 그렇게 해야 한다고 생각하시는지 표시해 주십시오.

내용	동의 여부 (해당사항에 O표 시해 주십시오)	① 생후 1년 ② 만 1-2세(영아기) ③ 만 3-5세(유아기) ④ 초등학교 저학년 ⑤ 초등학교 고학년 ⑥ 중학교 ⑦ 그 이상
1. 아들과 딸의 방을 구분해야 한다	(예, 아니오)	① ② ③ ④ ⑤ ⑥ ⑦
2. 자녀에게 청소 등 집안일을 시켜야 한다	(예, 아니오)	① ② ③ ④ ⑤ ⑥ ⑦
3. 어른들 없이 자녀들만 30분 이상 집에 있어도 된다	(예, 아니오)	① ② ③ ④ ⑤ ⑥ ⑦
4. 어른들 없이 자녀들만 30분 이상 외출할 수 있다	(예, 아니오)	① ② ③ ④ ⑤ ⑥ ⑦

11. 자녀의 양육 방식과 관련된 차이로 인해 가족들과 의견충돌이나 갈등이 있었습니까?
① 예 → 11-1 번으로 가십시오.　　　② 아니오 → 12번으로 가십시오.

11-1. 어떤 점이 가장 달랐습니까? 간단하게 써주세요.

____

12. 귀하는 다음의 의견에 얼마나 그렇다고 생각하십니까? 동의하는 정도를 말씀해 주십시오.

	전혀 그렇지 않다	그렇지 않은 편이다	보통이다	그런 편이다	매우 그렇다
① 개인적인 관심보다 가족의 관심을 더욱 중요시 해야 한다	1	2	3	4	5
② 어려운 일에는 이웃이나 친구보다 친척이 더 큰 힘이 된다	1	2	3	4	5
③ 부부관계보다는 부모자녀관계가 우선되어야 한다	1	2	3	4	5
④ 사회보다 내 가족의 안녕이 우선되어야 한다	1	2	3	4	5
⑤ 집안의 큰일은 남자가 결정하는 것이 당연하다	1	2	3	4	5
⑥ 오늘날에는 여성도 남성과 똑같이 가족부양의 책임이 있다	1	2	3	4	5
⑦ 남자가 할 일은 돈을 버는 것이고, 여자가 할 일은 가정을 돌보는 것이다	1	2	3	4	5
⑧ 가정에서 아버지의 권위는 어떤 상황에서도 존중되어야 한다	1	2	3	4	5
⑨ 장남은 재산을 더 많이 상속받아야 한다	1	2	3	4	5
⑩ 친정과 시집 모두 도움이 필요할 때, 결혼한 여자는 친정보다 시집을 먼저 도와야 한다	1	2	3	4	5

13. 만약 유산을 자녀에게 상속하는 경우, 그 비율은 어떻게 하는 것이 좋다고 생각하십니까?
① 장남을 많이 주고, 그 외 자녀는 동일하게
② 아들을 많이 주고, 딸들은 동일하게
③ 아들과 미혼 딸을 많이 주고, 기혼 딸은 그보다 적게
④ 부모를 봉양하는 자녀에게 많이 주고, 그 외는 동일하게

⑤ 부모를 봉양하는 자식에게만 상속

⑥ 법에 규정된 것처럼 모든 자녀에게 동일하게

⑦ 기타(구체적으로 써주세요 ______________________________)

일상의례와 전통의례-한국에서의 생활입니다.

14. 부모님의 생신은 어떻게 보내십니까? 해당되는 내용에 모두 ○표시해 주십시오.

① 생신상을 차려드린다 ② 외식을 한다 ③ 선물을 드린다

④ 용돈을 드린다 ⑤ 전화를 드린다 ⑥ 여행을 보내 드린다

⑦ 특별하게 보내지 않는다 ⑧ 해당사항 없음

15. 배우자 부모님의 생신은 어떻게 보내십니까? 해당되는 내용에 모두 ○표시해 주십시오.

① 생신상을 차려드린다 ② 외식을 한다 ③ 선물을 드린다.

④ 용돈을 드린다 ⑤ 전화를 드린다 ⑥ 여행을 보내 드린다

⑦ 특별하게 보내지 않는다 ⑧ 해당사항 없음

16. 배우자의 생일은 어떻게 보내십니까? 해당되는 내용에 모두 ○표시해 주십시오.

① 생일상을 차려준다 ② 외식을 한다 ③ 선물을 한다

④ 여행을 보내준다(한다) ⑤ 현금을 준다 ⑥ 특별하게 보내지 않는다.

17. 귀하는 결혼식을 어떤 방식으로 하셨습니까?

① 서양식 웨딩

② 한국 전통 혼례

③ 출신국가의 전통 혼례

④ 서양식 웨딩과 출신국가의 전통 혼례

⑤ 한국 전통 혼례와 출신국가의 전통 혼례

⑥ 기타

18. 결혼식에는 어느 친척 범위까지 초대를 하셨습니까? 본인을 중심으로 해당하는 사람들을 모두 ○표시해 주십시오.

① 부모, 형제 및 그 가족 ② 조부모, 증조부모

③ 삼촌, 고모, 이모 및 그 가족 ④ 5촌 당숙 및 그 가족

⑤ 그 이상 ⑥ 잘모르겠다

19. 귀하나 귀하 가족은 제사를 지내십니까?(큰집, 시댁, 또는 친정에 가서 제사를 지내는 경우도 제사를 지내는 것입니다)

① 예 → 19-1로 가십시오. ② 아니오 → 20번으로 가십시오.

19-1. 제사를 지내시는 경우 어느 범위까지 제사를 드리십니까? 해당되는 것을 모두 ○표시해 주십시오.

① 돌아가신 부모님 제사 ② 돌아가신 조부모님 제사

③ 돌아가신 증조부모님 제사 ④ 4대조 제사

⑤ 시제(일년에 한번 집안 조상들의 묘소에 가서 지내는 제사)

20. 귀하나 귀하 가족은 설이나 추석 명절을 주로 어떻게 보내십니까?

① 친척들이 큰 집에 모인다 ② 남편 부모님 댁에 모인다

③ 부인 부모님 댁에 모인다 ④ 우리 식구들끼리만 보낸다

⑤ 기타(구체적으로 써주십시오)

가족 내 가사노동과 역할분담

21. 귀하의 댁에서는 다음 사항들은 주로 누가 결정합니까? 해당하는 칸에 ○표시해 주십시오.

	주로 남편이	대체로 남편이	부부가 비슷하게	대체로 아내가	주로 아내가	기타 ( )
① 자녀교육 관련문제	1	2	3	4	5	
② 주택구입문제(주거지역, 구입시기 등)	1	2	3	4	5	
③ 투자 및 재산관리 문제	1	2	3	4	5	
④ 생활비 지출 관련 문제	1	2	3	4	5	
⑤ 배우자의 취업이나 직장이동 문제	1	2	3	4	5	

22. 귀하는 평소 배우자와 집안일을 어떻게 분담하십니까?

	주로 남편이	대체로 남편이	부부가 비슷하게	대체로 아내가	주로 아내가	기타 ( )
① 식사준비	1	2	3	4	5	
② 청소	1	2	3	4	5	
③ 빨래	1	2	3	4	5	
④ 장보기	1	2	3	4	5	
⑤ 자녀돌보기(입히기, 씻기기, 재우기 등)	1	2	3	4	5	
⑥ 자녀 숙제/공부 봐주기	1	2	3	4	5	

주거생활

23. 귀하는 어떤 주택 유형에 살고 계십니까?

① 아파트 ② 다세대주택/빌라 ③ 단독주택 ④ 기타( )

24. 귀하가 살 집(또는 동네)을 선택할 때 다음과 같은 내용을 얼마나 중요하게 생각하시는지, 해당하는 칸에 ○표시해 주십시오.

	전혀 중요하지 않다	중요하지 않은 편이다	보통이다	중요한 편이다	매우 중요하다
① 남향이어야 한다	1	2	3	4	5
② 교통이 좋아야 한다	1	2	3	4	5
③ 학군이 좋아야 한다	1	2	3	4	5
④ 직장이 가까워야 한다	1	2	3	4	5
⑤ 부모님 댁이나 친척집이 가까워야 한다	1	2	3	4	5
⑥ 투자가치가 있어야 한다	1	2	3	4	5

25. 다음은 현재 귀하의 주생활에 대한 질문입니다. 해당하는 응답에 ○표시해 해주십시오.

침대에서 잔다	① 그렇다 ② 아니다
식사할 때 식탁을 사용한다	① 그렇다 ② 아니다
(가장 좋은) TV는 거실에 놓는다	① 그렇다 ② 아니다

26. 현재 귀하의 댁에서 가장 큰 방(안방)을 사용하는 사람은 누구입니까?

① 본인과 배우자 ② 부모님 ③ 자녀(들)

④ 공용 공간으로 사용 ⑤ 기타 ____________

가족관계만족도

27. 다음 각각의 사람들과의 관계에서 당신이 어느 정도 만족하는지 해당하는 정도에 ○표시해 주십시오.

	매우 불만족	불만족	약간 불만족	약간 만족	만족	매우 만족	해당 없음
① 나의 아버지와의 관계	1	2	3	4	5	6	7
② 나의 어머니와의 관계	1	2	3	4	5	6	7
③ 나의 형제자매와의 관계	1	2	3	4	5	6	7
④ 배우자의 아버지와의 관계	1	2	3	4	5	6	7
⑤ 배우자의 어머니와의 관계	1	2	3	4	5	6	7
⑥ 배우자의 형제자매와의 관계	1	2	3	4	5	6	7
⑦ 자녀와의 관계	1	2	3	4	5	6	7

28. 귀하의 출생지는 어디입니까? ① 베트남 ② 베트남 외 국가 _____

29. 귀하의 국적은 어디입니까?

① 한국 ② 베트남 ③ 한국과 베트남 외 국가 _____ ④ 이중국적

30. 귀하가 16세일 때 자란 곳은 어디입니까?

① 하노이 ② 하노이 외 대도시

③ 중소도시 ④ 읍·면 지역 ⑤ 기타( )

31. 다음 중 귀하의 종교는 무엇입니까?

① 무교 ② 기독교(개신교)

③ 불교 ④ 천주교 ⑤ 기타 _____

32. 귀하는 학교를 어디까지 다녔습니까?

① 무학　② 초등학교　③ 중학교
④ 고등학교　⑤ 대학　⑥ 대학원

32-1. 귀하는 초등학교부터 모두 몇 년 동안 학교를 다녔습니까? ______년

33. 귀하 가정의 소득 수준은 다음 중 어디에 속한다고 생각하십니까?

① 상　② 중상　③ 중　④ 중하　⑤ 하

34. 귀하와 함께 살고 있는 가구원에 대한 질문입니다. 학업이나 직장 때문에 일시적으로 따로 사시는 가족도 모두 기입해 주십시오.

가구원번호	귀하와의 관계	출생년도	성별	최종학력 (문32보기 참조)	직업 (문35-1【보기】참조)
1		년	① 남 ② 여		
2		년	① 남 ② 여		
3		년	① 남 ② 여		
4		년	① 남 ② 여		
5		년	① 남 ② 여		
6		년	① 남 ② 여		
7		년	① 남 ② 여		

34-1. 귀하의 남편의 형제순위는 어떻게 됩니까? (____남 ____녀 중 ____째 아들)

35. 귀하는 현재 일을 하고 있습니까?

① 예 → 35-1로 가십시오.　② 아니오 → 36번으로 가십시오.

35-1. 귀하는 현재 어떤 일을 합니까? 아래의【보기】에서 하나만 골라 주세요. (____)

【보기】

① 서비스 종사자(관광가이드, 음식점 종업원 등)　② 판매 종사자(가게운영, 보험설계사 등)
③ 농림어업 종사자　④ 기능 종사자(기능·숙련공)　⑤ 기계조작 및 조립 종사자
⑥ 가사 관련 단순 노무자(가정부, 파출부, 보육사 등)
⑦ 기타 단순 노무자(미숙련 공장노동자, 건설노동자 등 육체노동자)
⑧ 사무 종사자(일반 행정사무 등)　⑨ 전문가 및 관련 종사자
⑩ 임직원 및 관리자(고급공무원, 교장, 기업체임원 등)　⑪ 기타

36. 귀하는 한국으로 오기 전에 일한 적이 있습니까?

① 예 → 36-1로 가십시오. ② 아니오 → 37번으로 가십시오.

36-1. 그때 귀하는 어떤 일을 했었습니까? 35-1번【보기】에서 하나만 골라 주세요. (___)

37. 귀하가 현재 살고 있는 집은 누구의 소유입니까?

① 본인 또는 배우자의 소유 ② 배우자 부모 소유 ③ 전세 또는 월세 ④ 기타 _____

38. 귀하 가정의 월평균 총 소득은 대략 얼마입니까?(세금 공제 전)

① 50만 원 미만 ② 50~100만 원 미만 ③ 100~200만 원 미만
④ 200~300만 원 미만 ⑤ 300~400만 원 미만 ⑥ 400~500만 원 미만
⑦ 500~600만 원 미만 ⑧ 600~700만 원 미만 ⑨ 700만 원 이상
⑩ 모르겠다

39. 귀하는 모국에 있는 친정부모님, 형제, 친구들에게 얼마나 자주 연락(전화통화, 편지, e-mail, 인터넷 채팅)을 하십니까? 해당 사항에 ○표시해 주십시오.

	1주일에 두 번 이상	1주일에 한 번	한 달에 1~2번	1년에 2~3번 이상	1년에 한 번	전혀 없음	해당 없음
친정부모님	1	2	3	4	5	6	(부모님 없음) 7
형제	1	2	3	4	5	6	(형제 없음) 7
친구	1	2	3	4	5	6	(친구 없음) 7

40. 귀하는 모국에 계신 친정부모님께 귀하가 원할 때 언제나 전화할 수 있습니까?

① 예 → 41로 가십시오. ② 아니오 → 40-1번으로 가십시오.

40-1. 귀하가 원할 때 전화를 할 수 없는 이유는 무엇입니까? ________________

41. 귀하는 한국에 모국출신의 친구가 있습니까?

① 예 → 41-1번으로 가십시오. ② 아니오 → 42번으로 가십시오.

41-1. 귀하는 한국에 모국출신의 친구가 몇 명 있습니까? (______명)

42. 귀하의 모국가정의 소득 수준은 모국에서 다음 중 어디에 속한다고 생각하십니까?

① 상 ② 중상 ③ 중 ④ 중하 ⑤ 하

43. 귀하가 한국에서 생활하면서 현재 가장 힘든 점은 무엇입니까? 하나만 골라 주세요.

① 외로움 ② 가족간의 갈등 ③ 자녀양육 ④ 자녀교육

⑤ 경제적 어려움 ⑥ 언어문제 ⑦ 생활방식, 관습 등 문화차이

⑧ 음식 ⑨ 편견과 차별대우 ⑩ 힘든 점 없다

44. 귀하는 본인이 마음대로 사용할 수 있는 돈이 있습니까?

① 예 → 44-1번으로 가십시오. ② 아니오 → 45번으로 가십시오.

44-1. 그 돈은 얼마쯤 됩니까? (______원)

의생활

45. 다음은 일반적인 의류에 대한 가치관에 대한 문항입니다. 실제 의류구매가 이루어지지 않더라도 자신의 생각과 일치하는 곳에 ○표시해 주십시오.

	전혀 그렇지 않다	별로 그렇지 않다	조금 그렇다	매우 그렇다
① 나는 인지도 높은 고가 상표의 옷을 원한다	1	2	3	4
② 의복은 그 사람의 사회적 지위를 나타낸다	1	2	3	4
③ 나는 유행을 덜 타는 무난한 기본 스타일을 선호한다	1	2	3	4
④ 나는 평범하지 않고 뭔가 남과는 다른 옷을 원한다	1	2	3	4
⑤ 나는 남과 상관없이 내게 편하고 자유로운 옷을 원한다	1	2	3	4
⑥ 유행에 맞지 않는 옷을 입으면 초라하게 느껴진다	1	2	3	4
⑦ 나는 옷에 별로 신경쓰지 않는다	1	2	3	4

46. 의류 구매 시 이용하는 구매처에 관한 문항입니다. 가장 많이 이용하는 구매처 3곳을 정장과 캐주얼단품으로 나누어 아래의 [보기]에서 찾아 순서대로 표기하되 ⑧기타의 경우는 구체적으로 서술해 주십시오.

46-1. 재킷은 주로 어디서 구입하십니까? 1. (　　　) 2. (　　　) 3. (　　　)

46-2. 티셔츠는 주로 어디서 구입하십니까? 1. (　　　) 2. (　　　) 3. (　　　)

【보기】

① 브랜드 전문점 ② 아울렛 ③ 대형 할인점 ④ 인터넷/홈쇼핑
⑤ 백화점 ⑥ 일반시장 ⑦ 보세양품점
⑧ 기타(구체적으로: 　　　　)

47. 귀하의 지난 일 년간 월평균 의류 구입비는 어느 정도입니까? 해당하는 칸에 ○표시해 주십시오.

①	②	③	④	⑤	⑥	⑦	⑧
10만 원 미만	10-19만 원	20-29만 원	30-39만 원	40-59만 원	60-79만 원	80-99만 원	100만 원 이상

48. 다음은 의류구매행동에 대한 문항입니다. 평상시 자신이 옷과 관련한 쇼핑에서 이루어진 바를 생각하며 동의하는 정도에 해당하는 칸에 ○표시해 주십시오.

	전혀 그렇지 않다	별로 그렇지 않다	조금 그렇다	매우 그렇다
① 나는 충동구매를 하지 않고 필요할 때만 옷을 구매한다	1	2	3	4
② 나는 의복 쇼핑을 할 때 더 싼 가격의 옷을 찾기 위해 여러 옷들을 비교해 본다	1	2	3	4
③ 내가 좋아하는 옷은 많은 시간과 노력이 들더라도 구매한다	1	2	3	4
④ 나는 유명상표나 유명디자이너의 옷을 구매하는 편이다	1	2	3	4
⑤ 가능한 한 내 주위사람들과 비슷한 스타일의 옷을 구매한다	1	2	3	4
⑥ 나는 옷을 구매할 때 미적인 측면보다는 손질은 용이한가 등 실용적인 측면을 더 많이 고려한다	1	2	3	4

49. 다음은 의복구매시 선택에 영향을 미치는 의복선택기준에 관한 문항입니다. 동의하는 정도에 해당하는 칸에 ○표시해 주십시오.

	전혀 중요하지 않다	중요하지 않다	보통이다	중요하다	매우 중요하다
① 디자인, 스타일	1	2	3	4	5
② 자신에게 어울림	1	2	3	4	5
③ 관리의 용이성(세탁, 다림질의 편함)	1	2	3	4	5
④ 상표명(브랜드명)	1	2	3	4	5
⑤ 유행성	1	2	3	4	5
⑥ 다른 의복과의 조화	1	2	3	4	5
⑦ 색상	1	2	3	4	5
⑧ 품질(소재의 질, 재단 및 봉제상태)	1	2	3	4	5
⑨ 맞음새(사이즈)	1	2	3	4	5
⑩ 가격	1	2	3	4	5
⑪ A/S(수선 및 교환, 환불)	1	2	3	4	5

50. 한국의 전통의복인 한복에 대하여 어떤 생각을 가지고 계십니까? 동의하는 정도에 해당하는 칸에 ○표시해 주십시오.

	전혀 그렇지 않다	별로 그렇지 않다	약간 그렇다	매우 그렇다
① 한복은 아름다운 민속의상이다	1	2	3	4
② 나는 한복에 대하여 자부심을 갖고 있다	1	2	3	4
③ 한복은 보기엔 좋으나 활동성 때문에 입기에는 망설여진다	1	2	3	4
④ 한복은 시대에 뒤떨어져 보이므로 양장차림을 더 선호한다	1	2	3	4
⑤ 나의 다음 세대도 한복을 입었으면 좋겠다	1	2	3	4
⑥ 한복은 입고 싶어도 경제적인 이유로 입지 못하는 경우가 있다	1	2	3	4
⑦ 시대극과 같은 영상물에 나오는 한복은 아름답다	1	2	3	4
⑧ 한복 관련 정보물(신문, 잡지 등)을 관심 있게 살펴본다	1	2	3	4

51. 귀하는 일 년에 전통한복을 몇 번 정도 입으십니까?

① 1~2번 ② 3~4번 ③ 5~10번 ④ 10번보다 더 자주 ⑤ 전혀 안 입는다.

52. 전통한복의 종류별로 댁에 가지고 계신 벌수를 해당 칸에 기입해 주십시오.
기타의 경우(예: 배자, 전복 등)에는 구체적인 개수를 서술해 주십시오.

구분	①본인 여자 한복 (저고리,치마)	②본인 (여자 두루마기)	③여자 아이 한복	④남자 아이 한복	⑤기타
전통한복					

53. 어떤 상황에서 전통한복을 착용하십니까? 해당하는 곳에 ○표시해 주십시오. 기타의 경우는 구체적으로 서술해 주십시오.

	본인	아이에게 한복착용을 권하는 경우
명절		
가족 혹은 친척 결혼식		
가족 혹은 친척 생일		
종교모임		
유치원 혹은 학교 행사		
기타(언제?)		
전혀 안 입는다		

54. "생활한복"에 대하여 해당되는 곳에 모두 ○표시해 주십시오.

① 생활한복에 대하여 잘 모르겠다
② 본적은 있지만 별로 관심 없다
③ 아름답다
④ 실용적이다
⑤ 가끔 입는다
⑥ 즐겨 입는다
⑦ 유니폼에 적당하다
⑧ 특수 직업인이 입는 옷이라는 생각이 든다

55. 베트남의 전통의복인 아오자이에 대하여 어떤 생각을 가지고 계십니까? 동의하는 정도에 해당하는 칸에 ○표시해 주십시오.

	전혀 그렇지 않다	별로 그렇지 않다	약간 그렇다	매우 그렇다
① 아오자이는 아름다운 민속의상이다	1	2	3	4
② 나는 아오자이에 대하여 자부심을 갖고 있다	1	2	3	4
③ 아오자이는 보기엔 좋으나 활동성 때문에 입기에는 망설여진다	1	2	3	4
④ 아오자이는 시대에 뒤떨어져 보이므로 양장차림을 더 선호한다	1	2	3	4
⑤ 나의 다음세대도 아오자이를 입었으면 좋겠다	1	2	3	4
⑥ 아오자이를 입고 싶어도 경제적인 이유로 입지 못하는 경우가 있다	1	2	3	4
⑦ 시대극과 같은 영상물에 나오는 아오자이는 아름답다	1	2	3	4
⑧ 아오자이 관련 정보물(신문, 잡지 등)을 관심 있게 살펴본다	1	2	3	4
⑨ 한국에서는 아오자이를 입고 싶어도 주위의 시선 때문에 입지 못하는 경우가 있다	1	2	3	4

56. 귀하는 한국에서 아오자이를 입는다면 일 년에 몇 번 정도 입기를 원하십니까?

① 1~2번　② 3~4번　③ 5~10번
④ 10번보다 더 자주 입는다　⑤ 전혀 안 입는다

57. 귀하가 실제 한국에서 아오자이를 착용하는 경우는 일 년에 몇 번 정도입니까?

① 1~2번　② 3~4번　③ 5~10번
④ 10번보다 더 자주 입는다　⑤ 전혀 안 입는다

건강

58. 귀하는 하루 평균 몇 시간 정도 수면을 취합니까? (____시간____분)

59. 귀하께서는 규칙적으로 운동을 하십니까? ① 예(종류:) ② 아니오

60. 귀하는 건강보조 식품이나 비타민제 등을 복용하십니까?
① 예 → 60–1번으로 가십시오. ② 아니오 → 61번으로 가십시오.

60–1. 귀하가 복용하시고 계신 건강 보조 식품들을 써 주십시오.

60–2. 건강보조식품을 복용하시게 된 이유는 무엇입니까?

61. 귀하는 현재 흡연을 하고 있거나 과거에 했던 적이 있습니까? 해당하는 답안에 ○표 하고, 알맞은 숫자를 기입해 주십시오.

61–1. 귀하는 현재 흡연을 하고 있습니까? (①예, ②아니오)

61–2. 귀하는 과거에 흡연을 했던 적이 있습니까? (①예, ②아니오)

61–3. 귀하가 담배를 태운 경험이 있다면 담배를 태운 총 기간이 얼마나 되셨습니까?
년 개월

62. 귀하는 술을 드십니까? ① 예 → 62–1번으로 가십시오. ② 아니오 → 63번으로 가십시오.

62–1. 귀하가 술을 드시는 횟수는 어느 정도입니까?
① 한 달에 한 번 미만 ② 한 달에 한 번 이상 ______번

62–2. 귀하가 술을 드시는 날은 보통 몇 잔을 마십니까?
(소주 ①____잔 / 맥주 ①____잔 ②____병.③____ml)

62–3. 귀하가 처음으로 술 한 잔을 모두 마셔본 것은 몇 세 때입니까? 만 _____세

63. 귀하의 전반적인 건강상태는 어떻습니까?

① 매우 좋다 ② 좋은 편이다 ③ 보통이다

④ 나쁜 편이다 ⑤ 매우 나쁘다

64. 귀하와 가족의 질병력은? 해당 질병 칸에 ○표시해 주십시오.

	본인	배우자	자녀 1	자녀 2	자녀 3	자녀 4
고혈압	1	1	1	1	1	1
당뇨병	2	2	2	2	2	2
심장질환	3	3	3	3	3	3
신장질환	4	4	4	4	4	4
고지혈증	5	5	5	5	5	5
위장질환	6	6	6	6	6	6
간질환	7	7	7	7	7	7
골다공증	8	8	8	8	8	8
기타	9	9	9	9	9	9
해당없음	10	10	10	10	10	10

65. 귀하는 지난 1년간 필요한 의료서비스를 받지 못하거나 늦게 받으신 적이 있습니까?

① 예 → 65-1번으로 가십시오. ② 아니오 → 66번으로 가십시오.

65-1. 치료를 받지 못하거나 늦게 받은 주된 이유는 무엇입니까?

① 경제적 이유로 ② 의료기관이 너무 멀어서

③ 직장을 비울 수 없어서 ④ 거동 불편 및 건강 문제

⑤ 아이 때문에 ⑥ 증상이 가벼워서 ⑦ 기타

65-2. 의료기관을 이용하면서 불편한 점이 있었습니까?

① 예 → 65-3번으로 가십시오. ② 아니오 → 66번으로 가십시오.

65-3. 의료기관을 이용하면서 가장 불편한 점은 무엇입니까?

① 의사소통의 어려움 ② 이용 절차 복잡

③ 비용이 많이 듦 ④ 교통 불편 ⑤ 기타 ________

66. 귀하가 지난 1년간 의료비로 사용한 금액은 약 얼마나 됩니까?

입원비 _____만 원 외래진료비(한방병원 포함) ____만 원 약국 ____만 원

식생활

67. 평균적으로 귀하는 하루에 몇 끼를 집에서 먹습니까?

① 먹지 않음 ② 1끼 ③ 2끼 ④ 3끼

68. 귀하께서 아침식사에 주로 드시는 음식은 어떤 것입니까?

① 밥과 국 ② 빵 종류 ③ 떡 종류

④ 시리얼/콘푸레이크 종류 ⑤ 선식류 ⑥ 기타 ⑦ 먹지 않음

69. 귀하는 세끼 식사 중 어느 때 가장 자주 한국음식을 드십니까?

① 아침 ② 점심 ③ 저녁

④ 모두 비슷함 ⑤ 잘 먹지 않음

70. 집에서 먹는 음식 중 몇 퍼센트 정도가 한국음식입니까?

① 20% 미만 ② 20~40% ③ 41~60% ④ 61~80% ⑤ 81~95% ⑥ 95%보다 많음

71. 집에서 먹는 음식의 몇 퍼센트 정도를 집에서 직접 준비하십니까?

① 20% 미만 ② 20~40% ③ 41~60% ④ 61~80% ⑤ 81~95% ⑥ 95%보다 많음

72. 얼마나 자주 가족 단위로 외식을 하십니까?

① 거의 매일 ② 주 4~6회 ③ 주 1~3회 ④ 월 1~3번 ⑤ 거의 하지 않음

73. 가족들이 외식할 때 자주 가는 음식점은 어디입니까? 아래의 [보기]에서 자주 가는 순서대로 2개 선택해 주십시오.

1순위: ____________ 2순위: ____________

【보기】

① 한식당 ② 중국식당 ③ 일본식당 ④ 뷔페 ⑤ 이태리식당
⑥ 패밀리 레스토랑 ⑦ 패스트 푸드 ⑧ 기타____________

74. 귀하는 모국의 음식을 얼마나 자주 드십니까?

집: ____________회/주 외식: ____________회/월

75. 귀하는 모국의 식재료를 구할 수 있는 곳이 있습니까?

① 있다 → 75-1번으로 가십시오. ② 없다 → 76번으로 가십시오.

75-1. 귀하는 모국의 식재료를 주로 어디서 구입하십니까? 아래 [보기]에서 많이 구입하는 순서대로 2개 선택해 주십시오.

1순위: ______, 걸어서 ______시간 ____분, 차로 ______시간 ____분

2순위: ______, 걸어서 ______시간 ____분, 차로 ______시간 ____분

【보기】

① 동네 수퍼 ② 대형 마트 ③ 백화점 수퍼
④ 동네시장 ⑤ 재래시장 ⑥ 기타____________

76. 귀하 가족은 김치나 장류 등 한국의 전통 음식을 어떻게 장만하십니까?

김치	① 직접 만든다 ② 구입한다 ③ 친척에게 얻는다 ④ 기타( )
된장, 간장, 고추장 등	① 직접 만든다 ② 구입한다 ③ 친척에게 얻는다 ④ 기타( )

77. 음식을 선택할 때에 가장 중요하게 생각하는 점은 무엇입니까?

① 맛이 좋은 것 ② 건강에 좋은 것
③ 값이 싼 것 ④ 한국적인 것 ⑤ 기타 ( )

78. 식생활과 건강에 대한 정보는 주로 어디서 구하십니까? 아래의 [보기]에서 중요한 순서대로 2개 선택해 주십시오.

1순위: ________________ 2순위: ________________

【보기】

① 학교	② 책/신문/텔레비전	③ 의사	④ 영양사
⑤ 가족	⑥ 친구	⑦ 기타( )	

79. 평균적으로 다음의 음식들을 얼마나 자주 드십니까? O표 해주시기 바랍니다. [표 생략]

80. 모국 식재료를 제외한 식품은 주로 어디서 구입하십니까? 아래의 [보기]에서 많이 구입하는 순서대로 2개 선택해 주십시오.

1순위: ________________ 2순위: ________________

【보기】

① 동네 수퍼	② 대형 마트	③ 백화점 수퍼
④ 동네시장	⑤ 재래시장	⑥ 기타( )

81. 한 달에 식비는 얼마나 쓰십니까? __________만원

81-1. 한 달 식비 중 모국 식재료 구입에 쓰는 비용은 얼마입니까? __________만 원

82. 사고 싶은 식재료를 구입하지 못한 경우가 있습니까?

① 예 → 82-1번으로 가십시오. ② 아니오 → 83번으로 가십시오.

82-1. 식재료를 구입하지 못한 이유가 있다면 그 이유는 무엇입니까?

83. 귀하는 다음과 같은 것에 얼마나 신경을 쓰십니까?

	많이 신경쓴다	약간 신경쓴다	거의 신경 안 쓴다	전혀 신경 안 쓴다
나는 안전하고 신선한 식품을 섭취하는 것에 대해서	1	2	3	4
나는 하루 식사의 영양적인 균형에 대해서	1	2	3	4
나는 열량 · 염분 · 당분 · 지방 등의 과다 섭취에 대해서	1	2	3	4

84. 귀하와 귀하의 가족들이 좋아하는 음식은 비슷합니까?

① 예 → 84-1번으로 가십시오. ② 아니오 → 84-2번으로 가십시오.

84-1. 귀하의 가족이 가장 좋아하는 음식 5가지를 구체적으로 써 주십시오.

__________, __________, __________, __________, __________,

84-2. 귀하가 가장 좋아하는 음식 5가지를 구체적으로 써 주십시오.

__________, __________, __________, __________, __________,

중국인 부인용

일반적 사항

1. 귀하의 출생지는 어디입니까? ① 한국 ② 한국 외 국가 ________

2. 귀하의 출생년도는 몇 년도 입니까? ________년

3. 현재 귀하의 국적은 어디입니까?
① 한국 ② 한국 외 국가 ③ 이중국적

4. 중국에 있었을 때 거주지가 어디였나요?
① 중국 동북삼성 (지린성, 랴오닝성, 헤이룽장성) ② 그 외 지역

4-1. 다음의 보기 중 중국에 있었을 때 거주지를 가장 잘 묘사하는 보기를 고르세요.
① 대도시 ② 중소도시 ③ 농어촌 ④ 기타________

5. 다음 중 귀하의 종교는 무엇입니까?
① 무교 ② 기독교(개신교) ③ 불교 ④ 천주교 ⑤ 기타

6. 귀하는 학교를 어디까지 다녔습니까?
① 무학 ② 초등학교 ③ 중학교 ④ 고등학교 ⑤ 대학교 ⑥ 대학원

7. 귀하와 함께 살고 있는 가구원에 대한 질문입니다. 학업이나 직장 때문에 일시적으로 따로 사는 가족도 모두 기입해 주십시오. (배우자, 자녀, 시어머니 등)

가구원번호	귀하와의 관계	출생년도					성별
1						년	① 남 ② 여
2						년	① 남 ② 여
3						년	① 남 ② 여
4						년	① 남 ② 여
5						년	① 남 ② 여
6						년	① 남 ② 여
7						년	① 남 ② 여

8. 귀하는 현재 일을 하고 있습니까?

① 예 → ▫ 파트타임 ▫ 풀타임 ② 아니오

9. 귀하 가정의 월평균 총 소득은 대략 얼마입니까?(세금 공제 전)

① 50만 원 미만 ② 50~100만 원 미만 ③ 100~200만 원 미만
④ 200~300만 원 미만 ⑤ 300~400만 원 미만 ⑥ 400~500만 원 미만
⑦ 500~600만 원 미만 ⑧ 600~700만 원 미만 ⑨ 700만 원 이상

10. 귀하가 한국에 처음으로 입국한 년도는 언제입니까? ________년

11. 현재 남편과 결혼한 년도는 언제입니까? ________년

12. 다음 중 귀하의 혼인상태를 선택하세요. ① 초혼 ② 재혼

13. 다음은 당신이 당신의 삶에 대해 얼마나 만족하는지에 대한 내용입니다. 문항을 읽고 자신의 생각과 일치하는 정도에 동그라미해 주십시오.

	전혀 그렇지 않다	그렇지 않은 편이다	보통이다	약간 그렇다	매우 그렇다
1. 내 인생은 대체로 내가 이상적으로 생각하는 수준에 가깝다	1	2	3	4	5
2. 내 삶의 환경은 아주 좋다	1	2	3	4	5
3. 나는 내가 삶에 만족한다	1	2	3	4	5
4. 지금까지 나는 살면서 내가 원하는 중요한 것들을 얻었다	1	2	3	4	5
5. 만약 인생을 다시 살 수 있다 해도, 나는 지금처럼 살 것이다	1	2	3	4	5

14. 다음은 한국과 중국의 날씨에 대한 질문입니다.

	매우 그렇지 않다	별로 그렇지 않다	보통이다	조금 그렇다	매우 그렇다
1. 현재 한국의 날씨와 예전에 살던 중국의 날씨는 차이가 거의 없다	1	2	3	4	5
2. 현재 한국의 날씨는 예전에 살던 중국 날씨에 비해 상대적으로 더운 편이다	1	2	3	4	5
3. 현재 한국의 날씨는 예전에 살던 중국 날씨에 비해 상대적으로 추운 편이다	1	2	3	4	5

문화적응

1. 다음의 보기 중에 귀하는 어디 사람이라고 생각하나요?

① 한국사람 ② 중국사람 ③ 조선족

④ 한국사람이면서 중국사람 ⑤ 한국사람이면서 조선족

2. 아래 문항들은 한국에 사는 여성 결혼이민자들이 음식, 옷, 집 등 생활과 관련하여 갖고 있는 다양한 경험과 생각들을 묘사하고 있습니다. 각 문항의 내용이 귀하 자신의 경험이나 생각과 얼마나 일치하는지 평가하신 후 아래의 응답항목 '매우 그렇다'부터 '전혀 그렇지 않다' 중에서 귀하가 동의하는 곳에 동그라미해 주세요.

	전혀 그렇지 않다	별로 그렇지 않다	보통 이다	대체로 그렇다	매우 그렇다
1. 나는 한국 여성처럼 보인다	1	2	3	4	5
2. 내가 다른 사람들과 함께 있으면 외국인처럼 보이지 않는다	1	2	3	4	5
3. 나의 스타일은 한국 여성들과 유사하다	1	2	3	4	5
4. 나는 한국 사람처럼 옷을 입는 편이다	1	2	3	4	5
5. 나의 패션 스타일은 한국 스타일이다	1	2	3	4	5
6. 한국 사람들 사이에서 나의 옷차림은 튀지 않는다	1	2	3	4	5
7. 나는 대부분 한국에서 산 옷을 입는다	1	2	3	4	5
8. 나는 한국 패션 브랜드에 익숙하다	1	2	3	4	5
9. 중국보다 한국에서 패션 쇼핑하는 것이 편하다	1	2	3	4	5
10. 한국 사람들이 중국 사람들보다 나의 외모를 더 긍정적으로 평가한다	1	2	3	4	5
11. 한국 사람들이 중국 사람들보다 나의 스타일을 더 잘 이해한다	1	2	3	4	5
12. 나는 시댁식구들의 호칭을 대부분 알고 있다	1	2	3	4	5
13. 나는 한국식으로 시부모나 집안 웃어른들을 공경한다	1	2	3	4	5
14. 나는 명절이나 제사 때 시댁식구들과 함께 모여서 시간을 보내는 것에 익숙하다	1	2	3	4	5
15. 나는 한국의 자녀양육/교육 문화에 익숙하다	1	2	3	4	5
16. 나는 한국의 제사문화에 익숙하다	1	2	3	4	5
17. 나는 한국의 효문화, 노부모 부양문화를 따른다	1	2	3	4	5
18. 모국의 주택(아파트) 구조에 비해 한국의 주택(아파트) 구조가 생활하기 더 편하다	1	2	3	4	5
19. 모국에서 잠자는 방식(침대사용/좌식 취침)에 비해 한국에서 잠자는 방식이 더 편하다	1	2	3	4	5
20. 모국의 부엌 구조에 비해 한국의 부엌 구조가 더 편하다	1	2	3	4	5
21. 한국의 주택(아파트)은 실내에서 신발을 벗고 생활해서 더 편하다	1	2	3	4	5
22. 모국의 주택(아파트)에 비해 한국의 주택(아파트)는 손님/이웃 초대하기에 더 편하다	1	2	3	4	5
23. 나는 한국음식 만들기에 익숙하다	1	2	3	4	5
24. 나는 한국 음식 먹는 것을 좋아한다	1	2	3	4	5
25.나는 한국식으로 밥상을 차리는 것에 익숙하다	1	2	3	4	5
26. 나는 한국의 명절 음식 종류를 안다	1	2	3	4	5
27. 나는 한국사람처럼 식사를 한다	1	2	3	4	5

3. 아래를 읽고 당신 자신과 일치하는 곳에 동그라미해 주세요.

	전혀 그렇지 않다	그렇지 않은 편이다	보통이다	그런 편이다	매우 그렇다
1. 나는 모국어보다 한국어로 글쓰기를 더 잘한다	1	2	3	4	5
2. 나는 집에 있을 때 대게 한국말을 사용한다	1	2	3	4	5
3. 만약 내게 시를 쓰라고 한다면, 나는 한국어로 쓰는 것을 더 좋아할 것이다	1	2	3	4	5
4. 나는 모국 사람들보다 한국 사람들과 더 잘 지낸다	1	2	3	4	5
5. 나는 한국 사람들이 모국사람들보다 나를 더 잘 이해한다고 느낀다	1	2	3	4	5
6. 나는 모국 사람들보다 한국 사람들에게 나의 감정을 이야기하는 것이 더 쉽다	1	2	3	4	5
7. 나는 모국사람들보다 한국 사람들과 사귀는 것이 더 편안하다	1	2	3	4	5
8. 학교나 직장에 있는 대부분의 나의 친구들은 한국인이다	1	2	3	4	5
9. 나는 농담할 때 한국어와 모국어를 둘 다 사용한다	1	2	3	4	5
10. 나는 모국어로 생각하는 만큼 한국어로도 잘 생각한다	1	2	3	4	5
11. 나는 한국인 친구와 모국인 친구가 모두 있다	1	2	3	4	5
12. 나는 한국 사람들과 모국 사람들 모두 나를 귀하게 여긴다고 느낀다	1	2	3	4	5
13. 나는 한국 사람들이든 모국 사람들이든 누구와 함께 있어도 매우 편안한다	1	2	3	4	5
14. 내가 듣는 대부분의 음악은 모국음악이다	1	2	3	4	5
15. 나의 가장 친한 친구들은 모국사람이다	1	2	3	4	5
16. 나는 모이는 대부분의 사람들이 모국 사람인 모임에 가는 것을 더 좋아한다	1	2	3	4	5
17. 나는 한국 사람들보다 모국 사람들이 나를 더 동등하게 대해 준다고 느낀다	1	2	3	4	5
18. 나는 한국 사람들보다 모국 사람들과 함께 있을 때 더 편하다	1	2	3	4	5
19. 연애는 같은 나라 사람들끼리 해야 한다	1	2	3	4	5
20. 일반적으로 나는 한국 사람이든 모국사람이든 누구와도 사귀기 어렵다	1	2	3	4	5
21. 나는 때때로 한국 사람과 모국사람 모두 나를 좋아하지 않는다고 느낀다	1	2	3	4	5
22. 나는 가끔 그 누구도 나를 이해하지 못한다고 생각할 때가 있다	1	2	3	4	5
23. 나는 때때로 사람들과 의사소통하는 것이 어렵다고 느낀다	1	2	3	4	5
24. 나는 때때로 친구 사귀는 것이 어렵다고 느낀다	1	2	3	4	5
25. 나는 때때로 한국 사람들과 모국 사람 모두 나를 받아들이지 않는다고 느낀다	1	2	3	4	5
26. 나는 때때로 한국 사람과 모국 사람들 모두 신뢰하기 어렵다고 느낀다	1	2	3	4	5
27. 나는 종종 한국 사람들과 모국 사람들 모두 나를 이해하는 데 어려움을 느낀다고 생각한다	1	2	3	4	5
28. 나는 다른 사람들과 함께 있을 때 편안하지 않다	1	2	3	4	5

4. 귀하는 평상시 사용하는 한국이름이 있나요? ① 있다 ② 없다

가족생활

1. 다음은 부부관계에 대한 귀하의 만족정도를 묻는 질문입니다. 각 문항별로 해당란에 동그라미해 주십시오.

	전혀 그렇지 않다	그렇지 않은 편이다	보통이다	그런 편이다	매우 그렇다
1. 남편이 나를 믿고 이해하는 정도	1	2	3	4	5
2. 부부사이의 친밀감	1	2	3	4	5
3. 부부의 성생활	1	2	3	4	5
4. 남편의 가사노동 분담 정도	1	2	3	4	5
5. 부부간의 대화	1	2	3	4	5
6. 부부관계 전반에 대한 만족도	1	2	3	4	5

2. 귀하는 아래 의견에 얼마나 그렇다고 생각하십니까? 각 문항별로 해당란에 동그라미해 주십시오.

	전혀 그렇지 않다	그렇지 않은 편이다	보통이다	약간 그렇다	매우 그렇다
1. 개인적인 관심보다 가족의 관심을 더욱 중요시해야 한다	1	2	3	4	5
2. 어려운 일에는 이웃이나 친구보다 친척이 더 큰 힘이 된다	1	2	3	4	5
3. 부부관계보다는 부모자녀관계가 우선되어야 한다	1	2	3	4	5
4. 사회보다 내 가족의 안녕이 우선되어야 한다	1	2	3	4	5
5. 집안의 큰일은 남자가 결정하는 것이 당연하다	1	2	3	4	5
6. 오늘날에는 여성도 남성과 똑같이 가족부양의 책임이 있다	1	2	3	4	5
7. 남자가 할 일은 돈을 버는 것이고, 여자가 할 일은 가정을 돌보는 것이다	1	2	3	4	5
8. 가정에서 아버지의 권위는 어떤 상황에서도 존중되어야 한다	1	2	3	4	5
9. 장남은 재산을 더 많이 상속받아야 한다	1	2	3	4	5
10. 친정과 시집 모두 도움이 필요할 때, 결혼한 여자는 친정보다 시집을 먼저 도와야 한다	1	2	3	4	5

자녀양육

1. **만 0~5세 자녀가 있는 경우만 응답해 주세요.** 귀하의 자녀는 누가 주로 돌봅니까?

① 내가 ② 남편 ③ 시부모 ④ 친정부모 기타

2. 자녀가 어린이집이나 유치원 혹은 학원에 다니고 있습니까? ① 예 ② 아니오

3. 평소에 하시는 부모역할에 대한 질문입니다. 각 문항을 읽고 해당되는 곳에 동그라미해 주세요.

	전혀 그렇지 않다	별로 그렇지 않다	보통이다	대체로 그렇다	매우 그렇다
1. 나는 우리 아이와 놀이를 자주 한다	1	2	3	4	5
2. 나는 우리 아이에게 맛있는 음식을 해준다	1	2	3	4	5
3. 나는 우리 아이를 도서관, 서점, 공연 등에 자주 데리고 간다	1	2	3	4	5
4. 나는 아이와 이야기를 많이 한다	1	2	3	4	5
5. 나는 우리 아이에게 책을 읽어주거나 공부를 봐 준다	1	2	3	4	5

4. 귀하의 자녀양육 역량에 대한 질문입니다. 각 문항을 읽고 해당하는 곳에 해당되는 곳에 동그라미해 주세요.

	전혀 그렇지 않다	별로 그렇지 않다	보통이다	대체로 그렇다	매우 그렇다
1. 나는 아이를 안전하게 보호할 수 있다	1	2	3	4	5
2. 나는 아이를 건강하게 기를 수 있다	1	2	3	4	5
3. 나는 아이가 아플 때 적절하게 대처할 수 있다	1	2	3	4	5
4. 나는 아이 공부를 도와줄 수 있다	1	2	3	4	5
5. 나는 아이가 올바르게 성장하도록 돌봐 줄 수 있다	1	2	3	4	5
6. 나는 아이가 힘들어할 때(적응, 또래관계 등) 도움을 줄 수 있다	1	2	3	4	5

5. 귀하의 남편과 귀하의 자녀 양육태도에 대한 질문입니다. 문항을 읽고 본인과 남편 각각에 해당되는 곳에 동그라미해 주세요.

	본인					남편				
	전혀 그렇지 않다	그렇지 않은 편이다	보통 이다	그런 편이다	매우 그렇다	전혀 그렇지 않다	그렇지 않은 편이다	보통 이다	그런 편이다	매우 그렇다
1. 자녀와 격이 없이 지내며 즐거움을 나누는 편입니까?	1	2	3	4	5	1	2	3	4	5
2. 자녀의 필요와 관심을 자녀의 입장에서 생각해 보고 느끼시는 편입니까?	1	2	3	4	5	1	2	3	4	5
3. 무엇을 참으려다가 와락 화를 내거나 큰 소리를 치는 때가 있습니까?	1	2	3	4	5	1	2	3	4	5
4. 자녀의 잘못된 행동을 엄격하게 하거나 용서하지 않는 편입니까?	1	2	3	4	5	1	2	3	4	5

6. 귀하는 자녀양육 문제로 남편과 갈등을 겪은 적이 있습니까?

① 예 → 문항 6-1로　　② 아니오

6-1. 갈등을 겪은 적이 있다면, 주로 누구 의견에 따르는 편입니까? ① 남편　② 본인

7. 귀하는 자녀양육 문제로 시댁식구(시부모, 남편의 형제자매 등)와 갈등을 겪은 적이 있습니까?

① 예 → 문항 7-1로　　② 아니오

7-1. 갈등을 겪은 적이 있다면, 주로 누구 의견에 따르는 편입니까?

① 남편　② 시부모　③ 남편의 형제자매　④ 본인

8. 귀하의 자녀양육 참여에 대한 질문입니다. 각 문항을 읽고 동의하는 곳에 동그라미해 주세요.

	전혀 안함	한달에 1~2회	1주일에 1~2회	1주일에 3~4회	매일
1. 귀하는 평소 자녀돌보기(밥 먹이기, 옷 입히기, 목욕 시키기 등)에 어느 정도 참여하십니까?	1	2	3	4	5
2. 귀하는 평소 자녀교육(책 읽어주기, 숙제, 일기, 학습 지도, 등하교 지도 등)에 어느 정도 참여하십니까?	1	2	3	4	5
3. 귀하는 평소 자녀와 얼마나 놀아줍니까?	1	2	3	4	5

서비스

1. 다음은 귀하가 받은 적 있는 교육 및 지원서비스 종류에 동그라미해 주세요.

서비스 내용	1. 이용 여부	2. 새로 또는 계속 받고 싶은 서비스	3. (받은 경우) 자녀양육에 도움 되는 정도				
			전혀 도움 안 됨	별로 도움 안 됨	보통	약간 도움됨	매우 도움됨
1 가정방문교육	□ 예 □ 아니오	□ 예 □ 아니오	1	2	3	4	5
2 한국어 교육, 한국 사회적응교육	□ 예 □ 아니오	□ 예 □ 아니오	1	2	3	4	5
3 통번역서비스지원	□ 예 □ 아니오	□ 예 □ 아니오	1	2	3	4	5
4 임신출산지원, 부모교육	□ 예 □ 아니오	□ 예 □ 아니오	1	2	3	4	5
5 배우자 및 배우자 가족교육	□ 예 □ 아니오	□ 예 □ 아니오	1	2	3	4	5
6 언어발달 지원, 이중 언어교육	□ 예 □ 아니오	□ 예 □ 아니오	1	2	3	4	5
7 자녀생활 및 학습지원	□ 예 □ 아니오	□ 예 □ 아니오	1	2	3	4	5
8 사회활동지원	□ 예 □ 아니오	□ 예 □ 아니오	1	2	3	4	5
9 각종 상담	□ 예 □ 아니오	□ 예 □ 아니오	1	2	3	4	5
10 일자리교육, 일자리 연계	□ 예 □ 아니오	□ 예 □ 아니오	1	2	3	4	5
11 받은 경험 없음	□ 예 □ 아니오	□ 예 □ 아니오	1	2	3	4	5
12 기타( )			1	2	3	4	5

2. 다문화가족지원센터에서 서비스를 받아본 적이 없다면, 그 이유는 무엇입니까?

① 잘 몰라서 ② 도움이 안 될 것 같아서
③ 시간이 없어서 ④ 프로그램이 마음에 안 들어서
⑤ 교통편이 없어서 ⑥ 남편 또는 시부모 반대
⑦ 너무 멀어서 ⑧ 아이가 너무 어려서 (봐줄 사람이 없어서)
기타____________________

의생활

1. 다음을 읽고 평소 한국인에 대한 자신의 생각과 일치하는 곳에 동그라미해 주십시오.

	매우 그렇지 않다	별로 그렇지 않다	보통이다	조금 그렇다	매우 그렇다
1. 나는 한국 여성이 아름답다고 생각한다	1	2	3	4	5
2. 한국 여성은 옷차림이 세련되었다	1	2	3	4	5
3. 한국 여성은 아시아 사람들 중에서도 외모가 뛰어난 편이다	1	2	3	4	5
4. 한국 여성들은 세련된 외모를 지니고 있다	1	2	3	4	5
5. 한국 여성들은 날씬한 몸매를 가지고 있다	1	2	3	4	5
6. 외모가 뛰어난 한국 여성을 보면 부러운 마음이 든다	1	2	3	4	5
7. 한국 드라마에 나오는 연예인의 몸매와 내 몸매를 비교하는 경향이 있다	1	2	3	4	5
8. 나는 한국 여성들과 같이 세련된 외모를 가지고 싶다	1	2	3	4	5
9. 한국 tv에 나오는 날씬한 여성을 보면 나도 그렇게 날씬했으면 하고 바란다	1	2	3	4	5
10. 한국 tv에 출연하는 연예인들은 내가 목표로 생각하는 이상적 외모를 가지고 있다	1	2	3	4	5
11. 나는 한국 연예인과 같은 패션 스타일을 추구하고 있다	1	2	3	4	5

2. 다음을 읽고 평소 중국인(모국)에 대한 자신의 생각과 일치하는 곳에 동그라미해 주십시오.

	매우 그렇지 않다	별로 그렇지 않다	보통 이다	조금 그렇다	매우 그렇다
1. 나는 중국 여성이 아름답다고 생각한다	1	2	3	4	5
2. 중국 여성은 옷차림이 세련되었다	1	2	3	4	5
3. 중국 여성은 아시아 사람들 중에서도 외모가 뛰어난 편이다	1	2	3	4	5
4. 중국 여성들은 세련된 외모를 지니고 있다	1	2	3	4	5
5. 중국 여성들은 날씬한 몸매를 가지고 있다	1	2	3	4	5
6. 외모가 뛰어난 중국 여성을 보면 부러운 마음이 든다	1	2	3	4	5
7. 중국 드라마에 나오는 연예인의 몸매와 내 몸매를 비교하는 경향이 있다	1	2	3	4	5
8. 나는 중국 여성들과 같이 세련된 외모를 가지고 싶다	1	2	3	4	5
9. 중국 tv에 나오는 날씬한 여성을 보면 나도 그렇게 날씬했으면 하고 바란다	1	2	3	4	5
10. 중국 tv에 출연하는 연예인들은 내가 목표로 생각하는 이상적 외모를 가지고 있다	1	2	3	4	5
11. 나는 중국 연예인과 같은 패션 스타일을 추구하고 있다	1	2	3	4	5

3. 다음은 한국에 온 이후 의복구매와 외모관리에 대해 질문한 것입니다. 평소 자신의 행동과 일치하는 곳에 동그라미해 주십시오.

	매우 그렇지 않다	별로 그렇지 않다	보통 이다	조금 그렇다	매우 그렇다
1. 나는 옷을 주로 한국에서 산다	1	2	3	4	5
2. 중국에 있는 친척들에게 한국 옷을 선물하는 편이다	1	2	3	4	5
3. 중국으로 돌아가게 될 때 한국 옷을 사갈 것이다	1	2	3	4	5
4. 중국에 있을 때와 비교하여 현재 옷을 자주 쇼핑하는 편이다	1	2	3	4	5
5. 중국에 있을 때와 비교하여 현재 옷을 많이 사는 편이다	1	2	3	4	5
6. 중국에 있을 때와 비교하여 옷에 돈을 많이 쓰는 편이다	1	2	3	4	5

7. 한국에 온 이후로 몸매를 위해 유산소 운동이나 웨이트 트레이닝을 한다	1	2	3	4	5
8. 한국에 온 이후로 아이크림이나 화이트닝 같은 기능성 화장품을 사용한다	1	2	3	4	5
9. 한국에 온 이후로 옷차림에 맞춰 시계나 가방, 신발 액세서리 등을 코디한다	1	2	3	4	5
10. 한국에 온 이후로 패션이나 외모 관리에 관련된 잡지를 본다	1	2	3	4	5
11. 한국에 온 이후로 TV에서 패션 관련 프로그램을 즐겨 본다	1	2	3	4	5
12. 한국에 온 이후로 체중 관리를 위해 다이어트를 한 적이 있다	1	2	3	4	5
13. 한국에 온 이후로 지방 제거나 성형과 같은 시술을 한 적이 있다	1	2	3	4	5
14. 한국에 온 이후로 나는 tv를 보면 외모를 가꾸어야 한다는 압박을 느낀다	1	2	3	4	5
15. 한국에 온 이후로 나는 광고에 나오는 모델을 보면서 날씬한 몸매에 대한 압박을 느낀다	1	2	3	4	5
16. 한국 사회에서는 외모 관리를 하지 않으면 안 된다	1	2	3	4	5
17. 한국 사회에서는 몸매 관리를 하지 않으면 안 된다	1	2	3	4	5
18. 나의 한국 친구들로부터 외모 관리에 대한 압박을 느낀다	1	2	3	4	5
19. 한국인 직장 동료들로부터 외모 관리에 대한 압박을 느낀다	1	2	3	4	5
20. 나의 한국 친구들로부터 몸매 관리에 대한 압박을 느낀다	1	2	3	4	5
21. 한국인 직장 동료들로부터 몸매 관리에 대한 압박을 느낀다	1	2	3	4	5
22. 한국인 시댁 식구들로부터 외모 관리에 대한 압박을 느낀다	1	2	3	4	5
23. 한국인 시댁 식구들로부터 몸매 관리에 대한 압박을 느낀다	1	2	3	4	5
24. 나는 내 모습 그대로가 좋다	1	2	3	4	5
25. 나는 섹시한 매력이 있다	1	2	3	4	5
26. 대부분의 사람들은 나를 멋지다고 여길 것이다	1	2	3	4	5
27. 나는 신체적인 매력이 있다	1	2	3	4	5
28. 나의 외모는 훌륭하다	1	2	3	4	5
29. 나는 내 몸이 마음에 든다	1	2	3	4	5

4. 다음은 평소 자신의 의복에 대한 생각을 질문한 것입니다. 자신의 생각과 일치하는 곳에 동그라미해 주십시오.

	매우 그렇지 않다	별로 그렇지 않다	보통이다	조금 그렇다	매우 그렇다
1. 사람들이 옷을 잘 입었다고 생각해 주길 바란다	1	2	3	4	5
2. 옷을 잘 입는 것은 내 삶에서 매우 중요하다	1	2	3	4	5
3. 내가 입는 옷은 나의 역할을 잘 반영해 준다	1	2	3	4	5
4. 무엇을 입었는지에 따라서 그 사람을 평가할 수 있다	1	2	3	4	5
5. 비싼 옷 한 벌이 여러 벌의 값싼 옷보다 좋다고 생각한다	1	2	3	4	5
6. 널리 알려진 브랜드 제품은 품질이 좋다	1	2	3	4	5
7. 유명 브랜드는 비싸더라도 구매할 가치가 있다	1	2	3	4	5
8. 주로 세일을 이용하여 옷을 산다	1	2	3	4	5
9. 여러 매장의 가격을 비교한 뒤 산다	1	2	3	4	5
10. 의복 구매 시 값에 비해 얼마나 유용할지 생각한다	1	2	3	4	5
11. 손질하기 힘든 옷은 마음에 들어도 사지 않는다	1	2	3	4	5
12. 입어서 편한 옷을 자주 입는다	1	2	3	4	5

5. 다음은 평소 의복 선택 시 고려하는 것들에 대한 질문입니다. 자신의 생각과 일치하는 곳에 동그라미해 주십시오.

	매우 그렇지 않다	별로 그렇지 않다	보통이다	조금 그렇다	매우 그렇다
1. 나는 의복 선택 시 **디자인/스타일**을 중시한다	1	2	3	4	5
2. 나는 의복 선택 시 **색상**을 중시한다	1	2	3	4	5
3. 나는 의복 선택 시 **가격**을 중시한다	1	2	3	4	5
4. 나는 의복 선택 시 **소재**를 중시한다	1	2	3	4	5
5. 나는 의복 선택 시 **품질**을 중시한다	1	2	3	4	5
6. 나는 의복 선택 시 **브랜드**를 중시한다	1	2	3	4	5
7. 나는 의복 선택 시 **유행**을 중시한다	1	2	3	4	5
8. 나는 의복 선택 시 **광고**를 중시한다	1	2	3	4	5

6. 다음은 평소 자신의 옷차림에 대한 생각을 질문한 것입니다. 자신의 생각과 일치하는 곳에 동그라미해 주십시오.

	매우 그렇지 않다	별로 그렇지 않다	보통이다	조금 그렇다	매우 그렇다
1. 나는 친구들과 같은 옷을 입고 있으면 그들과 더욱 친밀감을 느낀다	1	2	3	4	5
2. 모임에서 사람들과 유사한 옷차림을 하고 있으면 마음이 편하다	1	2	3	4	5
3. 나는 내가 좋아하는 사람과 비슷한 옷을 입는 편이다	1	2	3	4	5
4. 내가 입는 옷은 내가 속한 집단의 특징을 나타낸다고 생각한다	1	2	3	4	5

7. 다음은 평소 의복선택시 영향을 받는 대상에 대한 질문입니다. 자신의 생각과 일치하는 곳에 동그라미해 주십시오.

	매우 그렇지 않다	별로 그렇지 않다	보통이다	조금 그렇다	매우 그렇다
1. 나는 의복 선택 시 **부모님**의 영향을 받아 그에 맞는 스타일이나 상표의 옷을 구매한다	1	2	3	4	5
2. 나는 의복 선택 시 **형제**의 영향을 받아 그에 맞는 스타일이나 상표의 옷을 구매한다	1	2	3	4	5
3. 나는 의복 선택 시 **중국인(모국인) 친구**의 영향을 받아 그에 맞는 스타일이나 상표의 옷을 구매한다	1	2	3	4	5
4. 나는 의복 선택 시 **한국인 친구**의 영향을 받아 그에 맞는 스타일이나 상표의 옷을 구매한다	1	2	3	4	5
5. 나는 의복 선택 시 **직장동료**의 영향을 받아 그에 맞는 스타일이나 상표의 옷을 구매한다	1	2	3	4	5
6. 나는 의복 선택 시 **길거리 지나가는 옷 잘입은 사람**의 영향을 받아 그에 맞는 스타일이나 상표의 옷을 구매한다	1	2	3	4	5
7. 나는 의복 선택 시 **유명인(연예인이나 스포츠스타)**의 영향을 받아 그에 맞는 스타일이나 상표의 옷을 구매한다	1	2	3	4	5

8. 다음은 의복구매장소에 대한 질문입니다. 평소 자신의 행동과 일치하는 곳에 동그라미해 주십시오.

	매우 그렇지 않다	별로 그렇지 않다	보통이다	조금 그렇다	매우 그렇다
1. 나는 의복 구매 시 주로 **브랜드 전문점**에서 구매한다	1	2	3	4	5
2. 나는 의복 구매 시 주로 **아울렛 스토어**에서 구매한다	1	2	3	4	5
3. 나는 의복 구매 시 주로 **대형 할인점**에서 구매한다	1	2	3	4	5
4. 나는 의복 구매 시 주로 **인터넷/홈쇼핑**에서 구매한다	1	2	3	4	5
5. 나는 의복 구매 시 주로 **백화점**에서 구매한다	1	2	3	4	5
6. 나는 의복 구매 시 주로 **일반시장**에서 구매한다	1	2	3	4	5
7. 나는 의복 구매 시 주로 **보세양품점**에서 구매한다	1	2	3	4	5

9. 지난 일년간 월평균 의류 구입비가 얼마였는지 해당하는 곳에 동그라미해 주십시오.

①	②	③	④	⑤	⑥	⑦
10만 원 미만	10만 원 이상~20만 원 미만	20만 원 이상~40만 원 미만	40만 원 이상~60만 원 미만	60만 원 이상~80만 원 미만	80만 원 이상~100만 원 미만	100만 원 이상

10. 다음은 평소 한국전통복식(한복)에 대한 생각을 질문한 것입니다. 자신의 생각과 일치하는 곳에 동그라미해 주십시오.

	매우 그렇지 않다	별로 그렇지 않다	보통이다	조금 그렇다	매우 그렇다
1. 나는 한복에 대해 잘 알고 있다	1	2	3	4	5
2. 나는 한복을 배울 기회가 있다면 배우고 싶다	1	2	3	4	5
3. 나는 사극 드라마나 영화에서 한복이 나오면 관심 있게 본다	1	2	3	4	5
4. 나는 한복을 예쁘게 입는 법을 안다	1	2	3	4	5
5. 나는 한복이 아름답다고 생각한다	1	2	3	4	5
6. 나는 한복이 고상하고 품위 있어 보인다	1	2	3	4	5
7. 나는 한복이 한국을 대표하는 상징적 품목이라고 생각한다	1	2	3	4	5
8. 나는 나의 다음 세대도 한복을 입었으면 좋겠다	1	2	3	4	5
9. 나는 한복이 착용자의 외모를 아름답게 보이게 만들 수 있다고 생각한다	1	2	3	4	5
10. 나는 한복이 착용자의 몸매를 아름답게 보이게 만들 수 있다고 생각한다	1	2	3	4	5
11. 나는 한복을 입은 나의 외모가 마음에 든다	1	2	3	4	5
12. 대부분의 사람들은 한복을 입은 내 모습을 멋지다고 여길 것이다	1	2	3	4	5

11. 본인의 결혼식에서 한복을 입으셨습니까? ① 입었다 ② 안입었다

12. 명절이나 가족 행사에서 한복을 착용한 적이 있으십니까? ① 있다 ② 없다

13. 평소 한복을 일 년에 몇 번 정도 입으십니까?
① 전혀 안 입는다 ② 일 년에 1~2회 ③ 일 년에 3~4회 ④ 일 년에 5~10회
⑤ 한 달에 1회 ⑥한 주에 1회 ⑦ 한 주에 2~3회 ⑧ 거의 매일

14. 다음은 평소 중국전통복식(치파오)에 대한 생각을 질문한 것입니다. 자신의 생각과 일치하는 곳에 동그라미해 주십시오.

	전혀 그렇지 않다	별로 그렇지 않다	보통이다	조금 그렇다	매우 그렇다
1. 나는 타인에게 치파오가 중국의 전통복이라는 사실을 잘 알려 준다	1	2	3	4	5
2. 나는 타인에게 치파오를 가르쳐 줄 기회가 있다면 가르쳐 주고 싶다	1	2	3	4	5
3. 나는 타인에게 사극 드라마나 영화를 같이 보며 치파오에 관한 여러 가지 설명을 해 준다	1	2	3	4	5
4. 나는 타인에게 치파오를 예쁘게 입는 법을 잘 가르쳐 준다	1	2	3	4	5
5. 나는 타인에게 치파오가 아름다운 옷임을 이야기해 준다	1	2	3	4	5
6. 나는 타인에게 치파오가 고상하고 품위 있는 옷임을 이야기해 준다	1	2	3	4	5
7. 나는 타인에게 치파오가 중국을 대표하는 상징적 품목임을 이야기해 준다	1	2	3	4	5
8. 나는 타인에게 나의 다음 세대도 치파오를 입었으면 좋겠다는 이야기를 해 준다	1	2	3	4	5
9. 나는 타인에게 치파오가 착용자의 외모를 아름답게 보이게 만들 수 있음을 잘 알려 준다	1	2	3	4	5
10. 나는 타인에게 치파오가 착용자의 몸매를 아름답게 보이게 만들 수 있음을 잘 알려 준다	1	2	3	4	5
11. 나는 치파오를 입은 나의 외모가 마음에 든다	1	2	3	4	5
12. 대부분의 사람들은 치파오를 입은 내 모습이 멋지다고 여길 것이다	1	2	3	4	5

15. 본인의 결혼식에서 치파오를 입으셨습니까? ① 입었다 ② 안 입었다

16. 명절이나 가족 행사에서 치파오를 착용한 적이 있으십니까? ① 있다 ② 없다

17. 평소 치파오를 일 년에 몇 번 정도 입으십니까?

① 전혀 안입는다 ② 일 년에 1~2회 ③ 일 년에 3~4회 ④ 일 년에 5~10회
⑤ 한 달에 1회 ⑥한 주에 1회 ⑦ 한 주에 2~3회 ⑧ 거의 매일

건강

1. 귀하는 건강보조식품(비타민제 등 포함)을 복용하십니까? ① 예 ② 아니오

2. 흡연에 관한 질문입니다.

2-1. 귀하는 현재 흡연을 하고 있습니까? ① 예 ② 아니오

2-2. 귀하는 과거에 흡연을 했던 적이 있습니까? ① 예 ② 아니오

2-3. 귀하가 담배를 피운 경험이 있다면 담배를 피운 기간이 총 얼마나 되셨습니까?

________년 ________개월

3. 음주에 관한 질문입니다.

3-1. 귀하는 현재 술을 마시고 있습니까? ① 예 ② 아니오

3-2. 귀하가 술을 드시는 횟수는 얼마나 됩니까?

① 한 달에 한 번 미만 ② 한 달에 한 번 이상 ______번

3-3. 귀하가 술을 드시는 날은 보통 몇 잔 정도를 마십니까? ____잔

3-4. 귀하가 처음으로 술 한 잔을 모두 마셔본 것은 몇 세 때입니까? 만 _______세

4. 귀하의 전반적인 건강상태는 어떻습니까?

① 매우 좋다 ② 좋은 편이다 ③ 보통이다 ④ 나쁜 편이다 ⑤ 매우 나쁘다

5. 한국으로 이주 후 귀하의 전반적이 건강상태는 이전과 비교하여 어떻습니까?

① 더 좋다 ② 비슷하다 ③ 더 나쁘다

6. 귀하는 지난 1년간 필요한 의료서비스를 받지 못하거나 뒤늦게 받으신 적이 있습니까?

① 예 → 6-1번으로 가십시오. ② 아니오 → 7번으로 가십시오.

6-1. 치료를 받지 못하거나 늦게 받은 주된 이유는 무엇입니까?(한 가지만 고르세요)

① 경제적 이유로 ② 의료기관이 너무 멀어서

③ 직장을 비울 수 없어서 ④ 기타

7. 의료기관을 이용할 때 가장 불편한 점은 무엇입니까?(한 가지만 고르세요)

① 의사소통의 어려움 ② 이용 절차가 복잡함

③ 비용이 많이 듦 ④ 교통이 불편함 ⑤ 기타

식생활

1. 평균적으로 귀하는 하루에 몇 끼를 집에서 먹습니까?

① 0끼 ② 1 끼 ③ 2 끼 ④ 3 끼

2. 아침식사에 주로 드시는 음식은 어떤 것입니까? (한 가지만 고르세요)

① 밥과 국 ② 빵 종류 ③ 떡 종류

④ 시리얼/콘푸레이크 종류 ⑤ 선식류 ⑥ 기타 ⑦ 먹지 않음

3. 세끼 식사 중 어느 때 가장 자주 한국 음식을 드십니까?

① 아침 ② 점심 ③ 저녁 ④ 모두 비슷함 ⑤ 잘 먹지 않음

4. 집에서 먹는 음식 중 어느 정도가 모국 음식입니까?

① 20% 미만 ② 20~40% ③ 41~60%

④ 61~80% ⑤ 81~95% ⑥ 95%보다 많음

5. 집에서 먹는 음식의 어느 정도를 집에서 직접 준비하십니까?

① 20% 미만 ② 20~40% ③ 41~60%

④ 61~80% ⑤ 81~95% ⑥ 95%보다 많음

6. 얼마나 자주 가족 단위로 외식을 하십니까?

① 거의 매일 ② 주 4~6회

③ 주 1~3회 ④ 월 1~3번 ⑤ 거의 하지 않음

7. 가족들이 외식할 때 자주 가는 음식점은 어디입니까? 아래의 [보기]에서 자주 가는 순서대로 2개 선택해 주십시오. 1순위: ________________ 2순위: ________________

【보기】

① 한식당(분식 포함) ② 중국식당 ③ 일본식당 ④ 뷔페 ⑤ 이태리식당
⑥ 패밀리 레스토랑 ⑦ 패스트푸드 레스토랑 ⑧ 기타____________

8. 귀하는 집과 식당에서 각각 모국 음식을 얼마나 자주 드십니까?

집: ________________회/주 외식: ________________회/월

9. 귀하 가족은 모국의 식재료를 주로 어디에서 구입하십니까?

① 동네 슈퍼 ② 대형 마트 ③ 백화점 슈퍼

④ 재래시장 ⑤ 기타 ⑥ 구입하지 않는다

10. 귀하 가족은 모국의 식재료를 제외한 기타 식재료는 주로 어디서 구입하십니까?

① 동네 슈퍼 ② 대형 마트

③ 백화점 슈퍼 ④ 재래시장 ⑤ 기타________

11. 귀하 가족은 김치나 장류를 어떻게 장만하십니까?

김치	① 직접 만든다 ② 구입한다 ③ 친척에게 얻는다 ④ 기타( )
장료(된장, 간장, 고추장 등)	① 직접 만든다 ② 구입한다 ③ 친척에게 얻는다 ④ 기타( )

12. 귀하는 음식을 선택할 때에 가장 중요하게 생각하는 점은 무엇입니까?

① 맛이 좋은 것 ② 건강에 좋은 것 ③ 값이 싼 것
④ 한국적인 것 ⑤ 기타 ( )

13. 귀하는 식생활과 건강에 대한 정보는 주로 어디서 얻고 계십니까? (한 가지만 선택)

① 학교 ② 책/신문/텔레비전 ③ 의사
④ 영양사 ⑤ 가족 ⑥ 친구
⑦ 기타( )

14. 사고 싶은 식재료를 구입하지 못한 경우가 있다면 그 이유는 무엇입니까?

① 비싸서 ② 파는 곳을 몰라서
③ 파는 곳이 멀어서 ④ 기타 ( )
⑤ 사고 싶은 식재료를 구입하지 못한 적이 없다

15. 귀하는 귀하의 식생활이 한국으로 이주한 후 이전과 비교하여 어떻다고 생각하십니까? 또한 그렇게 생각하는 이유는 무엇입니까?

① 더 건강한 식생활을 하고 있다 (이유:)
② 비슷하다 ③ 덜 건강한 식생활을 하고 있다 (이유:)

16. 귀하는 평균적으로 지난 1년 간 다음의 음식들을 얼마나 자주 드셨습니까? 해당하는 칸에 동그라미해 주시기 바랍니다.

식품의 종류	① 하루 2회 이상	② 하루 1회	③ 1주일에 4~6회	④ 1주일에 1~3회	⑤ 전혀 먹지 않음
1. 밥					
2. 빵					
3. 국수/파스타					
4. 라면					
5. 육류나 육류가공품					
1) 쇠고기					
2) 돼지고기					
3) 닭고기					
4) 달걀					
5) 소시지					
6) 햄					
6. 생선이나 조개류					
※가장 많이 먹는 생선이나 조개류 (3가지를 골라 ○표시해 주세요)	북어, 멸치, 조기/굴비, 고등어, 동태, 꽁치, 삼치, 갈치, 연어, 도미, 가재미, 장어, 참치, 오징어, 문어, 낙지, 새우, 게, 굴, 조개, 홍합, 멍게, 해삼, 미더덕, 전복				
7. 김치					
8. 채소					
※가장 많이 먹는 채소 (3가지를 골라 ○표시해 주세요)	브로콜리, 김치, 오이, 당근, 시금치, 상추, 풋고추, 피망, 콩나물, 숙주, 깻잎, 고춧잎, 가지, 도라지, 고사리, 취나물, 참나물, 비름나물, 돗나물, 호박, 배추, 무, 부추, 미나리, 양배추, 아욱, 근대, 청경채, 연근, 양파				
9. 버섯류					
10. 해조류					
1) 미역					
2) 김					
11. 감귤류					
12. 기타 과일					
※가장 많이 먹는 과일 (3가지를 골라 ○표시해 주세요)	사과, 수박, 참외, 키위, 포도, 오렌지/귤, 자몽, 토마토, 감, 딸기, 바나나, 복숭아, 파인애플, 자두, 배, 망고				
13. 우유나 우유가공품					
1) 우유					
2) 요구르트					
3) 치즈					
4) 아이스크림					
14. 콩이나 콩가공품					
1) 두부					
2) 두유					
15. 과자					
16. 과일주스					
17. 물					
18. 탄산 음료					
19. 커피/차					

17. 귀하는 한국에 거주하면서 다음과 같은 음식/식품을 한국으로 이주하기 전과 비교하여 얼마나 섭취합니까?

식품의 종류	① 더 섭취한다	② 비슷하게 섭취한다	③ 덜 섭취한다	④ 이주 전후 모두 거의 또는 전혀 섭취하지 않는다
1. 밥				
2. 빵				
3. 국수/파스타				
4. 라면				
5. 육류나 육류가공품				
1) 쇠고기				
2) 돼지고기				
3) 닭고기				
4) 달걀				
5) 소시지				
6) 햄				
6. 생선이나 조개류				
7. 김치				
8. 채소				
9. 버섯류				
10. 해조류				
1) 미역				
2) 김				
11. 감귤류				
12. 기타 과일				
13. 우유나 우유가공품				
1) 우유				
2) 요구르트				
3) 치즈				
4) 아이스크림				
14. 콩이나 콩가공품				
1) 두부				
2) 두유				
15. 과자				
16. 과일주스				
17. 물				
18. 탄산 음료				
19. 커피/차				
20. 가공식품				
21. 패스트푸드				
22. 건강보조식품				
23. 튀긴 음식				

일본인 어머니용

일반적 사항

1. 귀하의 출생지는 어디입니까? ① 한국 ② 일본 ③ 그 외________

2. 귀하의 출생년도는 몇 년도입니까? ________년

3. 현재 귀하의 국적은 어디입니까? ① 한국 ② 일본 ③ 그 외________

4. 다음 중 일본에 있었을 때 귀하의 거주지를 가장 잘 묘사하는 보기를 고르세요.
   ① 대도시 ② 중소도시
   ③ 농어촌 ④ 기타______________

5. 현재 귀하의 종교는 무엇입니까?
   ① 무교 ② 기독교(개신교) ③ 불교
   ④ 천주교 ⑤ 통일교 ⑥ 기타

6. 귀하는 학교를 어디까지 다녔습니까?
   ① 무학 ② 초등학교 ③ 중학교
   ④ 고등학교/전문기술학교 ⑤ 전문대학교 ⑥ 대학교
   ⑦ 대학원

7. 귀하와 함께 살고 있는 가구원에 대한 질문입니다. 학업이나 직장 때문에 일시적으로 따로 사는 가족도 모두 기입해 주십시오. (배우자, 자녀, 시어머니 등)

가구원번호	귀하와의 관계	출생년도					성별
1						년	① 남 ② 여
2						년	① 남 ② 여
3						년	① 남 ② 여
4						년	① 남 ② 여
5						년	① 남 ② 여
6						년	① 남 ② 여
7						년	① 남 ② 여

8. 귀하는 현재 취업하여 일을 하고 있습니까?

① 예 → ▫ 파트타임 ▫ 풀타임 ② 아니오

9. 귀하 가정의 월평균 총 소득은 대략 얼마입니까?(세금 공제 전)

① 50만 원 미만 ② 50~100만 원 미만 ③ 100~200만 원 미만
④ 200~300만 원 미만 ⑤ 300~400만 원 미만 ⑥ 400~500만 원 미만
⑦ 500~600만 원 미만 ⑧ 600~700만 원 미만 ⑨ 700만 원 이상

10. 귀하가 한국에 처음으로 입국한 년도는 언제입니까? ________년

11. 귀하가 현재 남편과 결혼한 년도는 언제입니까? ________년

12. 귀하가 한국에 거주한 기간은 총 얼마나 됩니까? 약 ________년 ________개월

13. 다음 중 귀하의 혼인상태를 선택하세요. ① 초혼 ② 재혼

14. 현재 남편의 출생년도는 언제입니까? ________년

15. 귀하의 현재남편은 취업하여 일을 하고 있습니까? ① 예→ ▫ 파트타임 ▫ 풀타임 ② 아니오

16. 귀하의 현재 남편은 학교를 어디까지 다녔습니까?

① 무학 ② 초등학교 ③ 중학교

④ 고등학교/전문기술학교 ⑤ 전문대학교 ⑥ 대학교 ⑦ 대학원

17. 다음은 당신이 당신의 삶에 대해 얼마나 만족하는지에 대한 내용입니다. 문항을 읽고 자신의 생각과 일치하는 정도에 동그라미해 주십시오.

	매우 그렇지 않다	그렇지 않은 편이다	어느 쪽도 아니다	그런 편이다	매우 그렇다
1. 내 인생은 대체로 내가 이상적으로 생각하는 수준에 가깝다	1	2	3	4	5
2. 내 삶의 상황들은 매우 좋다	1	2	3	4	5
3. 나는 내 삶에 만족한다	1	2	3	4	5
4. 나는 지금까지 살면서 내가 원하는 중요한 것들을 얻었다	1	2	3	4	5
5. 만약 인생을 다시 살 수 있다면, 나는 지금처럼 살 것이다	1	2	3	4	5

문화적응

1. 아래에서 자신과 일치하는 곳에 동그라미해 주십시오.

①	②	③	④	⑤	⑥	⑦	⑧	⑨
한국인에 가깝다				한국인이기도 하고 일본인이기도 하다				일본인에 가깝다

2. 아래의 응답항목 중에서 본인과 일치하는 곳에 동그라미해 주십시오.

	매우 그렇지 않다	그렇지 않은 편이다	어느 쪽도 아니다	그런 편이다	매우 그렇다
1. 나의 외모는 보통 한국 사람처럼 보인다	1	2	3	4	5
2. 한국 사람들 사이에서 나의 옷차림은 튀지 않는다	1	2	3	4	5
3. 나는 한국 사람들처럼 옷을 입는다	1	2	3	4	5
4. 나는 한국에서 패션 쇼핑하는 것이 편하다	1	2	3	4	5
5. 나는 특별한 날에 한복 입는 것을 좋아한다	1	2	3	4	5
6. 나는 한국 음식 만들기에 익숙하다	1	2	3	4	5
7. 나는 한국 음식을 좋아한다	1	2	3	4	5
8. 나는 한국식으로 밥상을 차리는 것에 익숙하다	1	2	3	4	5
9. 나는 한국의 명절 음식 종류를 안다	1	2	3	4	5
10. 나는 숟가락을 사용하여 밥을 먹는다	1	2	3	4	5
11. 나는 한국의 아파트 환경(동네환경)에 익숙하다	1	2	3	4	5
12. 나는 한국식 집(아파트) 실내 구조를 좋아한다	1	2	3	4	5
13. 나는 한국식 좌식생활(온돌방 사용, 걸레질하기 등)에 익숙하다	1	2	3	4	5
14. 나는 한국식 부엌 및 욕실 사용에 익숙하다	1	2	3	4	5
15. 나는 한국식 전세, 월세 제도에 익숙하다	1	2	3	4	5
16. 우리 부부관계는 다른 한국 부부와 비슷하다	1	2	3	4	5
17. 나는 명절에 시댁식구들과 함께 모여서 시간을 보낸다	1	2	3	4	5
18. 나는 한국의 자녀양육/교육 문화에 익숙하다	1	2	3	4	5
19. 나는 한국의 제사문화에 익숙하다	1	2	3	4	5
20. 나는 한국의 결혼(식)문화에 익숙하다	1	2	3	4	5

가족생활

1. 다음은 부부관계에 대한 귀하의 만족정도를 묻는 질문입니다. 문항을 읽고 자신의 생각과 일치하는 정도에 동그라미해 주십시오.

	매우 만족하지 않는다	만족하지 않는 편이다	어느 쪽도 아니다	만족하는 편이다	매우 만족한다
1. 남편이 나를 믿고 이해하는 정도	1	2	3	4	5
2. 부부사이의 친밀감	1	2	3	4	5
3. 부부의 성생활	1	2	3	4	5
4. 남편의 가사노동 분담 정도	1	2	3	4	5
5. 부부간의 대화	1	2	3	4	5
6. 부부관계 전반에 대한 만족도	1	2	3	4	5

2. 아래를 읽고 자신의 생각과 일치하는 곳에 동그라미해 주십시오.

	매우 그렇지 않다	그렇지 않은 편이다	어느 쪽도 아니다	그런 편이다	매우 그렇다
1. 개인적인 관심보다 가족의 관심을 더욱 중요시 해야 한다	1	2	3	4	5
2. 어려운 일에는 이웃이나 친구보다 친척이 더 큰 힘이 된다	1	2	3	4	5
3. 부부관계보다는 부모자녀관계가 우선되어야 한다	1	2	3	4	5
4. 사회보다 내 가족의 안녕이 우선되어야 한다	1	2	3	4	5
5. 집안의 큰일은 남자가 결정하는 것이 당연하다	1	2	3	4	5
6. 오늘날에는 여성도 남성과 똑같이 가족부양의 책임이 있다	1	2	3	4	5
7. 남자가 할 일은 돈을 버는 것이고, 여자가 할 일은 가정을 돌보는 것이다	1	2	3	4	5
8. 가정에서 아버지의 권위는 어떤 상황에서도 존중되어야 한다	1	2	3	4	5
9. 장남은 재산을 더 많이 상속받아야 한다	1	2	3	4	5
10. 친정과 시집 모두 도움이 필요할 때, 결혼한 여자는 친정보다 시집을 먼저 도와야 한다	1	2	3	4	5

민족정체성

1. 다음 문항들을 읽고 자신과 일치하는 곳에 동그라미해 주십시오.

	전혀 그렇지 않다	거의 그렇지 않다	어느 쪽도 아니다	대체로 그렇다	항상 그렇다
1. 나는 일본의 역사, 전통, 관습 등 일본에 대하여 더 잘 알기 위해 시간을 보낸다	1	2	3	4	5
2. 나는 대부분 일본 사람들로 구성된 단체나 모임에 적극적으로 참여한다	1	2	3	4	5
3. 나는 내가 일본 사람이라는 것과 그것이 나에게 갖는 의미를 잘 안다	1	2	3	4	5
4. 나는 내가 일본 사람이라는 사실이 내 인생에 어떤 영향을 미칠 것인가에 대해 생각해보곤 한다	1	2	3	4	5
5. 나는 내가 일본 사람인 것이 행복하다	1	2	3	4	5
6. 나는 일본 사람으로서의 강한 소속감을 가지고 있다	1	2	3	4	5
7. 나는 내가 일본 사람이라는 사실이 나에게 어떤 의미인지 잘 이해하고 있다	1	2	3	4	5
8. 나는 일본을 잊지 않도록 사람들과 일본에 대해 자주 대화를 나눈다	1	2	3	4	5
9. 나는 일본과 일본이 이룬 것들에 대해 강한 자부심을 가지고 있다	1	2	3	4	5
10. 나는 일본의 음식, 음악, 관습과 같은 문화적 활동에 참여한다	1	2	3	4	5
11. 나는 일본에 대해 강한 애착을 느낀다	1	2	3	4	5
12. 나는 일본에 대해 좋은 감정을 가지고 있다	1	2	3	4	5

자녀양육

1. 아래를 읽고 자신의 생각과 일치하는 곳에 동그라미해 주십시오.

	전혀 그렇지 않다	그렇지 않은 편이다	어느 쪽도 아니다	대체로 그렇다	확실히 그렇다
1. 부모가 되는 일은 인생에서 가치 있는 일이다	1	2	3	4	5
2. 아이들은 생활수준을 제한시키는 경제적 부담을 준다	1	2	3	4	5
3. 집안의 대를 잇기 위해 자녀를 두는 것은 당연하다	1	2	3	4	5
4. 자녀를 돌보는 일은 귀찮고, 성가신 일이다	1	2	3	4	5
5. 자녀가 있으면 남편과 아내 사이에 여러 가지 의견충돌이나 문제가 생긴다	1	2	3	4	5
6. 자녀가 있는 사람들은 노년에 덜 외롭다	1	2	3	4	5
7. 자녀가 없다면 생활의 재미가 별로 없을 것이다	1	2	3	4	5
8. 자녀는 가르치고 통제하기가 힘들다	1	2	3	4	5
9. 자녀를 갖는다는 것은 결혼생활에서 가장 중요한 일이다	1	2	3	4	5
10. 자녀를 키우는 일은 훌륭한 일이다	1	2	3	4	5
11. 자녀가 생기면 부모는 자기가 즐기던 많은 것들을 포기해야 한다	1	2	3	4	5
12. 부부들이 자녀를 갖지 않는다면 더 행복할 것이다	1	2	3	4	5

2. 아래를 읽고 자신과 일치하는 곳에 동그라미해 주십시오.

	전혀 그렇지 않다	그렇지 않은 편이다	어느 쪽도 아니다	대체로 그렇다	항상 그렇다
1. 한국의 문화나 중요한 역사에 대해 자녀에게 이야기해 준다	1	2	3	4	5
2. 한국 책이나 한국에 대한 책을 읽도록 자녀를 격려한다	1	2	3	4	5
3. 일본의 문화나 중요한 역사에 대해 자녀에게 이야기해 준다	1	2	3	4	5
4. 일본에 대해 알려주기 위해 식당, 행사, 강연, 전시, 공연 등에 자녀와 함께 간다	1	2	3	4	5
5. 일본 책이나 일본에 관한 책을 자녀에게 읽어 주거나, 읽도록 자녀를 격려한다	1	2	3	4	5
6. 일본 명절을 기념하기 위해 자녀와 무언가를 한다	1	2	3	4	5
7. 자녀에게 일본어를 가르쳐 준다	1	2	3	4	5
8. 자녀의 이중문화적 배경이 강점이라는 것을 이야기해 준다	1	2	3	4	5
9. 한국에 사는 일본인 (혹은 외국인/다문화가족)이 받을 수 있는 차별이나 불편함에 대해 자녀에게 이야기해 준다	1	2	3	4	5
10. 자녀에게 (한-일)다문화 가정의 자녀라서 사회생활에서 제한을 경험할 수도 있다고 이야기해 준다	1	2	3	4	5
11. TV에서 일본인 (혹은 외국인/다문화) 차별을 다루는 내용이 나올 때 자녀에게 설명해 준다	1	2	3	4	5
12. 자녀가 (한-일)다문화 가정 아동이기 때문에 다른 사람과 같은 대우를 받기 위해서는 더 잘해야 한다고 이야기해 준다	1	2	3	4	5
13. 자녀가 듣고 있을 때 다른 사람과 일본인 (혹은 외국인/다문화가족)차별에 대해 이야기한 적이 있다	1	2	3	4	5
14. 자녀가 (한-일)다문화 가정 아동이기 때문에 받을 수 있는 불공평한 대우에 대해 자녀에게 이야기해 준다	1	2	3	4	5
15. 일본에 대해 자녀가 학교에서 배운 것 중 틀린 것이 있으면 이야기해 준다	1	2	3	4	5
16. 자녀에게 외모나 피부색과 같은 신체적 차이나 문화적 차이에 대해 이야기해 준다	1	2	3	4	5

3. 귀하는 귀하의 **<u>자녀를</u>** 어떻게 키우기 원하나요? 자신의 생각과 일치하는 곳에 동그라미해 주십시오.

①	②	③	④	⑤	⑥	⑦	⑧	⑨
한국인에 가깝게 키우고 싶다				양쪽 문화에 모두 가깝게 키우고 싶다				일본인에 가깝게 키우고 싶다

4. 귀하의 **<u>남편은</u>** 자녀를 어떻게 키우기 원하나요? **<u>남편과 일치하는 곳</u>**에 동그라미해 주십시오.

①	②	③	④	⑤	⑥	⑦	⑧	⑨
한국인에 가깝게				양쪽 문화에 모두 가깝게				일본인에 가깝게

5. 아래를 읽고 <u>자신의 생각과 일치하는 곳</u>에 동그라미해 주십시오.

	전혀 그렇지 않다	그렇지 않은 편이다	어느 쪽도 아니다	대체로 그렇다	확실히 그렇다
1. 한국보다 일본에서 자녀를 키우는 것이 더 쉽다	1	2	3	4	5
2. 내 아이가 일본 문화를 몰라야 한국에서 성공할 수 있다	1	2	3	4	5
3. 한국에서 자녀를 키우려면 일본에서와는 다른 새로운 부모 전략이 필요하다	1	2	3	4	5
4. 한국에서는 경찰, 정부, 학교 등 너무 많은 사람들이 부모의 권위를 방해한다	1	2	3	4	5
5. 한국에 온 후, 무엇이 부모와 자녀에게 가장 좋은 길인지에 대한 내 생각이 변했다	1	2	3	4	5

차별경험

1. 귀하는 한국에서 생활하면서 외국인이라는 이유로 차별이나 무시당한 적이 있습니까? 아래를 읽고 자신의 경험과 일치하는 곳에 동그라미해 주십시오.

	전혀 차별을 받지 않았다			심한 차별을 받았다	이용한 적 없음
	1	2	3	4	
1. 거리나 동네에서					
2. 상점, 음식점, 은행 등에서					
3. 공공기관(동사무소, 경찰서 등)에서					
4. 직장/일터에서					
5. 자녀의 학교나 보육시설에서					

2. 아래를 읽고 자신의 생각과 일치하는 곳에 동그라미해 주십시오.

	전혀 그렇지 않다	그렇지 않은 편이다	어느 쪽도 아니다	대체로 그렇다	매우 그렇다
1. 일본인들은 한국 사회에서 살면서 차별을 경험한다	1	2	3	4	5

건강

1. 귀하의 키와 몸무게는 어떻게 됩니까? 키 _____cm 몸무게 _____kg

2. 한국으로 이주 후 귀하의 몸무게는 이전과 비교하여 어떻습니까?

① 늘었다 ② 비슷하다 ③ 줄었다

3. 귀하의 전반적인 건강상태는 어떻습니까?

① 매우 좋다 ② 좋은 편이다 ③ 보통이다
④ 나쁜 편이다 ⑤ 매우 나쁘다

4. 한국으로 이주 후 귀하의 전반적이 건강상태는 이전과 비교하여 어떻습니까?

① 더 좋다 ② 비슷하다 ③ 더 나쁘다

5. **흡연**에 관한 다음 문장 중 귀하에 대한 설명으로 가장 가까운 것은 무엇입니까?

① 일본에서도 담배를 피웠고, 현재도 담배를 피운다 → 문항 5-1로

② 일본에서는 담배를 피우지 않았는데, 현재는 담배를 피운다

③ 일본에서는 담배를 피웠는데, 현재는 담배를 피우지 않는다

④ 일본에서도 담배를 피우지 않았고, 현재도 담배를 피우지 않는다

5-1. 한국으로 이주 후 흡연량은 이전과 비교하여 어떻습니까?

① 늘었다 ② 비슷하다 ③ 줄었다

6. **음주**에 관한 다음 문장 중 귀하에 대한 설명으로 가장 가까운 것은 무엇입니까?

① 일본에서도 술을 마셨고, 현재도 술을 마신다 → 문항 6-1로

② 일본에서는 술을 마시지 않았는데, 현재는 술을 마신다

③ 일본에서는 술을 마셨는데, 현재는 술을 마시지 않는다

④ 일본에서도 술을 마시지 않았고, 현재도 술을 마시지 않는다

6-1. 한국으로 이주 후 음주양은 이전과 비교하여 어떻습니까?

① 늘었다 ② 비슷하다 ③ 줄었다

7. 귀하는 규칙적인 운동을 하고 있습니까? ① 예 → 문항 7-1로 ② 아니오

7-1. 귀하는 얼마나 자주 운동(하루30분 이상)을 하십니까?

① 거의 매일 ② 일주일에 3~4일 ③ 일주일에 1~2일

④ 한 달에 2~3번 ⑤ 한 달에 1번 이하

식생활

1. 한국 음식을 얼마나 자주 먹습니까?

① 매일 ② 일주일에 5~6일 ③ 일주일에 3~4일

④ 일주일에 1~2일 ⑤ 거의 안 먹음

2. 일본 음식을 얼마나 자주 먹습니까?

① 매일 ② 일주일에 5~6일 ③ 일주일에 3~4일
④ 일주일에 1~2일 ⑤ 거의 안 먹음

3. 귀하 가족은 일본의 식재료를 주로 어디에서 구입하십니까?

① 동네 슈퍼 ② 대형 마트 ③ 백화점 슈퍼
④ 재래 시장 ⑤ 일본 식재료 전문점 ⑥ 구입하지 않는다.

4. 귀하 가족은 일본의 식재료를 제외한 기타 식재료는 주로 어디서 구입하십니까?

① 동네 슈퍼 ② 대형 마트 ③ 백화점 슈퍼
④ 재래시장 ⑤ 기타_______________

5. 귀하 가족은 김치나 장류를 어떻게 장만하십니까?

김치	① 직접 만든다 ② 구입한다 ③ 친척/친구에게 얻는다 ④ 기타( )
장류 (된장, 간장, 고추장 등)	① 직접 만든다 ② 구입한다 ③ 친척/친구에게 얻는다 ④ 기타( )

6. 귀하는 음식을 선택할 때에 가장 중요하게 생각하는 점은 무엇입니까?

① 맛이 좋은 것 ② 건강에 좋은 것 ③ 값이 싼 것
④ 한국적인 것 ⑤ 기타 (   )

7. 귀하는 식생활과 건강에 대한 정보는 주로 어디서 얻고 계십니까?

① 가족 ② 책/신문/텔레비전
③ 의사/영양사 ④ 친구
⑤ 지역기관 (복지관, 보건소, 다문화센터 등) ⑥ 기타 (   )

8. 한국으로 이주 후 귀하의 식생활은 이전과 비교하여 어떻습니까?

① 더 건강한 식생활을 하고 있다

② 비슷하다

③ 덜 건강한 식생활을 하고 있다

9. 본인의 생각과 가장 가까운 칸에 동그라미해 주십시오.

	매우 그렇지 않다	그렇지 않은 편이다	어느 쪽도 아니다	그런 편이다	매우 그렇다
1. 한국 음식은 건강에 좋다					
2. 한국 음식은 맛있다					
3. 한국 음식은 만들기가 어렵다					
4. 한국 식품은 안전하다					

10. 한국으로 이주 후 이주하기 전과 비교하여 본인의 식생활과 관련한 사항들이 어떻게 변화했는지 가장 잘 표현한 칸에 동그라미해 주십시오.

	많이 감소했다	조금 감소했다	어느 쪽도 아니다	조금 증가했다	많이 증가했다
외식 횟수					
결식 횟수					
가정에서의 조리 횟수					
간식 섭취					
1인분량					
식품의 다양성					
생활비 중 식비의 비율					
식품 또는 영양표시 읽는 횟수					

11. 본인의 식생활을 가장 잘 표현한 칸에 동그라미해 주십시오.

	매우 그렇지 않다	그렇지 않은 편이다	어느 쪽도 아니다	그런 편이다	매우 그렇다
1. 나는 우유 혹은 요거트, 요플레와 같은 유제품을 1병 이상 매일 마신다					
2. 나는 고기, 생선, 달걀, 콩, 두부를 매끼니마다 먹는다					
3. 나는 김치 이외의 채소를 식사할 때마다 먹는다					
4. 나는 과일이나 과일주스를 매일 먹는다					
5. 나는 삼겹살, 갈비, 장어구이와 같이 기름진 고기나 생선을 1주일에 2번 이상 먹는다					
6. 나는 튀김이나 볶은 요리를 1주일에 2번 이상 먹는다					
7. 나는 음식을 짜게 먹는 편이다					
8. 나는 아이스크림, 케익, 과자류, 탄산음료를 간식으로 주 2회 이상 먹는다					
9. 나는 음식에 까다로운 편이 아니라서 다양한 음식을 섭취하는 편이다					
10. 나는 하루 세끼를 규칙적으로 먹는다					

12. 귀하는 한국에 거주하면서 다음과 같은 음식/식품을 한국으로 이주하기 전과 비교하여 얼마나 섭취합니까?

식품의 종류	덜 섭취한다	비슷하게 섭취한다	더 섭취 한다	이주 전후 모두 거의 또는 전혀 섭취하지 않는다
밥				
빵(식빵, 찐빵 등)				
면(국수,파스타,라면)				
쇠고기				
돼지고기				
닭고기				
달걀				
두부				
햄				
생선				
채소(김치 제외)				
김치				
과일				
과일주스				
과자				
탄산음료				
차				
가공식품				
패스트푸드				
건강보조식품(비타민제 등)				
튀긴 음식				
기름진 음식				
짠 음식				
매운 음식				

의생활

1. 다음을 읽고 **평소 한국인에 대한 자신의 생각을 적절하게 표현하는 곳**에 동그라미해 주십시오.

	전혀 그렇지 않다	그렇지 않은 편이다	어느 쪽도 아니다	대체로 그렇다	매우 그렇다
1. 나는 한국 여성이 아름답다고 생각한다	1	2	3	4	5
2. 한국 여성은 옷차림이 세련되었다	1	2	3	4	5
3. 한국 여성은 아시아 사람들 중에서도 외모가 뛰어난 편이다	1	2	3	4	5
4. 한국 여성들은 세련된 외모를 지니고 있다	1	2	3	4	5
5. 한국 여성들은 날씬한 몸매를 가지고 있다	1	2	3	4	5
6. 외모가 뛰어난 한국 여성을 보면 부러운 마음이 든다	1	2	3	4	5
7. 한국 드라마에 나오는 연예인의 몸매와 내 몸매를 비교하는 경향이 있다	1	2	3	4	5
8. 나는 한국 여성들과 같이 세련된 외모를 가지고 싶다	1	2	3	4	5
9. 나는 한국 연예인과 같은 패션 스타일을 추구하고 있다	1	2	3	4	5

2. 다음은 **한국에 온 이후 의복구매와 외모관리에 대해 질문**한 것입니다. 평소 자신의 행동과 일치하는 곳에 동그라미해 주십시오.

	전혀 그렇지 않다	그렇지 않은 편이다	어느 쪽도 아니다	대체로 그렇다	매우 그렇다
1. 한국에 온 이후로 나는 tv를 보면 외모를 가꾸어야 한다는 압박을 느낀다	1	2	3	4	5
2. 한국에 온 이후로 나는 광고에 나오는 모델을 보면서 날씬한 몸매에 대한 압박을 느낀다	1	2	3	4	5
3. 한국 사회에서는 외모 관리를 하지 않으면 안 된다	1	2	3	4	5
4. 나의 한국 친구들로부터 외모 관리에 대한 압박을 느낀다	1	2	3	4	5
5. 한국인 직장 동료들로부터 외모 관리에 대한 압박을 느낀다	1	2	3	4	5
6. 한국인 시댁 식구들로부터 외모 관리에 대한 압박을 느낀다	1	2	3	4	5
7. 나는 내 모습 그대로가 좋다	1	2	3	4	5
8. 나는 신체적인 매력이 있다	1	2	3	4	5
9. 나의 외모는 훌륭하다	1	2	3	4	5
10. 나는 내 몸이 마음에 든다	1	2	3	4	5

3. 다음은 **평소 자신의 옷차림에 대한 생각**을 질문한 것입니다. 자신의 생각과 일치하는 곳에 동그라미해 주십시오.

	전혀 그렇지 않다	그렇지 않은 편이다	어느 쪽도 아니다	대체로 그렇다	매우 그렇다
1. 나는 친구들과 같은 옷을 입고 있으면 그들과 더욱 친밀감을 느낀다	1	2	3	4	5
2. 모임에서 사람들과 유사한 옷차림을 하고 있으면 마음이 편하다	1	2	3	4	5
3. 나는 내가 좋아하는 사람과 비슷한 옷을 입는 편이다	1	2	3	4	5
4. 내가 입는 옷은 내가 속한 집단의 특징을 나타낸다고 생각한다	1	2	3	4	5

4. 다음은 **평소 의복 선택 시 영향을 받는 대상**에 대한 질문입니다. 자신의 생각과 일치하는 곳에 동그라미해 주십시오.

	전혀 그렇지 않다	그렇지 않은 편이다	어느 쪽도 아니다	대체로 그렇다	매우 그렇다
1. 나는 의복선택시 **부모님**의 영향을 받아 그에 맞는 스타일이나 상표의 옷을 구매한다	1	2	3	4	5
2. 나는 의복선택시 **형제**의 영향을 받아 그에 맞는 스타일이나 상표의 옷을 구매한다	1	2	3	4	5
3. 나는 의복선택시 **일본인(모국인) 친구**의 영향을 받아 그에 맞는 스타일이나 상표의 옷을 구매한다	1	2	3	4	5
4. 나는 의복선택시 **한국인 친구**의 영향을 받아 그에 맞는 스타일이나 상표의 옷을 구매한다	1	2	3	4	5
5. 나는 의복선택시 **직장동료**의 영향을 받아 그에 맞는 스타일이나 상표의 옷을 구매한다	1	2	3	4	5
6. 나는 의복선택시 **유명인(연예인이나 스포츠스타)**의 영향을 받아 그에 맞는 스타일이나 상표의 옷을 구매한다	1	2	3	4	5

5. 다음은 **의복구매장소**에 대한 질문입니다. 평소 자신의 행동과 일치하는 곳에 동그라미해 주십시오.

	전혀 그렇지 않다	그렇지 않은 편이다	어느 쪽도 아니다	대체로 그렇다	매우 그렇다
1. 나는 의복 구매 시 주로 **브랜드 전문점**에서 구매한다	1	2	3	4	5
2. 나는 의복 구매 시 주로 **아울렛 스토어**에서 구매한다	1	2	3	4	5
3. 나는 의복 구매 시 주로 **대형 할인점**에서 구매한다	1	2	3	4	5
4. 나는 의복 구매 시 주로 **인터넷/홈쇼핑**에서 구매한다	1	2	3	4	5
5. 나는 의복 구매 시 주로 **백화점**에서 구매한다	1	2	3	4	5
6. 나는 의복 구매 시 주로 **일반시장**에서 구매한다	1	2	3	4	5

6. 지난 일 년동안 본인이 지출한 월평균 의류 구입비가 얼마였는지 해당하는 곳에 동그라미해 주십시오.

①	②	③	④	⑤	⑥	⑦
10만 원 미만	10만 원 이상~20만 원 미만	20만 원 이상 ~40만 원 미만	40만 원 이상 ~60만 원 미만	60만 원 이상 ~80만 원 미만	80만 원 이상 ~100만 원 미만	100만 원 이상

7. 다음은 **평소 한국 전통복식(한복)**에 대한 생각을 질문한 것입니다. 자신의 생각과 일치하는 곳에 동그라미해 주십시오.

	전혀 그렇지 않다	그렇지 않은 편이다	어느 쪽도 아니다	대체로 그렇다	매우 그렇다
1. 나는 한복에 대해 잘 알고 있다	1	2	3	4	5
2. 나는 한복에 대해 배울 기회가 있다면 배우고 싶다	1	2	3	4	5
3. 나는 한복이 아름답다고 생각한다	1	2	3	4	5
4. 나는 한복이 고상하고 품위 있어 보인다	1	2	3	4	5
5. 나는 한복이 입은 사람의 외모를 아름답게 보이게 만들 수 있다고 생각한다	1	2	3	4	5
6. 나는 한복이 입은 사람의 몸매를 아름답게 보이게 만들 수 있다고 생각한다	1	2	3	4	5
7. 나는 한복이 한국을 대표하는 상징적 품목이라고 생각한다	1	2	3	4	5
8. 나는 한복에 대하여 자부심을 가지고 있다	1	2	3	4	5
9. 나는 나의 다음 세대도 한복을 입었으면 좋겠다	1	2	3	4	5

8. 평소 한복을 일 년에 몇 번 정도 입으십니까?

① 전혀 안 입는다　② 일 년에 1~2회　③ 일 년에 3~4회　④ 일 년에 5~10회
⑤ 한 달에 1회　⑥ 한 주에 1회　⑦ 한 주에 2~3회　⑧ 거의 매일

9. 어떤 상황에서 한복을 착용한 경험이 있으십니까? **모두** 골라 주십시오.

① 본인 결혼식　② 가족친지 결혼식　③ 명절　④ 사회적 행사　⑤ 근무시　⑥ 외출시 ⑦기타

10. 다음은 평소 **일본 전통복식(기모노)**에 대한 생각을 질문한 것입니다. 자신의 생각과 일치하는 곳에 동그라미해 주십시오.

	전혀 그렇지 않다	그렇지 않은 편이다	어느 쪽도 아니다	대체로 그렇다	매우 그렇다
1. 나는 타인에게 기모노가 일본의 전통복이라는 사실을 잘 알려 준다	1	2	3	4	5
2. 나는 타인에게 기모노를 가르쳐 줄 기회가 있다면 가르쳐 주고 싶다	1	2	3	4	5
3. 나는 타인에게 기모노가 아름다운 옷임을 이야기해 준다	1	2	3	4	5
4. 나는 타인에게 기모노가 고상하고 품위 있는 옷임을 이야기해 준다	1	2	3	4	5
5. 나는 타인에게 기모노가 입은 사람의 외모를 아름답게 보이게 만들 수 있음을 잘 알려 준다	1	2	3	4	5
6. 나는 타인에게 기모노가 입은 사람의 몸매를 아름답게 보이게 만들 수 있음을 잘 알려 준다	1	2	3	4	5
7. 나는 기모노가 일본을 대표하는 상징적 품목이라고 생각한다	1	2	3	4	5
8. 나는 기모노에 대하여 자부심을 가지고 있다	1	2	3	4	5
9. 나는 나의 다음 세대도 기모노를 입었으면 좋겠다	1	2	3	4	5

11. 평소 기모노를 일 년에 몇 번 정도 입으십니까?

① 전혀 안 입는다　② 일 년에 1~2회　③ 일 년에 3~4회　④ 일 년에 5~10회
⑤ 한 달에 1회　⑥ 한 주에 1회　⑦ 한 주에 2~3회　⑧ 거의 매일

12. 어떤 상황에서 기모노를 착용한 경험이 있으십니까? **모두** 골라 주십시오.

① 본인 결혼식　② 가족친지 결혼식　③ 명절　④ 사회적 행사　⑤ 근무 시　⑥ 외출 시　⑦ 기타